Dialekt und Standardsprache in der Deutschdidaktik

Frank Janle / Hubert Klausmann

Dialekt und Standardsprache in der Deutschdidaktik

Eine Einführung

Umschlagabbildung: eigene Abbildung nach Eichhoff 1977–2000, Band 1, Karte 13

Bibliografische Information der Deutschen Nationalbibliothek.
Die Deutsche Nationalbibliothek verzeichnet diese Publikation in der Deutschen Nationalbibliografie; detaillierte bibliografische Daten sind im Internet über http://dnb.dnb.de abrufbar

Dischingerweg 5 · D-72070 Tübingen

Internet: www.narr.de
eMail: info@narr.de

Satz: pagina GmbH, Tübingen
CPI books GmbH, Leck

ISBN 978-3-8233-8415-1 (Print)
ISBN 978-3-8233-9415-0 (ePDF)
ISBN 978-3-8233-0248-3 (ePub)

Inhalt

Vorwort

In den vergangenen Jahren hat das Interesse am Thema Dialekt stark zugenommen. Zahlreiche Zeitungen widmeten sich dem Thema, Fachzeitschriften wie „Praxis Deutsch“ gaben ein ganzes Heft zum Dialekt heraus, die Werbung setzte verstärkt einzelne Dialektwörter oder sogar leicht verständliche Sätze in Mundart ein, und Politiker griffen das Thema auf. So hat der baden-württembergische Ministerpräsident Winfried Kretschmann im Dezember 2018 sogar eine Dialekttagung nach Stuttgart einberufen, um alle Institutionen und Vereine, die sich mit den baden-württembergischen Dialekten beschäftigen, zu versammeln und zu überprüfen, wie es um den Dialekt im Land bestellt ist und was man für ihn tun könne.

Nun kann man beim Dialekt verschiedenen Fragen nachgehen: Woher kommen die Dialekte? Wie entstehen unterschiedliche Dialekträume? Wer spricht überhaupt noch Dialekt? Geht der Dialekt verloren? usw. Auch wenn wir in den hierfür vorgesehenen Kapiteln versuchen, auf diese Fragen eine Antwort zu finden, so stehen sie dennoch nicht im Zentrum dieses Buchs. Es geht uns vielmehr darum, das Spannungsfeld zwischen Dialekt und Standardsprache zu beschreiben und deutlich zu machen, dass all das, was sich in diesem Spannungsfeld abspielt, für die Schule von größter Relevanz ist. Hierbei verfolgen wir einen evidenzorientierten Ansatz, der sich an der Sprachwissenschaft orientiert und versucht, deren Erkenntnisse in die Deutschdidaktik zu integrieren.

In den Schulen und damit auch in der Deutschdidaktik ist man lange Zeit von einer einfachen Opposition ausgegangen: hier die ländlichen Dialekte mit ihren zahlreichen räumlichen Varianten, dort die homogene Standardsprache. Die Dialektologie hat nun aber schon seit langem den Nachweis erbracht, dass dies ein doppelter Irrtum ist. Einerseits gibt es nämlich zwischen den beiden Polen – zum Beispiel in Süddeutschland – mehrere Zwischenregister, andererseits ist die Standardsprache gar nicht homogen. Durch diese beiden Irrtümer kam es dann – vor allem in der Nachfolge der Bernsteinschen Defizithypothese – zu der Auffassung, dass die Dialekte im Vergleich mit der Standardsprache von geringerem Wert und beim sozialen Aufstieg hinderlich seien. Hierbei wurde die Stellung der Dialekte in der Gesellschaft der Bundesrepublik Deutschland erst gar nicht genauer untersucht, sondern man übertrug einfach das amerikanische Modell auf die deutschen Verhältnisse. In der Schule konnten all diese Irrtümer zu einer Diskriminierung von Dialekt sprechenden Kindern führen, wobei dies oft nicht direkt, sondern indirekt geschah, etwa in Aufforderungen wie „Sag es noch einmal schöner!"

Da die Schule im Bereich der Sprache für die meisten Menschen die wichtigste normgebende Instanz ist, muss sie sich des Themas Dialekt – Standard entsprechend annehmen. Daher ist es auch in den aktuellen Bildungsplänen verankert. Mit unserem Buch geben wir eine Hilfestellung zur Umsetzung dieser Vorgaben; darüber hinaus bieten wir (angehenden) Lehrkräften die Möglichkeit, sich die wichtigsten fachlichen Grundlagen mithilfe des Buches, insbesondere mithilfe der zahlreichen Übungen und vertiefenden Texte im Arbeitsteil, selbst zu erarbeiten. Dabei haben wir stets die Sprachwirklichkeit im Auge. Nur so kann herausgefunden werden, was in unserem Sprachalltag angemessen und was unangemessen ist. Wer eine Sprachnorm ansetzt, die nicht durch die Wirklichkeit legitimiert ist, lebt nicht nur in einer Illusion, sondern er leistet auch eine Vorarbeit für all diejenigen, die diese fiktive Norm missbrauchen, um alle Sprecherinnen und Sprecher, die nicht dieser Norm entsprechen, sozial zu benachteiligen.

Umfragen haben gezeigt, dass sich Sprachklischees, sogenannte sprachliche Ideologien, über Jahrzehnte halten können. So existiert zum Beispiel die Vorstellung, dass man in Hannover das beste Deutsch spricht, schon seit zwei Jahrhunderten. Diese und andere Klischees, die, wie wir zeigen werden, sprachwissenschaftlich alle nicht haltbar sind, können nur mit Hilfe der Schule überwunden werden. Dabei geht es nicht darum, Dialekt und Standard gegeneinander auszuspielen, sondern sie in ihrer heutigen Funktion im Sprachalltag zu beschreiben und ihre Variabilität und Veränderlichkeit zu erkennen und dann auch anzuerkennen. Wenn die Schule dies leisten könnte, wäre schon viel gewonnen. Wer nämlich um die Heterogenität der deutschen Sprache auf allen Ebenen weiß, kann die regionalen Elemente in der Sprache der Mitmenschen besser einordnen. Er weiß dann, was in dieser und jener Situation angemessen und nicht angemessen ist. Damit wäre aber auch ein Beitrag zu mehr sprachlicher und sozialer Gerechtigkeit in der Schule und im späteren Berufsleben erreicht.

1. Einführung

1.1 Problemstellung

> Historische Sprachen sind keine einheitlichen Sprachsysteme; in ihnen sind zugleich die Dimension der Homogenität und die Dimension der Varietät gegeben.
>
> Eugenio Coseriu: Sprachkompetenz, S. 139

Dialekt und Standardsprache sind zwei Seiten einer Medaille. Bei der Auseinandersetzung mit der Frage, wie man die deutsche Sprache korrekt zu schreiben und auszusprechen habe, müssen sie daher grundsätzlich zusammen betrachtet werden: Während der Begriff Dialekt die historisch gewachsene Vielfalt des deutschen Sprachraums beschreibt, bezeichnet der Begriff Hochsprache bzw. Standardsprache das seit dem 19. Jahrhundert, vor allem seit der Gründung des deutschen Kaiserreichs 1871 anhaltende Bemühen um Normierung und Vereinheitlichung der deutschen Sprache. Daraus ergibt sich ein natürliches Spannungsverhältnis zwischen dem Bestreben nach Normierung einerseits und der hartnäckigen Weigerung der sprachlichen Wirklichkeit, sich dem ohne Weiteres zu beugen. Dies betrifft sowohl die deutsche Schriftsprache als auch das gesprochene Deutsch, das gesprochene Deutsch jedoch in einem weit höheren Maße. Daher liegt der Schwerpunkt dieser Einführung auf dem Mündlichen; die Problematik der Standardisierung der deutschen Schriftsprache wird aber mitthematisiert, nicht zuletzt deshalb, weil sich dadurch wertvolle Erkenntnisse über den (wesentlichen) Unterschied zwischen mündlichem und schriftlichem Sprachgebrauch ergeben und weil z. B. im Lexikon[1] mündlicher und schriftlicher Sprachgebrauch durchaus zusammenhängen.

Dass die Beschäftigung mit den Themen Dialekt und Standardsprache im deutschen Sprachraum auch und gerade in einer sich immer rascher wandelnden Welt eine besondere Virulenz besitzt, zeigt bereits ein flüchtiger Blick in die Suchmaschine Google: Ein einziger Klick zum Suchwort „Dialekt“ fördert bereits zahllose Internetlinks zu allen möglichen Aspekten und Facetten des besagten Suchworts zutage, wobei neben sehr prinzipiellen Fragen nach der Herkunft

1 Unter ‚Lexikon‘ versteht die Linguistik den Wortschatz.

und Identität, wie sie in der großen Landesausstellung zum Mythos und zur Marke Schwaben 2016/17 in Stuttgart aufgeworfen wurden, ganz konkrete Fragen beispielsweise nach den karrierehemmenden Wirkungen einer dialektalen Aussprache oder auch dem (mehr oder weniger guten) Image der unterschiedlichen im deutschen Sprachraum gesprochenen Dialekte zu finden sind. Entsprechend groß ist – innerhalb und außerhalb von Schule und Universität – das Ausmaß an Unsicherheit und Irritation im Umgang mit der deutschen Sprache, was sich insbesondere populäre Sprachpfleger zu Nutze machen: In oft fragwürdiger, weil fachlich verkürzter bzw. linguistisch nicht haltbarer Weise werden um den richtigen Sprachgebrauch bemühten Laien und Profis (wie etwa Deutschlehrern und Journalisten) gleichermaßen Ratschläge und Hilfestellungen gegeben. So stellen beispielsweise die beiden Sprachwissenschaftler Péter Maitz und Stephan Elspaß, die ihrerseits wesentliche Erkenntnisse zu einem reflektierten Umgang mit Dialekt und Standardsprache beigetragen haben, mit Blick auf den bekannten Sprachratgeber „Der Dativ ist dem Genitiv sein Tod" bzw. dessen Autor und linguistischen Laien Bastian Sick fest: Er „kann sich aber von seinem latenten Ideal der kultivierten und über allen Varietäten stehenden standardsprachlichen Norm nicht lösen"[2] – obwohl nicht nur die (nicht-standardsprachliche) Alltagssprache, sondern auch die Standardsprache selbst Variation aufweist.

Weitere Brisanz gewinnt die Auseinandersetzung mit den Themen Dialekt und Standardsprache vor dem Hintergrund der seit dem sogenannten Pisa-Schock (2000) anhaltenden bildungspolitischen Diskussion über nationale Bildungsstandards und deren Umsetzung auf unterschiedlichen Ebenen: in den Bildungsplänen der Länder, in zentralen Prüfungen wie etwa dem Abitur oder auch in bundesweiten Lernstandserhebungen wie z.B. Vera 3 und Vera 8.[3] Denn der politisch motivierte Versuch der Vereinheitlichung von Bildungsprozessen setzt (fast) zwangsläufig ein Konzept von sprachlicher Kompetenz voraus, welches die – von Kultusministerkonferenz (KMK), Bildungsplanmachern usw. – definierten Standards über die Vielfalt, das National-Einheitliche über das Regional-Besondere stellt. Aus den genannten Gründen wollen wir uns unserem Thema nicht nur in beschreibender und erklärender Weise nähern; wir geben auch Hinweise zum sinnvollen Umgang mit bzw. zum sinnvollen Gebrauch von

2 Maitz/Elspaß (2007: 519f.).

3 Vera = Vergleichsarbeiten in der Schule: Lernstandserhebungen in den Klassen 3 und 8, in denen, bezogen auf die von der Kultusministerkonferenz verabschiedeten Bildungsstandards, der Leistungsstand in den Fächern Deutsch und Mathematik ermittelt werden soll (in Kl. 8 auch Englisch und Französisch); startete 2004 in der Grundschule in sieben Bundesländern; seit 2007/2008 beteiligen sich alle 16 Bundesländer daran.

Dialekt und Umgangssprache, wobei wir unseren Fokus insbesondere auf die folgenden Schwerpunkte legen:

- die Entwicklung und Fundierung der Konzepte „Dialekt“, „Standardsprache“ und „Umgangssprache“ auf der Basis sprachwissenschaftlicher Grundlagen,[4]
- die Frage nach dem „richtigen“ Umgang mit diesen Konzepten im sprachlichen Alltag, insbesondere in Schule und Universität,
- die Formulierung eines (dialektfreundlichen) Konzepts sprachlicher Kompetenz, in dem die genannten Teilaspekte in sinnvoller Weise berücksichtigt werden.

Unser eigener sprachwissenschaftlicher und didaktischer Standpunkt (Point of view), den wir am Ende des Kapitels „Grundlagen“ weiter ausführen und mit Blick auf die Fragen nach einem sinnvollen Umgang mit den Themen Dialekt und Standardsprache konkretisieren werden, ist dabei die linguistisch fundierte Sprachkritik, wie sie Jürgen Schiewe, Martin Wengler, Jörg Kilian u.a. in den letzten Jahren in diversen Publikationen differenziert begründet und überzeugend ausformuliert haben (vgl. Kap. 4.4).[5] Darüber hinaus teilen wir die Sicht des Kulturwissenschaftlers Thomas Bauer, nach der es die Vielfalt nicht nur in der Natur, sondern auch in kultureller und sprachlicher Hinsicht zu erhalten gilt. In seinem Essay „Die Vereindeutigung der Welt – Über den Verlust an Mehrdeutigkeit und Vielfalt“ kritisiert Bauer neben dem Artensterben in der Natur „in nie dagewesenem Umfang“ auch das Aussterben bedrohter Sprachen und Dialekte.[6] Wenn man wie dieser Kulturwissenschaftler der Ansicht ist, dass auch das Verschwinden von sprachlicher Vielfalt einen Verlust darstellt – und wir sind dieser Ansicht –, dann gilt es, zum einen, zumindest mit Blick auf Deutschland bzw. die deutsche Sprache, nach den Faktoren für dieses Verschwinden und geeigneten Gegenstrategien zu fragen (vgl. Kap. 3); zum anderen ist bei der Bestimmung dessen, was aus deutschdidaktischer Perspektive unter sprachlicher Kompetenz zu verstehen ist, auf diese Herausforderung angemessen zu reagieren. Dazu, wie dies geschehen kann, werden wir gegen Ende des theoretischen Teils (in Kap. 4) einen Vorschlag unterbreiten.

---

4 Da wir mit unserem Arbeitsbuch in erster Linie didaktische Zielsetzungen verfolgen, ist es nicht sinnvoll bzw. praktikabel, zusätzlich auch noch eine fundierte Einführung in die wissenschaftliche Methodik der Dialektologie geben zu wollen; zu diesem Zweck sei z.B. die „Einführung in die Dialektologie des Deutschen“ von Niebaum/Macha ([3]2014) empfohlen.

5 Vgl. z.B. Schiewe/Wengler (2010: 97 ff.) und Kilian/Niehr/Schiewe (2010).

6 Bauer ([5]2018: 8 ff.).

Auch wenn unser Schwerpunkt auf der Situation in Deutschland liegt, kann dieses Arbeitsbuch für Interessierte anderer deutschsprachiger Länder ebenfalls von Nutzen sein, da grundsätzliche Aussagen über Konzepte und Strategien verallgemeinerbar und auf unterschiedliche Sprachsituationen anwendbar sind. Es richtet sich in erster Linie an Deutschlehrerinnen und Deutschlehrer, Studierende des Faches Germanistik sowie Referendarinnen und Referendare des Faches Deutsch, aber auch Personengruppen, die außerhalb des Fachbereichs Deutsch professionellen Umgang mit der Sprache haben, wie z. B. Zeitungsredakteure, Journalisten und Verantwortliche in Radio und Fernsehen.

1.2 Aufbau des Buchs

Da es unser Bestreben ist, das Spannungsfeld zwischen Dialekt und Standardsprache zu beschreiben und nach Strategien zu suchen, mit denen eine Kommunikation innerhalb dieses Spannungsfeldes ohne Diskriminierung gelingen kann, müssen wir zunächst einmal die Grundlagen für die folgende Diskussion schaffen. Dies ist die Aufgabe von Kapitel 2. Hier wollen wir Begriffe wie Dialekt, Standardsprache, Umgangssprache klären, auf das für jede Sprachbetrachtung fundamentale Phänomen des Sprachwandels eingehen, den ebenso wichtigen Unterschied zwischen Schriftlichkeit und Mündlichkeit herausstellen und die regionale Varietät in das Konzept der inneren Mehrsprachigkeit einbetten. In Kapitel 3 gehen wir dann einen Schritt weiter und zeigen auf, wie die Dialekte entstanden sind, wie man sie gliedert, wie es zu Dialektgrenzen kommen und was man über ihre Zukunft sagen kann. Ebenso wird hier die Entstehung der Standardsprache genauer beschrieben, um abschließend Dialekt und Standardsprache in Beziehung zu setzen: Wann und wie werden sie im Alltag verwendet? Und inwiefern zeigt auch die Standardsprache regionale Varianz? Nachdem somit die Sprachwirklichkeit im süddeutschen Raum beschrieben ist, steht in Kapitel 4 der Umgang in der Gesellschaft mit regionaler Varietät im Zentrum. Hierbei müssen zunächst verschiedene sprachliche Ideologien vorgestellt werden, da sie bei der Diskriminierung von Sprecherinnen und Sprechern mit regionaler Varietät eine zentrale Rolle spielen. Ein Blick in die Schweiz und nach Norwegen macht kontrastiv deutlich, dass eine sprachliche Varietät auch in einer modernen, wirtschaftlich erfolgreichen Gesellschaft akzeptiert, gefördert und gelebt werden kann. Da wir bei allen unseren Betrachtungen und Analysen von einer linguistisch fundierten Sprachkritik ausgehen, die nach einer Bestandsaufnahme auch Lösungsvorschläge macht, stellen wir am Ende des Kapitels unser dialektfreundliches Konzept sprachlicher Kompetenz vor. In Kapitel 5 soll dieses Konzept schließlich mit der schulischen Praxis in Verbindung gebracht werden: Was sagen die Bildungspläne zum Thema Dialekt-Standardsprache und wie setzen die Sprachbücher diese Vorgaben um? Was wissen gerade aus dem Studium kommende Referendarinnen und Referendare des Faches Deutsch über Dialekt und Standardsprache und wie gehen sie bei der Beurteilung von regionalen Varianten in der Standardsprache vor? Aber nicht nur in der schulischen Praxis spielen sprachliche Ideologien und Diskriminierung eine Rolle. Auch in den Medien wird ein falsches Bild von der Standardsprache gepflegt und verbreitet, was am Ende des Kapitels anhand einiger Beispiele aufgezeigt wird. Nachdem der Nachweis erbracht wurde, dass sprachliche Ideologien und damit automatisch Diskriminierungen von Sprecherinnen und Sprechern einer regionalen Varietät im schulischen Alltag eine Rolle spielen, fordern wir in Kapitel 6 Konsequenzen sowohl für den Umgang mit Schülerinnen und Schülern, die Dialekt oder eine Regionalsprache sprechen, als auch für den Unterricht Deutsch als Zweitsprache/Fremdsprache, wo die deutsche Standardsprache nach wie vor als ein homogenes Gebilde vorgestellt wird, das es in der Wirklichkeit nicht gibt. Um allen Lehrenden die Arbeit an diesem für uns wichtigen Thema zu erleichtern, haben wir im Arbeitsteil (Kapitel 7) schließlich zahlreiche Aufgaben, Arbeitsmaterialien, Internetseiten und Aufsätze zusammengestellt.

2. Grundlagen: Linguistische Aspekte und Voraussetzungen

Die im folgenden Kapitel erläuterten linguistischen Grundlagen (Kap. 2) sind für ein vertieftes Verständnis der Phänomene Dialekt und Standardsprache von zentraler Bedeutung. Sie sollen daher soweit – und nur soweit – dargestellt werden, dass der wissenschaftliche Problemhorizont und die für unser Thema maßgeblichen linguistischen Theorieansätze und Fragestellungen sichtbar werden.

2.1 Die innere Mehrsprachigkeit des Deutschen

Wenn wir von „der" deutschen Sprache sprechen, sprechen wir nicht von einer Sprache, sondern von vielen. Die deutsche Sprache ist also kein monolithischer Block, sondern gekennzeichnet durch verschiedene Varietäten.

Neben den dialektalen Varietäten unterscheidet die Sprachwissenschaft auch soziolektale Varietäten. Während die dialektalen Varietäten die geografischen Verbreitungsformen der deutschen Sprache bezeichnen, nennt man eine soziolektale Varietät die Sprache einer bestimmten sozialen Gruppe.[7] Zu den dialektalen Varietäten des Deutschen zählen z. B. das Schwäbische, das Bairische und das Fränkische – ein detaillierter Überblick über die verschiedenen Dialekte der deutschen Sprache erfolgt weiter unten (Kap. 3); zu den soziolektalen Varietäten werden alters- und schichtenspezifische Sprachvarietäten wie beispielsweise die Jugendsprache bzw. das Gastarbeiterdeutsch, aber auch Fach- und Spezialsprachen „von Fachleuten für Fachleute" gezählt.[8] Darüber hinaus gibt es eine situative Varianz – sie bezeichnet die Fähigkeit eines Individuums, eine bestimmte sprachliche Varietät in Abhängigkeit von der jeweiligen Situation zu realisieren. In jedem Fall ist es aus linguistischer Sicht nur dann sinnvoll, von einer sprachlichen Varietät zu sprechen, wenn sie sich auf mindestens einer sprachlichen Ebene (z. B. Lexikon, Morphologie, Phonologie, Semantik, Syntax) von einer anderen sprachlichen Varietät unterscheiden lässt.

---

7 Vgl. Ossner ([2]2008: 53 f.).

8 Vgl. Braun ([4]1998: 8 f.); zum Gastarbeiterdeutsch vgl. z. B. Hinrichs (2013: 150 ff.).

Die erste sprachwissenschaftlich fundierte Beschreibung des breiten Varietätenspektrums der deutschen Sprache legt Mario Wandruszka in seiner wegweisenden Publikation „Die Mehrsprachigkeit des Menschen“ (1979) vor. Wandruszka kommt darin nicht nur zu dem Schluss, dass sich der Lehrer „als Erzieher zur Mehrsprachigkeit begreifen“ müsse, da sowohl die Standard- bzw. Hochsprache als auch der Dialekt und der Regiolekt ihren eigenen Wert und ihre eigene Berechtigung haben;[9] er unterscheidet außerdem zwischen *tätiger* und *verstehender Mehrsprachigkeit* und nimmt damit eine Unterscheidung vor, die für unsere eigenen Überlegungen ebenfalls von zentraler Bedeutung ist: Während tätige Mehrsprachigkeit die persönliche Verwendung bestimmter sprachlicher Varietäten in bestimmten kommunikativen Kontexten meint, ist mit verstehender Mehrsprachigkeit die menschliche Fähigkeit gemeint, weit mehr sprachliche Varietäten zu verstehen als zu verwenden. So sind z. B. auch Sprecher der deutschen Sprache, die nicht aus Österreich stammen, i. d. R. in der Lage, das in Österreich gesprochene Deutsch zu verstehen. Zurecht stellt Wandruszka pointiert fest: „Sprachliche Kommunikation ist weit über das Verwenden hinaus ein gegenseitiges Verstehen.“[10]

Laut Helmut Henne, auf den das bis in die Gegenwart wirksame (und damit wohl wichtigste) linguistische Konzept der inneren Mehrsprachigkeit des Deutschen zurückgeht, gehört auch die deutsche Standardsprache zu den Varietäten der deutschen Sprache.[11] Dabei sieht Henne die deutsche Standardsprache keinesfalls als unteilbare Einheit, sondern differenziert sie vielmehr weiter in die „Stilschichten bzw. Funktionalstile“ des alltäglichen, des arbeitspraktischen, des wissenschaftlichen und des literarisch-künstlerischen Verkehrs aus.[12] Dennoch kommt der deutschen Standardsprache nach Henne eine Sonderstellung zu: Da sie „diejenige sprachliche Existenzform“ ist, „welche die kulturelle und politische Geschichte und Existenz der Deutschen trägt“,[13] geht sein Konzept der inneren Mehrsprachigkeit des Deutschen nämlich vom Primat der Standardsprache aus.[14] Dabei wird das Konzept keinesfalls von der Vorstellung getragen, die Standardsprache sei ein statisches Gebilde; er sieht die Standardsprache vielmehr in beständiger Wechselwirkung mit anderen Varietäten, auf die sie einwirkt, von denen sie aber ebenso beeinflusst wird. Insofern bezieht sich der Begriff Standardsprache, wie bereits in der einleitenden Problemstellung ange-

9 Wandruszka (1979: 18).
10 Ebd. 21.
11 Henne (1986: 218 f.).
12 Vgl. Braun (^{4}1998: 12 f.).
13 Henne (1986: 218 f.).
14 Vgl. dazu z. B. auch Ossner (^{2}2008: 54).

deutet, in wissenschaftlich-beschreibender Weise auf die deutsche Sprache, während der Begriff der Hochsprache der in der Alltagskommunikation gebräuchliche Begriff für die Standardsprache ist; dem Begriff der Hochsprache wohnt außerdem ein pädagogisch-didaktisches Moment inne, denn er weist, wie Jakob Ossner betont, „auf die Notwendigkeit der Pflege und Bildung" der deutschen Sprache hin.[15]

Hennes Konzept der inneren Mehrsprachigkeit des Deutschen ist somit einerseits wegweisend für eine differenzierte, linguistisch fundierte und zugleich didaktisch reflektierte Sicht auf die Vielgestaltigkeit der deutschen Sprache, andererseits macht es deutlich, dass auch der sprachwissenschaftliche Blick darauf nicht ideologisch neutral bzw. vollkommen wertfrei ist bzw. sein kann – entscheidend ist vielmehr, sich entsprechender sprachlicher Ideologien (wie etwa der Aufwertung des sprachlichen Standards gegenüber anderen Varietäten) und der damit verbundenen Implikationen für die sprachliche Praxis, die wissenschaftliche Theoriebildung und die Sprachdidaktik möglichst bewusst zu sein. Dazu wird es deshalb einige weiterführende Überlegungen in Kapitel 4 geben.

2.2 Das Phänomen des Sprachwandels[16]

Als gesprochene Sprache befindet sich die deutsche Sprache – im Unterschied zu nicht (mehr) bzw. nur noch von wenigen Liebhabern gesprochenen Sprachen wie z.B. Latein oder Altgriechisch – in permanentem Wandel. Nach Gerhart Wolff ist dabei der Begriff Sprachwandel den Begriffen Veränderung und Entwicklung vorzuziehen.[17] Denn der Begriff Veränderung beziehe sich lediglich auf „beobachtbare Oberflächenphänomene", sei also eine quantitative Kategorie, „die dem dynamischen Charakter von Sprache nicht gerecht werden" könne; der Begriff Entwicklung werde dagegen mit der „Vorstellung von einem kontinuierlichen, zielgerichteten Ablauf" verbunden und sei damit eine teleologische Kategorie, die „ganz bestimmte Regulative (Entwicklungsgesetze), Einteilungen (Entwicklungsstufen) und Deutungen (z.B. fortschreitende Vervollkommnung, Sprachdifferenzierung oder auch Sprachzerfall)" impliziere. Lediglich der Begriff Sprachwandel werde dem „dynamisch-veränderbaren Charakter der

---

15 Ebd.

16 Im Folgenden stellen wir lediglich die für unser Buch wichtigsten allgemeinen Aussagen zum Thema Sprachwandel zusammen. Für eine genauere Zusammenstellung des Sprachwandels im Deutschen siehe Damaris Nübling: Historische Sprachwissenschaft des Deutschen. Eine Einführung in die Prinzipien des Sprachwandels. Tübingen [5]2017.

17 Wolff ([3]1994: 28), alle folgenden Zitate ebd.

Sprache" gerecht, nicht zuletzt deshalb, weil es „die Interpretationsoffenheit einzelner Phänomene gebe" und Veränderungen funktionell erklärt würden, also die Frage nach den dahinterstehenden kommunikativen Bedürfnissen das wissenschaftliche Interesse leite. Wolff nennt den Begriff Sprachwandel deshalb treffend eine pragmatische Kategorie.

Was damit gemeint ist, zeigt Uwe Hinrichs eindrücklich am Beispiel des sogenannten Gastarbeiterdeutsch auf, sprich dem ungesteuert erworbenen Deutsch von Migranten, die zwischen den 1950er und den frühen 1970er Jahren nach Deutschland kamen.[18] Da sie lediglich für einen „begrenzten Zeitraum" und „ohne Perspektive auf Integration" nach Deutschland eingereist seien, sei ihre Motivation, die deutsche Sprache zu erlernen, nur gering gewesen; auch hätten die meisten Gastarbeiter keinen Fremdsprachen- bzw. Deutschunterricht besucht. Hinrichs geht dabei von der Annahme aus, dass typische Züge des Gastarbeiterdeutsch „unabhängig von der Herkunftssprache auftreten", wozu z. B. „fehlende Artikel, Präpositionen und Pronomen; falsche Präpositionen, falsches Genus, andere Wortfolge etc." zählen. Für die Frage nach dem Sprachwandel entscheidend ist jedoch ein anderer Befund, nämlich die Tatsache, dass diese Merkmale und Besonderheiten des Gastarbeiterdeutsch „auch im Zusammenhang mit aktuellen Veränderungen in der deutschen Standard-Umgangssprache" auftauchen. So werden in dieser beispielsweise zunehmend alte Kasus durch Präpositionen ersetzt, was laut Hinrichs auf den intensiven Sprachkontakt zwischen Muttersprachlern und Migranten zurückzuführen ist. Denn diese „geben Präpositionen den Vorzug", weil sich ihre eigene Muttersprache – so z. B. das Türkische und das Arabische – weit „von dem alten Kasusmodell" entfernt hat.[19] Im Kern handelt es sich bei all diesen Veränderungen durch Sprachkontakt also um „kommunikativ bedingte Vereinfachungen der Grammatik" und damit um ein pragmatisch bedingtes Sprachwandelphänomen in dem von Gerhart Wolff beschriebenen Sinn.

Neben den durch Sprachkontakt bedingten Formen des Sprachwandels lässt sich nach Hinrichs eine zweite große Gruppe von Veränderungen ausmachen, die für die deutsche Sprache gegenwärtig kennzeichnend sind. Dazu gehören zum einen Veränderungen „die aus dem Englischen herüberkommen („Denglisch")" und zum anderen Veränderungen, die „aus den Dialekten stammen (*Ich bin gerade die Uhr am Reparieren*)."[20] Bei (noch) genauerer Betrachtung ist das Verhältnis zwischen Dialekt und mündlicher „Standard-Umgangssprache" tatsächlich noch etwas komplizierter, als es die Unterscheidung von Hinrichs sug-

18 Hinrichs (2013: 150 f.), die folgenden Zitate ebd. 150–152.
19 Vgl. ebd. 249 f.
20 Ebd. 226.

geriert, denn es beruht auf Gegenseitigkeit: Die deutschen Dialekte wirken auf die am schriftlichen Standard orientierte Umgangssprache ein, weswegen nicht von der einen deutschen Standard-Umgangssprache gesprochen werden kann, sondern von verschiedenen regionalen (mündlichen) Gebrauchsstandards gesprochen werden muss; diese wirken ihrerseits auf den Gebrauch der Dialekte zurück. So ist das dialektale Sprechen in Deutschland zwar immer noch weit verbreitet, aber es findet in erster Linie im privaten und kommunalen Bereich statt, z.B. in der Familie, im Freundeskreis und im Sportverein, während im öffentlichen Raum zunehmend Formen und Varianten eines „abgemilderten“, an der regionalen Umgangssprache orientierten dialektalen Sprechens anzutreffen sind.[21] Schließlich ist noch zu unterscheiden zwischen einem gelenkten und einem nicht gelenkten Sprachwandel: Während Hinrichs (in erster Linie) nicht gelenkte Formen der Einflussnahme meint, sind politisch bzw. pädagogisch motivierte Formen der Einflussnahme auf Bildungsprozesse im Sinne von Hennes Primat der Standardsprache mehr oder weniger gelenkt.

2.3 Konzeptionelle Mündlichkeit und konzeptionelle Schriftlichkeit bzw. Literalität

Die bisherigen Überlegungen zeigen, dass die auf Forschungen von Peter Koch und Wulf Oesterreicher zurückgehende Unterscheidung zwischen konzeptioneller Mündlichkeit und konzeptioneller Schriftlichkeit[22] für ein vertieftes Verständnis der Problematik von Dialekt und Standardsprache unerlässlich ist. Nach Helmuth Feilke kennzeichnen *schriftlich-konzeptuale Fähigkeiten* „Graphie und Orthographie ebenso wie die Fähigkeit, schriftliche Texte zu verfassen“;[23] das zentrale Ziel konzeptionell-schriftlicher Kommunikation ist „die maximal kontextentbundene Verständigung“.[24] Nach Fix ist Schriftlichkeit deshalb ein „eigenständiges kognitives Konzept“, ein eigener „Denkstil“ und „nicht nur ein Anhängsel des Sprechens“.[25] So setzt das kompetente Verfassen eines konzeptionell schriftlichen Textes nicht nur korrekte Rechtschreibung, sondern z.B. auch Textsortenkenntnis und die Fähigkeit voraus, die Perspektive potentieller Adressaten einzunehmen. Aber auch Prozesse der Planung, Überarbeitung und Revision sind kennzeichnend für konzeptionell schriftliche Texte. Da-

21 Vgl. Klausmann (2014b: 35ff.).
22 Koch/Oesterreicher (1994).
23 Feilke (2003: 179).
24 Ebd. 180.
25 Fix (^{2}2004: 33f.).

neben gibt es freilich Texte, die dem konzeptionell Mündlichen nahestehen, etwa die Chat-Kommunikation oder die E-Mail: Diese kann zwar ebenfalls sehr förmlich verfasst sein, beispielsweise wenn sie an Vorgesetzte oder Behörden gerichtet ist und damit durchaus in den Bereich konzeptioneller Schriftlichkeit gehört; unter Bekannten und im privaten Schriftverkehr weist die E-Mail jedoch typischerweise Merkmale konzeptioneller Mündlichkeit auf. Jörg Kilian spricht deshalb treffend von „geschriebener Umgangssprache" bzw. „geschriebener Mündlichkeit".[26] Die Frage ist nun, welche Konsequenzen damit für Dialekt und Standardsprache verbunden sind.

Zunächst einmal ist festzuhalten, dass es sich beim Thema Dialekt in erster Linie – aber nicht ausschließlich – um ein Phänomen handelt, das im Bereich *konzeptioneller Mündlichkeit* angesiedelt ist. Dialektales Sprechen ist für die mündliche Alltagskommunikation kennzeichnend, hier jedoch in verschiedenen Nuancierungen und Abstufungen: Während im Süden des deutschen Sprachraums in der Familie, im Freundeskreis und im heimatlichen bzw. dörflichen Kontext bis heute das dialektale Sprechen üblich ist (und u. U. sogar bewusst gepflegt wird), greifen dieselben Sprecherinnen und Sprecher im beruflichen Umfeld oder anderen weiteren Handlungskontexten (wie etwa Schule oder Studium) – im Sinne des Code-Switching – auf die in ihrer Region gebräuchliche Umgangssprache zurück. Diese ist zwar ebenfalls noch dialektal gefärbt, jedoch insgesamt näher an der (typischerweise in Radio und Fernsehen gesprochenen) mündlichen Standardaussprache angesiedelt als der heimische Dialekt.

Zwischen den zahlreichen (mehr oder weniger) dialektal gefärbten mündlichen Aussprachevarianten des Deutschen gibt es außerdem Abweichungen auf allen sprachlichen Ebenen (Beispiele aus dem Oberfränkischen):

- Lexikon (Bsp. *Babbelwasser* für ein alkoholisches Getränk, nach dessen Genuss man redselig wird),
- Morphologie (Bsp. *gwen* für „gewesen"),
- Semantik (Bsp. *Fähnla* für „ein minderwertiges Kleid"),
- Syntax (Bsp. *machsd-es Laab auf an Haufm* für die Aufforderung „mach das Laub auf einen Haufen").[27]

In der schriftlichen Standardsprache – und damit im Bereich konzeptioneller Schriftlichkeit – finden sich regionale Varianten hingegen lediglich innerhalb

26 Kilian (2010: 63 f.).
27 Zit. nach Schels (2015: 14, 73, 49, 95).

des Wortschatzes. Drei Beispiele hierfür aus der von Hubert Klausmann durchgeführten Studie zu „Regionalismen in der schriftlichen Standardsprache“:[28]

- *daheim* (im süddeutschen Sprachraum gebräuchliche Variante zu norddt. *zu Hause*),
- *Blaukraut* (im süddeutschen Sprachraum gebräuchliche Variante zu norddt. *Rotkohl*)
- *Radler* (im süddeutschen Sprachraum gebräuchliche Variante zu norddt. *Alsterwasser*).

Das von Ulrich Ammon u. a. (2004) herausgegebene „Variantenwörterbuch des Deutschen“ mit ca. 12 000 standardsprachlichen Wörtern und Wendungen, die eine national oder regional eingeschränkte Verbreitung aufweisen, macht eindrucksvoll deutlich, dass Varianten auch innerhalb des schriftlichen Standarddeutschen sehr viel weiter verbreitet sind, als es der Begriff „Standardsprache“ suggeriert.

2.4 Zusammenfassung: Die Begriffe Standardsprache, Dialekt und Umgangssprache

Mit Blick auf die folgenden, einzelne Aspekte weiter vertiefenden Überlegungen werden an dieser Stelle die wesentlichen Unterschiede zwischen den Begriffen Standardsprache, Dialekt und Umgangssprache noch einmal kurz und prägnant zusammengefasst. Dies geschieht jeweils durch kurze Begriffserklärungen.

Zunächst einmal ist festzuhalten, dass es sich in allen drei Fällen um linguistische Konzepte und damit um den Versuch handelt, aus einer Fülle sprachlicher Phänomene jeweils solche in einem Begriff zusammenzufassen, die eine Reihe ähnlicher – nach linguistischen Kriterien beschreibbarer – Merkmale aufweisen. Dabei muss zwischen sprachwissenschaftlich motivierten und fundierten einerseits und populären bzw. alltagssprachlichen Konzepten andererseits unterschieden werden: Der Begriff „Dialekt“ ist sowohl ein linguistisches als auch ein alltagssprachliches Konzept – auch Menschen, die nicht Sprachwissenschaftler sind, haben i. d. R. eine (mehr oder weniger konkrete) Vorstellung davon, was man unter einem „Dialekt“ versteht; der Begriff „Hochdeutsch“ wiederum ist ein alltagssprachliches Konzept, dem der sprachwissenschaftliche Begriff der (deutschen) Standardsprache entspricht, unter der im Wesentlichen Folgendes zu verstehen ist:

28 Zit. nach Klausmann (2014a: 96 ff.).

Standardsprache: Bei der (deutschen) Standardsprache handelt es sich um ein Phänomen der deutschen Sprache, das sowohl im Schriftlichen (schriftlicher Standard) als auch im Mündlichen (mündlicher Standard) auftritt; von Standard bzw. Standardisierung ist deshalb die Rede, weil die (mündliche wie schriftliche) Standardsprache der Normierung unterliegt. Normierende Instanz für die mündliche Standardsprache ist das „Aussprachewörterbuch" des Duden; daneben existiert bis heute die von dem deutschen Germanisten Theodor Siebs um 1900 entwickelte „Bühnenaussprache" als normierende Instanz.[29] Beide Standard-Lautvarianten wurden bzw. werden – trotz einiger Unterschiede – auf der Basis norddeutscher Dialekte entwickelt. Der Duden nimmt für sich allerdings in Anspruch, „der Sprechwirklichkeit" näher zu kommen als die „Bühnenaussprache", da diese „ideale Norm" nur noch im Kunstgesang üblich sei.[30] Wie Werner König für den mündlichen Standard nachgewiesen hat, meint der Duden mit „der Sprechwirklichkeit" die Aussprache im norddeutschen Raum.[31] Das zeigt zum einen, dass hinter seinen Entscheidungen Sprachwissenschaftler stehen, die ihre Entscheidungen nicht auf der Basis empirischer Untersuchungen, sondern eigener Normurteile fällen; zum anderen macht es deutlich, dass auch die Entscheidungen eines Wörterbuchs – so unumstößlich sie erscheinen mögen – auf einer schwankenden, veränderlichen Basis stehen („Was ist die Sprechwirklichkeit im norddeutschen Raum?").[32] Der im kulturellen Gedächtnis der deutschsprachigen, insbesondere der bundesrepublikanischen Bevölkerung tief verwurzelte Nexus „Norddeutsch gleich Standardsprache" hat in diesen richtungweisenden Entscheidungen seinen Ursprung, obwohl – das sei hier ausdrücklich betont – die einzelnen deutschen Aussprachevarianten bzw. Dialekte aus sprachwissenschaftlicher Perspektive prinzipiell gleichwertig sind.[33] Ein „Primat der Standardsprache" (vgl. Kap. 2), wie es in Helmut Hennes Konzept der inneren Mehrsprachigkeit des Deutschen zum Ausdruck kommt, lässt sich jedenfalls nicht aus der konkreten Sprachwirklichkeit ableiten, sondern allenfalls normativ begründen. Den geografisch neutralen mündlichen Standard gibt es nach Königs Untersuchungen im Grunde lediglich bei den Nachrichtensprecherinnen und Nachrichtensprechern in Radio und Fernsehen in mehr oder weniger „reiner" Form.[34] Normierende Instanz für den schriftlichen Standard sind ebenfalls die deutschen Wörterbücher, allen voran der Duden und

29 Vgl. Mangold ([6]2005: 62); siehe dazu z. B. auch Wandruszka (1979: 18).
30 Vgl. Mangold ([6]2005: 62).
31 König (2000).
32 Vgl. Maitz / Elspaß (2012: 53).
33 Vgl. z. B. den kritischen Beitrag von Maitz (2014: 5 f.).
34 König (1989).

das Wörterbuch von Wahrig. Dabei gilt es zu bedenken, dass es nicht nur zwischen den einzelnen Wörterbüchern, also mit Blick auf die Frage, was der schriftliche Standard sei, z. T. erhebliche Diskrepanzen gibt.[35] Neben dem deutschen Deutsch sind darüber hinaus weitere nationale Standardvarietäten zu unterscheiden, nämlich das „österreichische Deutsch“ und das „schweizerische Deutsch“.[36]

Dialekt: Zu den dialektalen Phänomenen gehören die verschiedenen regionalen Varianten der deutschen Sprache. Dies gilt sowohl für das Schriftliche als auch für das Mündliche, wobei jedoch ein wesentlicher Unterschied besteht: Während die (regionale) Variation im Schriftlichen – ungeachtet aller Normierungsbestrebungen von Duden und Wahrig – im Bereich Wortschatz bzw. Lexik auftritt, differieren die mündlichen Variationen der deutschen Sprache auf sämtlichen linguistischen Ebenen (Lexikon, Morphologie, Phonologie usw.). Dabei ist, wenn von Dialekt die Rede ist, im süddeutschen Raum grundsätzlich von einer gleitenden Skala auszugehen: Sie reicht von „stark ausgeprägt“, wie in bestimmten ländlichen Kontexten durchaus heute noch üblich und vor allem in früheren Jahrhunderten der Normalfall, bis hin zu „schwach ausgeprägt“, d. h. nahe am mündlichen Standard und lediglich dialektal bzw. regional gefärbt.

Umgangssprache: Im Unterschied zu den beiden Begriffen „Standardsprache“ und „Dialekt“ bezieht sich der Begriff „Umgangssprache“ ausschließlich auf den Bereich des konzeptionell Mündlichen, also den Bereich der gesprochenen Sprache. Dabei ist zunächst einmal festzuhalten, dass es „die“ Umgangssprache nicht gibt;[37] vielmehr existieren zahlreiche Varianten der Umgangssprache nebeneinander, wobei Dialektgrenzen überschritten werden und die Grenzen zwischen diesen Varianten fließend sind. Ihr Hauptkennzeichen besteht darin, dass sie einerseits mehr oder weniger stark dialektal gefärbt und andererseits – zum Zwecke überregionaler Verständigung – am (mündlichen) Standard orientiert sind. Deshalb kann bei regionalen Varianten, die dem (mündlichen) Standard sehr nahe stehen, auch von „Standardvarianten“ gesprochen werden.[38] Die Verwendung der Umgangssprache wird somit von der impliziten Annahme getragen, dialektales Sprechen sei per se eine Verständigungsbarriere und müsste deshalb durch die (mehr oder weniger starke) Ausrichtung am (mündlichen) Standard verbessert werden.

---

35 Siehe dazu Kap. 2.4.

36 Vgl. Maitz / Elspaß (2012: 52).

37 Mit Recht nennt Eichhoff seinen für unser Thema grundlegenden Atlas „Wortatlas der deutschen Umgangssprachen“ (Eichhoff 1977–2000). Man beachte den Plural!

38 Vgl. dazu z. B. Maitz / Elspaß (2007: 518).

3. Herkunft und Gliederung der deutschen Dialekte und der Standardsprache

3.1 Herkunft und Gliederung der Dialekte

3.1.1 Die Herkunft der Dialekte

Wer in der Öffentlichkeit Dialekt spricht, wird immer wieder mit dem Vorwurf konfrontiert, kein richtiges Hochdeutsch zu sprechen. Allerdings machen es sich diese Gegner der Dialekte zu einfach, denn im deutschen Sprachraum ist die Situation komplizierter, als mancher glaubt. Zunächst muss festgehalten werden, dass die Dialekte gar kein falsches Hochdeutsch sein können, weil sie nicht vom Hochdeutschen, also der Standardsprache, abstammen. Um die Herkunft der Dialekte zu klären, müssen wir einen Blick auf die deutsche Sprachgeschichte werfen.

Die deutsche Sprache gehört zur Familie der germanischen Sprachen, die ihrerseits zur Großfamilie der indogermanischen Sprachen gehört. Entscheidend für die Abtrennung des Deutschen von den übrigen germanischen Sprachen wie Dänisch, Holländisch, Schwedisch, Englisch usw. war eine Lautveränderung, die sogenannte Zweite Lautverschiebung, bei der zwischen dem 5./6. und 8./9. Jahrhundert n. Chr. unter anderem die Laute *p, t, k* zu *pf/ff, ts/ss* und *ch/kch* verändert wurden. Da eine solche Veränderung in Hunderten von Wörtern auftritt, verändert sie das Gesicht einer Sprache massiv. Ein Vergleich von deutschen und englischen Wörtern macht den Unterschied sofort deutlich. Es stehen sich dann beispielsweise gegenüber: englisch *water* – deutsch *Wasser*, englisch *apple* – deutsch *Apfel*. Diese Zweite Lautverschiebung wird traditionell in der Dialektforschung auch als Kriterium für die Einteilung der deutschen Dialekte verwendet. Entsprechend der Teilnahme an dieser Lautverschiebung werden die deutschen Dialekte in drei Gebiete eingeteilt (Abb. 1):

(a) das niederdeutsche Gebiet: Hier wurde wie in den übrigen germanischen Sprachen diese Lautverschiebung überhaupt nicht durchgeführt, so dass man zum Beispiel im Niederdeutschen heute noch *ik* für „ich", *maken* für „machen", *Dorp* für „Dorf", *Appel* für „Apfel" und *Pund* für „Pfund" sagt.

(b) das mitteldeutsche Gebiet: Diesen Raum kann man als Übergangsgebiet bezeichnen. Zwar hat man hier an der Zweiten Lautverschiebung teilgenommen, doch wurden nicht alle Konsonanten verändert: So sagt man im Kölner

Raum zum Beispiel *ich*, aber *dat* und *Pund*, während man im Süden des deutschsprachigen Raums *das* und *Pfund* spricht. Die Besonderheit im östlichen Teil des Mitteldeutschen besteht dagegen in der Aussprache von *Pfund* als *Fund*. *Appel* bleibt aber auch hier unverändert.

(c) das oberdeutsche Gebiet: In diesem Raum wurde die Zweite Lautverschiebung bis auf *k-* im Anlaut komplett durchgeführt. Die Verschiebung von *k-* zu *kch-* und *Ch-* fand nur im südlichen Teil des Bairischen und Alemannischen statt, wo man die Aussprachen *Kchind/Chind* für *Kind* noch heute hören kann.

Abb. 1: Die räumliche Gliederung der deutschen Dialekte nach der Zweiten Lautverschiebung.

Die Sprachstufe, in der diese Veränderungen zum ersten Mal auftreten, nennt man „Althochdeutsch“. Hierbei ist „hochdeutsch“ ein geografischer Begriff, der – vom Meer aus gesehen – den Gegensatz zum Niederdeutschen („Plattdeutschen“) deutlich machen soll. Dieses „Althochdeutsch“ hat sich ebenfalls über die Jahrhunderte in seiner lautlichen und grammatikalischen Struktur verändert, so dass man spätestens für das 12. Jahrhundert von „Mittelhochdeutsch“ spricht. Die Dialekte des hochdeutschen Raumes, also die mitteldeutschen und oberdeutschen Dialekte, bilden dann die natürliche Fortsetzung dieser mittelhochdeutschen Sprache.

Da sich, wie wir gesehen haben, die Dialekte aus dem Mittelhochdeutschen ableiten lassen, ist es auch nicht möglich, Dialekte nachzumachen, indem man sie von der standarddeutschen Lautung ableitet. Wer also in einem Ort Wörter wie „breit“ und „Geiß“ als *broit* und *Goiß* hört und glaubt, dass er nur die standarddeutsche Lautung *-ai-* durch *-oi-* ersetzen muss, um den Ortsdialekt zu sprechen, würde dann mit Lautungen wie *Zoit* „Zeit“ und *woiß* „weiß“ falsch liegen, da diese beiden Wörter in mittelhochdeutscher Zeit mit einem langen *i*-Laut gesprochen wurden, geschrieben *-î-* (mhd. *zît* „Zeit“, mhd. *wîȥ* „weiß“), während die Wörter „breit“ und „Geiß“ einen Diphthong *-ei-* besaßen (mhd. *breit* „breit“, mhd. *geiȥ* „Geiß“). Tabelle 1 zeigt dies nochmals für verschiedene Dialekte, wobei es sich beim Fränkischen um den ostfränkischen, beim Schwäbischen um den ostschwäbischen Dialekt handelt. Im Standard werden alle vier Wörter mit *-ai-* gesprochen!

Mhd.	Bairisch	Fränkisch	Alemannisch	Schwäbisch	Standard
zît	*Zait*	*Zait*	*Ziit*	*Zeit*	*Ais*
wîß	*waiß*	*waiß*	*wiiß*	*weiß*	*waiß*
breit	*broat*	*braat*	*brait*	*broit*	*brait*
geiȥ	*Goaß*	*Gaaß*	*Gaiß*	*Goiß*	*Gaiß*

Tab. 1: Die Herleitung der Dialekte aus dem Mittelhochdeutschen

Im Gegensatz zum Germanischen, wofür wir praktisch keine Texte haben, ist die mittelhochdeutsche Sprache gut überliefert. Die großen Dichter des Mittelalters wie Walther von der Vogelweide und Wolfram von Eschenbach haben in dieser Sprache ihre Werke geschrieben. Darüber hinaus liegt uns das Mittelhochdeutsche auch in zahlreichen Urkunden vor. Die Aufspaltung dieser ursprünglich relativ einheitlichen Sprache in die heutigen Großdialekte Bairisch (man schreibt den Dialekt mit einem -i-, das Land Bayern dagegen mit -y-),

Alemannisch und Fränkisch ist erst nach dem Mittelalter erfolgt. Um nun die Entwicklung der einzelnen Dialekte zu beschreiben, fragt sich die Mundartforschung, was aus den einzelnen mittelalterlichen Lauten in den jeweiligen Dialekten geworden ist: Was wurde zum Beispiel aus einem mittelhochdeutschen langen *u*-Laut, den man damals als *û* notierte, in einem Wort wie *hûs* „Haus"? Man stellt dann fest: Im Alemannischen ist dieses *û* als langer *u*-Laut erhalten geblieben und man sagt dort auch heute noch *Huus* wie im Mittelalter, während dieses *û* im Schwäbischen zu einem *-ou-* wurde, so dass man dort *Hous* sagt. Im Fränkischen und Bairischen ist dieses *û* dagegen zu einem *au* geworden. Man sagt wie im Standarddeutschen *Haus*. Und was wurde aus einem mittelhochdeutschen *ei* in einem Wort wie *breit* im Dialekt des Ortes A, was im Ort B? In manchen Gebieten, so etwa im Ostschwäbischen, wurde dieses *-ei-* zu einem *-oi-*, so dass man das Wort jetzt als *broit* ausspricht, in anderen Gegenden wie etwa dem Westschwäbischen oder dem Bairischen, wurde es zu *-oa-*, so dass man dort *broat* sagt.

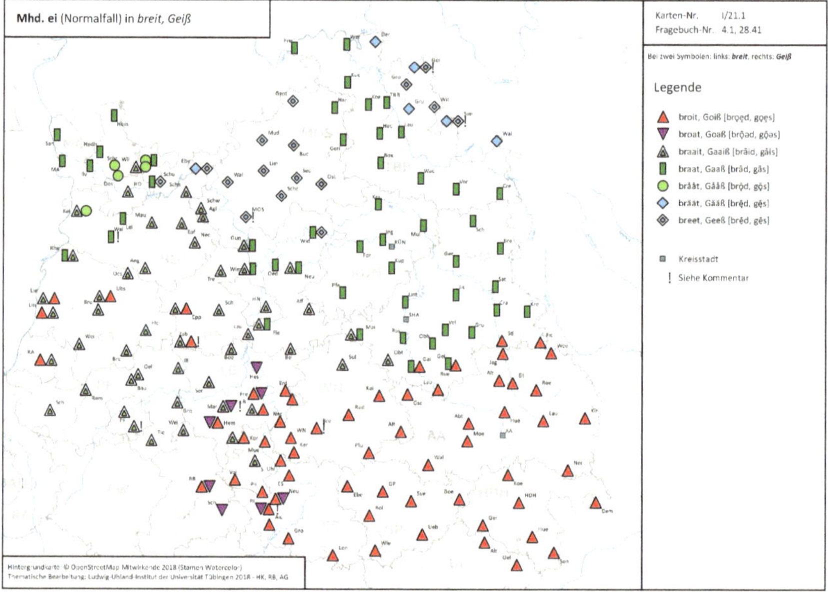

Abb. 2: Beispiel für eine Sprachatlaskarte, hier aus dem „Sprachatlas von Nord Baden-Württemberg", Band 2, Karte I, 21.1.

Wenn man alle Laute nach diesem Verfahren durcharbeitet, erhält man das sprachliche Profil eines Ortes und kann für diesen eine Lautlehre erstellen. Dasselbe gilt auch für andere Teilbereiche wie die Grammatik, so dass am Schluss eine umfangreiche Beschreibung einer Ortsmundart entsteht.

Für die Einteilung von Sprachlandschaften nimmt man immer lautliche Veränderungen als Ausgangspunkt, weil sie – wie oben erwähnt – stets in mehreren Wörtern auftreten. Wer für *breit* heute *broit* sagt, sagt auch *hoiß* für *heiß*, *Goiß* für *Geiß*, *Loitere* für *Leiter* usw. Dagegen betreffen Unterschiede im Wortschatz in der Regel immer nur ein Wort. Wenn zwei Ortschaften für ein und dieselbe Sache zwei verschiedene Benennungen haben, so muss dies bei der nächsten Sache nicht auch so sein. Es gibt allerdings auch den Fall, dass dort, wo sich besonders viele lautliche Gegensätze gegenüberstehen, auch Unterschiede im Wortschatz festzuhalten sind. Wir werden bei der Beschreibung von Dialektgrenzen solche Sprachgrenzen mit Laut- und Wortgegensätzen noch kennenlernen.

3.1.2 Die Gliederung der Dialekte

Es wurde bereits erwähnt, dass sich die oberdeutschen Dialekte (Alemannisch, Bairisch, Fränkisch) durch die gemeinsame Teilnahme an der Zweiten Lautverschiebung von den anderen Dialekten absetzten. Bereits für die mittelhochdeutsche Zeit kann man allerdings erste Unterschiede zwischen diesen drei Großdialekten erkennen. Da sich Sprache in Raum und Zeit prinzipiell ändert, musste die unterschiedliche Besiedlung der germanischen Personengruppen zu einer Differenzierung führen, die sich in der frühen Neuzeit durch die Zugehörigkeit zu unterschiedlichen Verkehrslinien und Territorien noch verstärkte. Zu den wichtigsten lautlichen Neuerungen dieser Zeit gehört die im vorangegangenen Kapitel schon angesprochene sogenannte neuhochdeutsche Diphthongierung der mittelhochdeutschen Langvokale *î*, *û* und *iu* (als langes *-ü-* ausgesprochen!) in Wörtern wie mhd. *zît* „Zeit“, *hûs* „Haus“ und *hiuser* „Häuser“ zu einem Diphthong *-ei-*, *-au-* und *-äu-*, wobei diese Diphthonge im Schwäbischen als *Zeit* (mit einem richtigen *ei*-Laut, nicht *ai*!), *Hous* (nicht mit *-au-*!) und *Heiser* (wieder mit *-ei-*!) zu sprechen sind. Durch diese lautliche Besonderheit spaltet sich das Schwäbische sowohl von den übrigen alemannischen Dialekten als auch vom Fränkischen und Bairischen ab, wo man diese Diphthonge wie in der späteren Standardsprache als *Zait* und *Haus* spricht. *Häuser* ist ein Sonderfall, da hier das Wort in manche Gegenden auch entrundet als *Haiser* gesprochen wird.

In den Urkunden taucht die Diphthongierung, die sich dann später auch in der Schriftsprache durchsetzt, ab dem 12. Jahrhundert auf, zunächst in Kärnten, viel später, im 16. Jahrhundert, auch im Fränkischen und Schwäbischen. Die alemannischen Dialekte haben sie nicht mitgemacht, so dass man dort in den

Dialekten auch heute noch wie im Mittelalter die oben genannten Wörter als *Huus*, *Zit/Ziit* und *Hiiser/Hüüser* ausspricht. Da die Diphthongierung zuerst in Kärnten auftauchte, ging man lange davon aus, dass sie in Kärnten entstand und sich langsam von dort bis in den schwäbisch-fränkischen Sprachraum ausbreitete. Doch schließt man bei dieser Theorie zu einfach von der Schreibweise der Schreiber auf die gesprochene Sprache, was nicht zulässig ist. In der Sprachwissenschaft geht man heute vielmehr von einer Entwicklung aus, die an mehreren Stellen gleichzeitig geschah und sich lediglich zeitlich unterschiedlich in den schriftlichen Texten niederschlug.

Die folgende Tabelle zeigt noch einmal, wie sich allein durch die Teilnahme an der neuhochdeutschen Diphthongierung die süddeutschen Großdialekte unterscheiden lassen.

Mhd.	Alemannisch	Schwäbisch	Bairisch	Fränkisch
hûs	*Huus*	*Hous*	*Haus*	*Haus*
zît	*Zit/Ziit*	*Zeit*	*Zait*	*Zait*
hiuser	*Hiiser/Hüüser*	*Heiser*	*Haiser*	*Haiser/ Höüser*

Tab. 2: Die Aufteilung der süddeutschen Dialekte und die neuhochdeutsche Diphthongierung.

Jeder dieser Großräume wird dann mit Hilfe lautlicher Kriterien weiter unterteilt. Hier einige Hinweise zur weiteren Unterteilung:

Alemannisch: Das Süd- oder Hochalemannisch genannte Gebiet, das ungefähr südlich einer Linie Freiburg-Konstanz beginnt und bis zum Alpenhauptkamm reicht, hebt sich durch die Verschiebung des *k*-Lautes in *Chind* „Kind", *Chalb* „Kalb" usw. von den übrigen alemannischen Dialekten ab. Das Oberrhein-Alemannische zeigt mit dem Wandel von *-b-* zwischen zwei Vokalen zu einem *-w-* in Wörtern wie „leben", „Reben", „sieben" usw. und von *-g-* zwischen zwei Vokalen zu *-ch-* in Wörtern wie „sagen", „Magen", „Wagen" einen stark fränkischen Einfluss. Das Bodensee-Alemannische zeichnet sich seinerseits durch die Lautungen *broat* „breit", *Goaß* „Geiß", *Soal* „Seil" usw. aus.

Schwäbisch: Das Schwäbische kann man durch die Lautungen der Wörter „breit", „groß" und „Schnee" in vier Teilräume unterteilen: Westschwäbisch (*broat, grauß, Schnai*), Zentralschwäbisch (*broit, grauß, Schnai*), Ostschwäbisch (*broit, groaß, Schnäa*), Südschwäbisch (*broit/brait, grooß, Schnee*).

Bairisch: Das Bairische wird traditionell in Nordbairisch, Mittelbairisch und Südbairisch unterteilt. Typisch für das Nordbairische sind zum Beispiel die sogenannten gestürzten Diphthonge bei mhd. *ou* und mhd. *öu*, also die Aussprachen *Kou* „Kuh“ und *Kei* „Kühe“. Das Südbairische hat als Hauptmerkmal die binnendeutsche Konsonantenschwächung nicht mitgemacht, so dass dort die Laute *b, d, g* und *p, t, k* nach wie vor unterschieden werden. Es stehen sich dadurch südbairisches *Kniä* „Knie“ und mittel- und nordbairisches *Gniä* gegenüber. Für das gesamte Bairische typisch ist die „Verdumpfung“ eines alten mhd. *a*-Lautes zu einem *o*-haltigen Laut, den man als -*å*- wiedergeben könnte: *Kåtz* „Katze“. Als außerordentliche Besonderheit kennt das Gesamtbairische darüber hinaus auch noch Kennwörter, also Wörter, die es nur im bairischen Sprachraum gibt. Hierzu gehört zum Beispiel *enk* „euch“.

Fränkisch: Hier gibt es verschiedene Unterteilungsmöglichkeiten, so zum Beispiel in Rheinfränkisch (*Appel* „Apfel“, *Phaal* „Pfahl“), Südfränkisch (*Worscht* „Wurst“, *braait/breet* „breit“, *Schtuul* „Stuhl“), Unterostfränkisch (*Rachä* „Rechen“, *Kaas* „Käse“, *ass* „essen“) und Oberostfränkisch (*Woochä* „Wagen“, *braat* „breit“, *Schtual* „Stuhl“).

Die soeben dargestellte Untergliederung war erst möglich, nachdem die Dialektatlanten fertiggestellt waren. Beim Durchblättern der Karten ergab sich dann, dass einige Karten immer die gleiche Raumverteilung zeigten. Dort, wo mehrere sprachliche Phänomene aufeinandertreffen, ergeben sich dann für die Dialektforschung die Dialektgrenzen. Wie aber kommt es zur Bildung solcher Dialektgrenzen?

3.1.3 Die Entstehung von Dialektgrenzen

Für die Entstehung von Dialektgrenzen gibt es mehrere Gründe. Einen ersten und für große Dialektgrenzen sehr wichtigen Grund bilden Siedlungsgrenzen. Hierbei ist allerdings darauf hinzuweisen, dass in der Frühzeit verschiedene Siedlergruppen oft noch relativ weit voneinander getrennt waren und zwischen den beiden Sprachräumen Ödland lag. Dieses wurde dann von beiden Seiten her besiedelt, bis die beiden Siedlergruppen an einer Stelle aufeinanderstießen. Und wenn beide Siedlergruppen unterschiedlich sprachen, bildete sich an dieser Stelle eine Sprach- oder Dialektgrenze. Die soeben geschilderte Entwicklung hat zum Beispiel an der Außengrenze des Schwäbischen drei Mal stattgefunden: am Kniebis, wo oberrhein-alemannische Siedler aus den Seitentälern des Rheintals auf schwäbische Siedler aus dem Neckarraum stießen, im Raum Ellwangen, wo alemannische Siedler nach der Gründung des Klosters Ellwangen den Wald nördlich des Klosters solange urbar machten, bis sie auf das fränkische Siedlungsgebiet bei Crailsheim stießen, und am unteren Lech zwischen Augsburg und Donau, wo der relativ unbewohnte Raum zwischen Alemannen und Baiern erst recht spät intensiver besiedelt wurde, bis beide Sprachräume schließlich heute am Lech aufeinandertreffen. In einem engen Zusammenhang mit den Siedlungsgrenzen stehen die natürlichen Grenzen, wie man am Beispiel des Schwarzwalds sehen kann. Die Bedeutung solcher Grenzen für die Entstehung von Sprachgrenzen wird aber oft überschätzt. Was für den Schwarzwald stimmt, muss für Rhein, Donau und Lech nicht auch stimmen. Gerade beim Rhein, der heute als breiter Strom durch die Landschaft fließt, müssen wir daran erinnern, dass er bis zur Rheinregulierung durch Tulla im 19. Jahrhundert mit seinen zahlreichen Inseln und Flussarmen kein großes Verkehrshindernis darstellte, was dazu führte, dass Bauern auf beiden Seiten des Flusses Gelände besaßen und der Dialekt auf beiden Seiten des Rheins fast derselbe ist. Ähnlich war es am unteren Lech, wo nicht der Fluss, sondern Sumpf und Ödland, die dahinterlagen, die Siedlungstätigkeit einschränkten.

Alte Siedlungsräume schlagen sich häufig in der Aufteilung der alten Bistumsgrenzen nieder. Aber die alten kirchlichen Verwaltungen können aufgrund des Einflusses der Pfarrer auch direkt auf die Sprache einwirken. Bei allem, was mit der Kirche zu tun hatte, und hierzu zählen auch die Wochentage, konnte diese auf die Sprache der ihr unterstehenden Bevölkerung einwirken. So können wir zum Beispiel nachweisen, dass bis gegen Ende des 20. Jahrhunderts die ostschwäbische Bezeichnung *Aftermontag* „Dienstag" nur im alten Bistum Augsburg üblich war. Dort müssen sie die Pfarrer gegen die alte heidnische Bezeichnung *Zistag*, in der der Kriegsgott *Zio* verehrt wurde, durchgesetzt haben. Die Bezeichnung *Aftermontag* ist dagegen ganz neutral und bedeutet ganz einfach den Tag – man vergleiche englisch *after* – nach dem *Montag*.

Eine weitere wichtige Rolle bei der sprachlichen Auseinanderentwicklung spielen dann die politischen Räume vom Mittelalter bis zum Beginn des 19. Jahrhunderts, die sogenannten „Territorien". Ihre Außengrenzen galten jahrhundertelang und haben den Kommunikationsradius der Bevölkerung im Alltag enorm eingeschränkt, denn diese Grenzen waren kontrollierte Grenzen, was noch Friedrich Schiller bei seiner Flucht aus Württemberg ins ausländische Mannheim behindert hat. Es ist daher kein Wunder, wenn Territorialgrenzen immer wieder mit wichtigen sprachlichen Grenzen zusammenfallen. Ein klassisches Beispiel hierfür ist das Territorium von Alt-Württemberg, innerhalb dessen sich offenbar die bereits oben erwähnte lautliche Entwicklung der alten langen *i-*, *u-* und *ü*-Laute zu den Zwielauten *-ei-* und *-ou-* in Wörtern wie *Hous* „Haus", *Zeit* „Zeit", *Heiser* „Häuser" besonders gut ausbreiten konnte. Da die Territorien nach der Reformation für die Konfessionszugehörigkeit die entscheidende Rolle spielten, kommt als weiterer Faktor bei der Entwicklung und Abgrenzung von Dialekträumen die Religionszugehörigkeit hinzu. Dieser Faktor ist deswegen wichtig, weil er auch nach der Auflösung der Territorien noch bis weit ins 20. Jahrhundert hinein bei der Partnerwahl eine bedeutende Rolle spielte. In den Familien wurde streng danach geschaut, dass keiner Partner aus der „falschen“ Religion nach Hause bringt.

Die Bedeutung der Siedlungsgrenzen und der Territorialgrenzen für die Auseinanderentwicklung und Grenzbildung der Dialekte erreichen die heutigen politischen Grenzen nicht. Die Aufteilung in Bundesländer und Landkreise ist zu jung, als dass sie sich auf große sprachliche Prozesse auswirken könnte. Man sieht dies deutlich allein schon an der Tatsache, dass sich das Schwäbische sowohl in einem anderen Bundesland, nämlich Bayern (Bayerisch-Schwaben), als auch in einem anderen Nationalstaat, nämlich Österreich (Gebiet um Reutte / Tirol) fortsetzt. Solche Grenzen spielen nur bei neueren Begriffen aus der Verwaltung eine Rolle. So kennt man nur in Bayern das Wort *Schulaufgabe* in der Bedeutung „Klassenarbeit“, und die Staatsgrenze zu Österreich wird dann Wortgrenze, wenn es um die Bezeichnung für den Bürgermeister geht, der dort weder *Schultes* noch *Bürgermeister*, sondern *Vorsteher* heißt.

Über alle Jahrhunderte hinweg spielt die Verkehrsanbindung für die sprachliche Entwicklung ebenfalls eine entscheidende Rolle. In der heutigen Dialektlandschaft sieht man das zum Beispiel im Raum Heilbronn, wo nach Norden die Verkehrsströme den Neckar entlang ziehen. Das Gebiet nördlich von Heilbronn, das in lautlicher Hinsicht und damit traditionell zum fränkischen Sprachraum gehört, kennt aber auch zahlreiche schwäbische Wörter, deren Verbreitung eindeutig mit dem Neckar als Verkehrsachse zusammenhängt. Ein schönes Beispiel hierfür ist das typisch schwäbische Wort *beigen* „Holzscheiter aufschichten“, das erst außerhalb eines Keils um den Neckar herum auf das fränkische *aufsetzen* stößt. Eine andere wichtige Verkehrsachse bildet das Rheintal. Dort können sprachliche Besonderheiten, die eigentlich typisch für das Fränkische sind, bis weit nach Süden vordringen.[39]

Schließlich ist aber auch noch das Prestige einer Bevölkerungsgruppe und damit ihrer Sprachform für den Sprachwandel ausschlaggebend. Wir sehen dies deutlich an einem Prozess, der sich gerade im oberschwäbischen Raum abspielt. Dort ersetzt die Bevölkerung heute jenseits der jahrhundertealten schwäbischen Außengrenze die alten alemannischen Lautungen *Huus* und *Ziit* durch schwäbische Lautungen wie *Hous* und *Zeit*. Den Anfang machen hierbei die Städte, wo offenbar das Schwäbische ein höheres Prestige besitzt als das Alemannische. Da

39 Genaueres hierzu siehe Klausmann / Kunze / Schrambke ([3]1997: 163 ff.).

die städtische Sprechweise dann ihrerseits gegenüber der ländlichen Sprachform höheres Prestige besitzt, wird sie auf dem Land übernommen. Auf diese Weise bewegt sich die alemannisch-schwäbische Grenze in Oberschwaben heute in Richtung Bodensee.

Große Dialektgrenzen bilden sich dann, wenn gleich mehrere der oben genannten Faktoren zusammenkommen. Und genau dies ist bei den drei starken Außengrenzen des Schwäbischen am Kniebis, im Raum Ellwangen und am unteren Lech der Fall. Während aber die Kniebisgrenze aufgrund der neuen politischen Zugehörigkeit des gesamten Ortes Kniebis zum Raum Freudenstadt und der damit verbundenen Verkehrsanbindung heute eine völlig neue Orientierung nach Osten erfährt, die dazu führt, dass die schwäbisch-alemannische Grenze dort nach Westen verschoben wird, haben die beiden anderen genannten Außengrenzen nichts an ihrer Stärke und Bedeutung verloren. Dies hängt zweifellos mit einem Faktor zusammen, den wir als letztes in diesem Kapitel über Dialektgrenzen erwähnen wollen: Es ist das Bewusstsein, anders zu sein. Am Beispiel Ellwangen soll dies kurz illustriert werden. Die etwa 25 000 Einwohner zählende Stadt Ellwangen liegt gleich weit von den vier Großstädten Stuttgart, Nürnberg, Ulm und Würzburg entfernt. Dennoch bevorzugen die Einwohner bei der Wahl des Ausbildungsortes, bei der Berufswahl, bei der Wahl der Einkaufsstadt eindeutig Stuttgart, gefolgt von Ulm. Beide Städte liegen im schwäbischen Sprachraum. Den Weg nach Würzburg oder Nürnberg findet kaum jemand. Auch die benachbarte Stadt Schwäbisch Hall, die ebenfalls im fränkischen Sprachraum liegt und im Volksmund nach wie vor einfach nur Hall genannt wird, wird kaum beachtet. Für die Ellwanger und ihre Nachbarorte besteht offenbar nördlich und westlich der Stadt eine klare „Bewusstseinsgrenze“, die man nicht überschreitet. Und dass diese Bewusstseinsgrenze auch heute, in einer Zeit der großen Mobilität, immer noch lebendig ist, ist schon erstaunlich und zeigt aber auch, wie stark dieses Bewusstsein, zu welchem Raum man sich hingezogen fühlt, ist.

3.2 Die Entstehung der Standardsprache

Die Frage, wo und wie die deutsche Schriftsprache entstanden ist, hat die deutsche Sprachwissenschaft von Anfang an beschäftigt. Das Grundlagenwerk für diese ganze Thematik ist nach wie vor – und hier schließen wir uns Elspaß 2005 an[40] – Werner Beschs „Sprachlandschaften und Sprachausgleich im 15. Jahr-

40 Elspaß (2005: 65).

hundert"[41] Lange Zeit waren drei Thesen im Umlauf, die Besch in seinem Werk widerlegte.

Die These von der Kontinuität der Schriftsprache seit althochdeutscher Zeit (K. Müllenhoff). Müllenhoff nimmt eine kontinuierliche Entwicklung vom 9. bis zum 16. Jh. an, gebunden hauptsächlich an die Machtzentren. Für das 16. Jahrhundert sieht er die habsburgische und die sächsische Kanzlei als maßgebend. Dem Müllenhoffschen Erklärungsmodell stehen für Besch die sich aus den Schriften ergebenden Raumstrukturen entgegen.

Die These von Prag als dem Ursprungsort der deutschen Schriftsprache (K. Burdach). Für Burdach erweist sich das humanistische Kanzleideutsch in Prag als eine Sprache der Bildung und des höheren Lebens. Unsere Schriftsprache sei also eine Schöpfung der Gebildeten am Hofe und in der Kanzlei Karls IV. in Prag. – Besch ist der Ansicht, dass Burdach durchaus richtig erkannt hat, dass eine Kultursprache nicht ohne Weiteres aus einer Mundart hervorgehen könne. Richtig sei auch, dass sich in der Kanzlei Karls IV. ein beachtlicher schreibsprachlicher Ausgleich vollzogen habe, der schon in einer Reihe von Fällen auf die Schriftsprache hintendiere. Insgesamt gesehen ist aber für Besch die Schriftsprache das Produkt eines Ausgleichs mehrerer Regionen, nicht das Werk einiger gelehrter Humanisten, geschaffen in der Kanzleistube.[42]

Die These von der ostmitteldeutschen Ausgleichsmundart (Th. Frings). Die Basis seiner Argumentation bildet die Tatsache, dass der ostmitteldeutsche Raum Obersachsen–Schlesien zwischen dem 11. und dem 13. Jh. kolonisiert wurde. Dort trafen sich Mundartsprecher aus dem Norden, dem Westen und dem Süden, was Frings zu der Annahme führte, dass es also zu einer Ausgleichssprache aus drei großen Sprachgebieten kommen musste. Mit dieser gesprochenen Ausgleichssprache der Siedler sei die Grundlage der deutschen Schriftsprache bereits geschaffen, lange vor den Humanisten in Prag und lange vor Luther. Ab einer bestimmten Stufe hatten dann die Schreibtraditionen des Südens und Westens noch ihren Einfluss ausgeübt. – Zu Frings' Ansatz weist Besch lediglich darauf hin, dass eine dialektgeografische Rückführung von Mundartgegebenheiten des ausgehenden 19. Jahrhunderts auf die Verhältnisse früherer Jahrhunderte methodisch nicht zulässig ist.[43]

---

41 Besch (1967). Die Untersuchung von älteren Texten und Urkunden wurde in der Folgezeit in der Germanistik stark vernachlässigt, da diese Art von Untersuchung nicht mehr modern genug war. Daher können wir heute froh sein, dass in den 60er Jahren des letzten Jahrhunderts viele Arbeiten zur Sprachgeschichte erschienen sind, die mit Quellen des 15.–17. Jahrhunderts gearbeitet haben.

42 Besch (1967: 358–362).

43 Ebd. 335–356.

Wenn man die Entstehung der deutschen Schriftsprache und damit auch der Standardsprache verstehen möchte, so muss man nach Besch die drei Bezeichnungen Schreibsprache, Schriftsprache und Standardsprache und damit auch drei Phasen in der Entwicklung zur Standardsprache unterscheiden:

Die Phase der Schreibsprache: Diese ist areal gebunden und kommt nicht über eine mittlere Reichweite hinaus. Für sie galt die sogenannte Regionalmaxime: Schreibe so, dass du in deiner Region verstanden wirst. Für Besch muss man „in den Schreibdialekten dieser Art die eigentlichen Träger unserer deutschen Schriftlichkeit von den Anfängen bis in das 15. Jh. sehen."[44]

Die Phase der Schriftsprache: Sie hat für Besch überregionalen Charakter, d. h. sie hat eine über den auslaufenden Schreibsprachen fixierte Norm. Das Stadium „Schriftsprache" ordnet er dem Zeitraum zwischen dem 16. und 18. Jahrhundert zu. Die deutsche Schriftsprache hat sich also im Vergleich mit den Nachbarländern relativ spät herausgebildet. Dies liegt nach Besch an der plurizentrischen Struktur des deutschen Sprachgebiets, womit das Fehlen eines über die Jahrhunderte hin dominierenden Zentrums politischer, wirtschaftlicher und kultureller Art gemeint ist. Die heutige Forschung begreift die grundlegenden Standardisierungsprozesse im 16. und teilweise im 17. Jahrhundert als überregionale Ausgleichsvorgänge auf der Schreibebene. Das heißt: Die großregionalen Schreibsprachen mussten zuerst einmal in eine überregionale Schriftsprache überführt werden.

Die Phase der Standardsprache: Von ihr spricht Besch erst für die Zeit vom Beginn des 19. Jahrhunderts an. Ihr Hauptmerkmal ist die Polyvalenz, d. h. die Schriftsprache gewinnt weitere Verwendungsdomänen hinzu, sie wird zunehmend auch gesprochen. Polyvalenz ist das Kriterium für die Standardsprache in Abhebung von der Schriftsprache. Wenn die Schriftsprache polyvalent wird, so wird sie Standardsprache. Dieser Prozess beginnt nach Besch in etwa mit der allgemeinen Schulpflicht und ist bis heute nicht abgeschlossen. Schauen wir uns im Folgenden diese drei Phasen noch etwas näher an.

Bei der Phase der Schreibsprache muss natürlich gefragt werden, ob nicht schon das Mittelhochdeutsche eine Weiterentwicklung hin zur Schriftsprache gewesen sei. Besch verneint dies. Zwar habe sich beim Mittelhochdeutschen der alemannische Dialekt weit in die angrenzenden Gebiete ausgeweitet, doch sei dies nur für kurze Zeit geschehen und selbst in diesem Zeitraum seien die alten räumlichen Abgrenzungen nie ganz verschwunden: „So kommt es denn, dass in den Schreiblandschaften des 15. Jh. immer wieder einmal Altes und Älteres leben kann, das in altdeutscher Zeit sichtbar wird, in der mhd. Dichtersprache vor-

44 Ebd. 337.

handen oder auch nicht vorhanden ist und zu Beginn des 16. Jh. bzw. in der weiteren Entwicklung endgültig verlorengeht."[45] Beispiele hierfür wären Wörter und Wortformen wie *hulfe* „Hilfe", *sunne* „Sonne", *gebachen* „gebacken", *quam* „kam", *werlt* „Welt" und viele andere. Trotz allem können wir festhalten, dass sich schon bei der Schreibsprache ein Prozess überlandschaftlicher Angleichung zu vollziehen scheint.

Für die Phase der Schriftsprache wird in der Literatur immer wieder die Rolle Luthers hervorgehoben. Auf sie müssen wir hier kurz eingehen. Um es gleich vorwegzunehmen: Luther hat nicht die deutsche Schriftsprache geschaffen, aber er hat einen wichtigen Beitrag zur Vereinheitlichung geleistet. Entscheidend ist nämlich nach Beschs Untersuchungen zahlreicher Handschriften aus dieser Zeit, dass der Südosten des deutschen Sprachraums eine erstaunliche Einheitlichkeit aufweist, die nicht von den Mundarten stammen kann, sondern vielleicht sowohl durch eine wachsende Mobilität als auch durch die historisch bedingte „Offenheit" des ostmitteldeutschen Raumes begünstigt war. Diese Einheitlichkeit wurde von den ostmitteldeutschen Schreibern übernommen – und genau dort war auch Luthers Heimat. Besch hält fest: „Dieses Ineinanderfließen der Schreibtraditionen des Südostens und mitteldeutschen Ostens ist für mich der Haupteindruck, den mir das bearbeitete Material des 15. Jh. vermittelt. Es kann kein Zweifel sein, dass dabei der Süden mehr gegeben, der mitteldeutsche Osten mehr empfangen hat. Wer die nhd. Schriftsprache ohne entscheidenden Anteil der donauländischen Schreib- und Sprachtradition entstanden sieht, geht an der sprachlichen Wirklichkeit jener Zeit vorbei."[46]

Für Luthers Interesse, dass seine Schriften in einem möglichst weiten Raum gelesen werden können, war diese bereits vorhandene Einheitlichkeit optimal. Er hat damit das weitergeführt, was bereits seit Jahrhunderten im Gange war, nämlich dass die ostmitteldeutsche Schriftsprache noch näher an die südostdeutsche rückte. So konnten die einzelnen Schreibformen, Wortformen, Wörter und grammatikalischen Besonderheiten ein Geltungsareal erhalten, das meistens viel größer war als das der anderen Regionen. Dieses Geltungsareal ist zweifellos das wichtigste Kriterium bei der Variantenauswahl. Sind zwei Geltungsareale gleich groß, so hat sich bei Luther und den Druckern oft die oben genannte südostdeutsche-ostmitteldeutsche Variante durchgesetzt. Ein Beispiel für diese Landschaftskombinatorik ist die Durchsetzung von *liebe* gegenüber *minne*. Beide haben ein ähnlich weites Geltungsareal, doch setzt sich – wie wir wissen – *liebe* durch.

45 Ebd.
46 Ebd. 349.

Abb. 3: Verbreitung der Wörter *minne*, *liebe*/*leve* in den Handschriften des 15. Jhs. (nach Besch 1967: Karte 54, vereinfachte Darstellung durch Flächen statt einzelner Ortssymbole).

Auch die Durchsetzung des süddeutschen *kam* im Gegensatz zum nördlicheren *quam* lässt sich so erklären. Ein weiteres Kriterium bei der Auswahl von Varianten ist die etymologische Durchsichtigkeit. Steht ein Wort isoliert da und hat das Konkurrenzwort weitere Wörter um sich herum, so setzt sich das letztere durch. Schließlich können bei der Auswahl von Varianten auch noch die Frequenz, also die Häufigkeit einer Variante in den Texten, und das Prestige, also die Verwendung einer Variante von sozial hoch angesehen Personen, ausschlaggebend sein.

Der Übergang von der Phase der Schreibsprache zur Phase der Schriftsprache ist in den Handschriften sehr schön an den sogenannten Doppelformen zu erkennen. Standen in den Texten des 15. Jahrhunderts noch häufig Doppelformen in den Texten (Beispiel *minne* und *liebe*, *dick* und *offt*, *oblate* und *hostie*), so setzt mit Luther ein Prozess ein, der diesen Doppelformen dadurch ein Ende bereitet, dass die oben genannten Auswahlkriterien wirken und sich am Ende nur noch eine der Varianten durchsetzt. In Luthers Texten kann Besch alle die genannten Prozesse an einzelnen Beispielen genau nachweisen. So hält er bei den Doppelformen *dick* und *offt* fest: „Luther hat anfänglich noch *dick*, später nur in solchen Schriften, deren Herausgabe er nicht selbst besorgte [...]. *oft* ist die bairisch-ostfränkische Form, sie setzt sich gegen das übrige Sprachgebiet durch, allerdings erst nach gut zwei Jahrhunderten. Im Niederländischen ist *dick* schriftsprachlich geworden."[47]

Die Karte *minne-liebe/leve* (Abb. 3) sowie die Abb. 4 sind ein schönes Beispiel dafür, wie sich die ostmitteldeutsche-ostoberdeutsche Variante sowohl im Wortschatz als auch bei grammatischen Formen (*als ein blinder, als ein siecher*) durchgesetzt hat.

Halten wir für die zweite Phase zusammenfassend fest: Luthers Einfluss auf die Entstehung der deutschen Schriftsprache besteht vor allem darin, dass er eine bereits vorhandene südostdeutsche (= südoberdeutsche) Einheitlichkeit ausgenutzt und verbreitet hat. Wenn das Ostmitteldeutsche zu seiner Zeit gegenüber dem Südostdeutschen noch eine Abweichung zeigte, so entschied sich Luther nach anfänglichem Zögern schließlich für die südostdeutsche Variante und verhalf dieser damit zu einem enorm angewachsenen Geltungsareal, das für den weiteren Konkurrenzkampf gegen die anderen deutschen Varianten entscheidend werden konnte. Im weiteren Verlauf der Sprachgeschichte haben sich dann auch die anderen Regionen immer wieder einmal durchsetzen können, so dass Besch abschließend festhält: „Unsere nhd. Schriftsprache ist demnach nicht das Werk einer von Anfang an dafür prädestinierten Landschaft, sondern in der Grundlegung eine ostmitteldeutsche-ostoberdeutsche Allianz, in der weiteren Entwicklung eine Angelegenheit fast aller bedeutenden Sprachlandschaften."[48]

Für die Phase der Standardsprache sind verschiedene Faktoren von Bedeutung. Parallel zu den Bemühungen Luthers und der Drucker, die Varianten zu reduzieren, um zu einer Einheitlichkeit zu gelangen, die einen größeren Absatz und eine umfangreichere Leserschaft verspricht, kommt es zu den ersten Grammatiken der deutschen Sprache. Waren es anfangs noch mehr oder weniger lediglich Anleitungen zum Lesenlernen, so erscheint 1648 mit Justus Georg Schottels „Ausführliche Arbeit von der Teutschen Haubt Sprache" die erste richtige Grammatik. Für das 18. Jahrhundert sind dann die Grammatiken von Gottsched und Adelung die Vorbilder. Auch die großen Schriftsteller beriefen

47 Ebd. 341.
48 Ebd. 349.

sich auf sie und diese wurden damit normativ. Die Grammatiker versuchten, das Phänomen Sprache genauso zu beschreiben wie dies die Naturwissenschaftler mit den Phänomenen der Natur taten. Sie suchten ganz im Sinne der Aufklärung nach logisch begründbaren Regeln. Der konkrete Sprachgebrauch war für sie kein Anhaltspunkt. Ein weiterer wichtiger Faktor auf dem Weg zur Standardsprache ist schließlich die Schulpflicht. Man darf davon ausgehen, dass sich mit Beginn des 19. Jahrhunderts die „Allgemeine Schulpflicht" durchgesetzt hat. Die Schriftsprache wird dadurch fast allen Bewohnern der deutschsprachigen Länder bekannt und spätestens jetzt zur Standardsprache.

Abb. 4: Verbreitung der Formen *als ein siech(e), als ein blinde)* gegenüber *als ein blinder, als ein siecher* in einem Satz wie *Ich ging zu ihm als ...* in den Handschriften des 15. Jhs. (nach Besch 1967: Karte 87 vereinfachte Darstellung durch Flächen statt einzelner Ortssymbole).

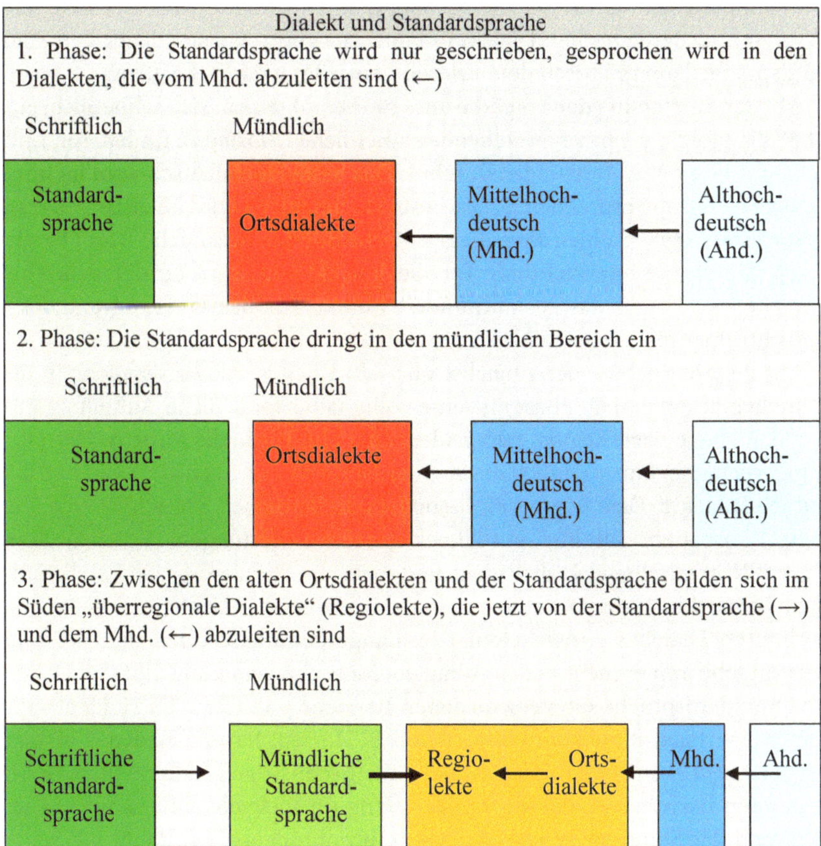

Abb. 5: In dieser Grafik stehen Standardsprache und Dialekte nicht untereinander, sondern nebeneinander. Damit soll verhindert werden, dass allein schon optisch die Standardsprache als höherwertig angesehen wird. Aus dem gleichen Grund sprechen wir auch von Standardsprache und nicht von Hochsprache oder Hochdeutsch.

Zunächst galt die Standardsprache nur für den schriftlichen Bereich (1. Phase). Ihre Umsetzung ins Lautliche führte zu regional unterschiedlichen Varianten. Dies galt auch noch für den Beginn des 20. Jahrhunderts. Im niederdeutschen Raum richtete man sich nach der Übernahme der einheitlichen Schriftsprache auch im Mündlichen nach dieser aus, man sprach also „nach der Schrift“. Da das Niederdeutsche wegen der Nicht-Teilnahme an der Zweiten Lautverschiebung lautlich sehr weit von der – wie wir gesehen haben – vorwiegend im ostoberdeutschen-ostmitteldeutschen Raum entstandenen Standardsprache entfernt war, konnten sich dort regionale Besonderheiten weniger „einschleichen". Der Weg vom niederdeutschen Dialekt (= Platt) zur gesprochenen deutschen Standardsprache kam praktisch dem Erlernen einer Fremdsprache gleich.

Mit der Entstehung der Tragödie um 1800 bemühte man sich schließlich, eine über allen Regionalsprachen stehende einheitliche Lautung zu finden. Am Ende setzten sich zwei Auffassungen durch: 1. Das beste Hochdeutsch wird im norddeutschen Raum gesprochen. 2. Das beste Hochdeutsch wird im ernsten Drama gesprochen. 1898 erschien dann die „Deutsche Bühnenaussprache" von Theodor Siebs. Sie wurde zur Richtlinie für die korrekte Aussprache der deutschen Sprache weit bis in das 20. Jahrhundert hinein. Für den einen oder anderen Sprachtrainer gilt sie noch immer.

Mit der Übernahme der zunächst nur schriftlichen Standardsprache in den mündlichen Bereich (2. Phase) ist eine völlig neue sprachliche Aufteilung entstanden, die je nach Region ganz anders aussieht. Bis in die Mitte des 20. Jahrhunderts hinein hatte nämlich die Standardsprache nur einen geringen Einfluss auf die Dialekte. Dies zeigte sich besonders im lautlichen Bereich, wo die Dialekte konsequent auf ihre mittelhochdeutschen Lautungen zurückzuführen waren. Nun mischte sich aber mehr und mehr die Standardsprache in die lautliche Entwicklung der Dialekte ein, so dass sich neue Dialekte, regional weiter verbreitete Dialekte, entwickelten. Dies hängt damit zusammen, dass die Standardsprache immer mehr in den Alltag der Menschen eindrang und sich Dialekt und Standardsprache die verschiedenen Bereiche aufteilten. Im süddeutschen Raum (Saarland, Rheinland-Pfalz, südliches Hessen, Bayern, Baden-Württemberg) kommt es in der Folgezeit zu einer mehrschichtigen Aufteilung zwischen dem alten Basisdialekt, der jahrhundertelang für viele die einzige Sprachform war, und der Standardsprache (3. Phase). Im norddeutschen Raum mit seiner großen Distanz zwischen Dialekt und Standardsprache sieht die Situation dagegen anders aus.

In der Schweiz liegt wiederum eine ganz andere Situation vor. Dort beherrschen die Ortsdialekte nahezu den kompletten mündlichen Bereich, also in allen Situationen, während man im schriftlichen Bereich an der deutschen Standardsprache festhält. Man spricht daher hier auch von einer medialen Diglossie, d. h. die Aufteilung von Dialekt und Standardsprache richtet sich nach dem Medium. In Österreich scheint die Situation ähnlich wie in Süddeutschland zu sein, wobei die Verwendung der regionalen Varietät allerdings in weit mehr offiziellen Bereichen möglich ist als im süddeutschen Raum.

3.3 Die Verteilung von Dialekt, Regionalsprache und Standardsprache im süddeutschen Raum

Königs Abbildung im „dtv-Atlas Deutsche Sprache“[49] zeigt, dass es im süddeutschen Raum eine Art Kontinuum vom Dialekt bis zur Standardsprache gibt. Andere Sprachwissenschaftler sprechen auch von Zwischenstufen. Die Zahl dieser Zwischenstufen ist im süddeutschen Raum aber nicht immer gleich. In vielen Fällen des Alltagswortschatzes gibt es keine regionale Alternative zur Standardsprache, so etwa bei Wörtern wie *Haus, Wand, Tisch, Stuhl* usw., in manchen Fällen aber gleich mehrere Alternativen, so dass es zu einer fünffachen Abstufung kommen kann. In Anlehnung an den Tübinger Sprachforscher Arno Ruoff werden am Beispiel von „ich habe“ für das Schwäbische einmal diese fünf Möglichkeiten illustriert werden: (s. Abb. 6).[50]

Wann wechseln die Süddeutschen nun eigentlich von Stufe zu Stufe oder innerhalb des Kontinuums auf der Skala vom bodenständigen Ortsdialekt zur Standardsprache? Um diese Frage für Baden-Württemberg zu beantworten, wurde in den Jahren 2010–2012 am Ludwig-Uhland-Institut der Universität Tübingen eine Umfrage durchgeführt, bei der über das ganze Bundesland verteilt Rathäuser mit der Bitte angeschrieben wurden, auf einer Skala von A bis G anzukreuzen, in welcher Situation man im jeweiligen Ort mehr Ortsdialekt (A) oder mehr „Hochdeutsch“ (G) spricht. 136 Ortschaften beteiligten sich. Wenn man die beiden Extreme A und B sowie F und G jeweils zusammenfasst, kommt man zu folgendem Ergebnis: Der Anwendungsbereich der bodenständigen Ortsmundart (Stufen A, B) ist in Baden-Württemberg zunächst einmal überall die Familie, wobei mit den Großeltern noch „stärker“ Dialekt gesprochen wird als mit den Geschwistern, und mit den Geschwistern wiederum noch „stärker“ Dialekt gesprochen wird als mit den eigenen Kindern. Des Weiteren wird der Ortsdialekt noch relativ häufig mit den Freunden, guten Bekannten und im Verein gesprochen. Die Stufen C und D, die man mit einer Art Regionalsprache und regionaler Umgangssprache gleichsetzen kann, werden nach Angaben unserer Gewährspersonen in den Ortschaften Baden-Württembergs im Gespräch mit dem Briefträger, mit dem Metzger und Bäcker sowie auf dem Rathaus eingesetzt, insofern dieses noch im Ort ist. Die Stufen E, F und G, die zunehmend in Richtung Standard gehen, findet man bei uns in den Schulen, wobei man in der Grundschule noch etwas dialektaler spricht (Stufe E) als im Gymnasium (Stufe F). Die Stufe F ist dann auch die sprachliche Ebene, auf der man Fremden,

49 König ([14]2004: 134).
50 Ruoff (1983: 7 f.).

Norddeutschen wie Ausländern, begegnet. Sie ist aber auch auf den Ämtern in der Stadt angebracht. Die letzte Stufe auf dem Weg zur Hochsprache (Ebene G) ist schließlich für einen Anruf bei einer Mitmachsendung im Radio reserviert.

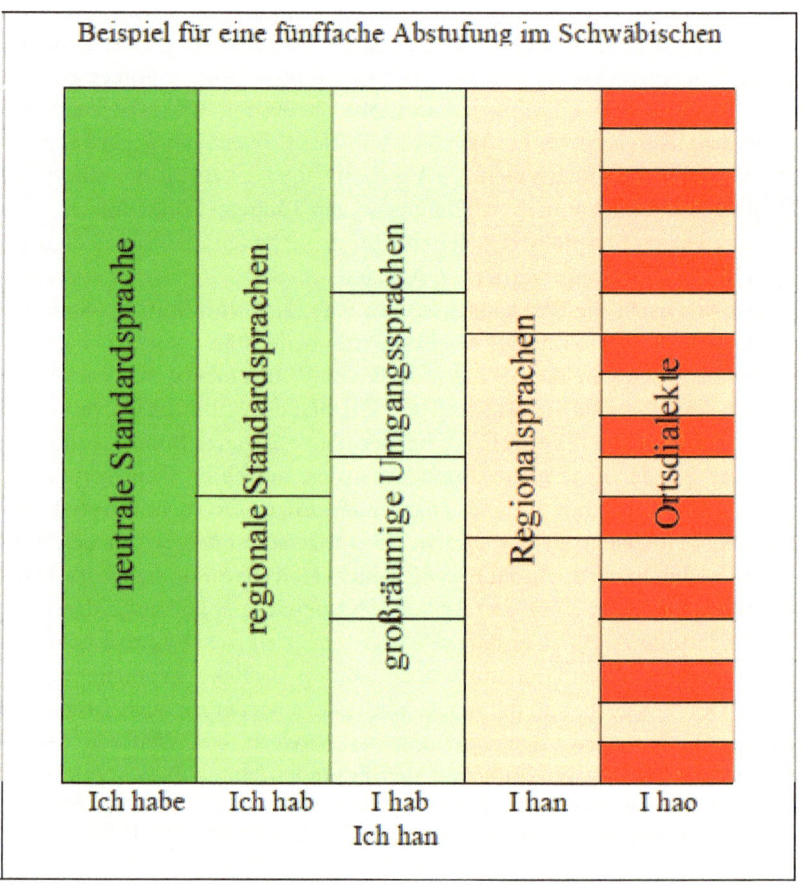

Abb. 6: Beispiel für Zwischenstufen im Schwäbischen.

Die Ergebnisse der Umfrage machen deutlich, wie differenziert die sprachliche Situation in Baden-Württemberg ist, und wir können davon ausgehen, dass eine Umfrage zum Beispiel in Bayern zu ähnlichen Ergebnissen, vermutlich sogar mit noch stärkerer Dialektverwendung, kommen würde.

Welche sprachliche Ebene wählt man in Baden-Württemberg im Gespräch ...? (Angaben in %)

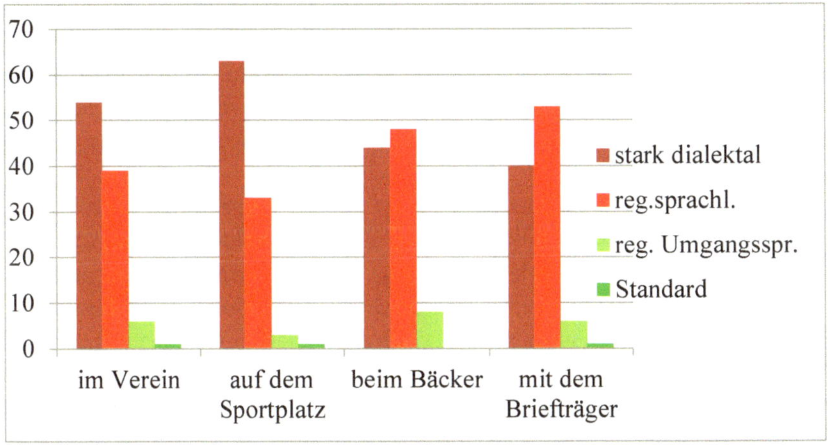

Abb. 7: Verwendung von Dialekt und Standard im Alltag in Baden-Württemberg: Freizeit.

Welche sprachliche Ebene wählt man in Baden-Württemberg im Gespräch ...? (Angaben in %)

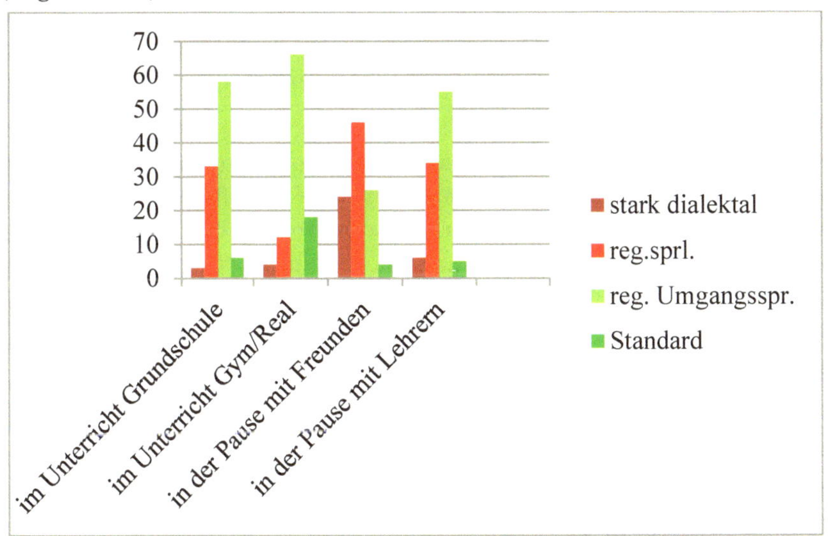

Abb. 8: Verwendung von Dialekt und Standard im Alltag in Baden-Württemberg: Schule.

3.4 Die Zukunft der Dialekte

Die Entwicklung einer Sprache vorherzusagen, ist eigentlich unmöglich. Wie oft wurde schon der Untergang der Dialekte beklagt – und dennoch existieren sie weiterhin. Sogar in der Schweiz war diese Befürchtung einmal vorhanden und heute ist dort das Gegenteil eingetroffen. Dennoch soll an dieser Stelle auf die voraussichtliche Entwicklung der Dialekte in Süddeutschland kurz eingegangen werden.

Der Sprachalltag in Süddeutschland spielt sich heute weitgehend auf der Ebene der überregionalen Sprachform ab. Der alte Ortsdialekt lebt zwar noch auf dem Land, aber auch dort hat er in den überregionalen Formen eine mächtige Konkurrenz. Für viele Einheimische sind diese überregionalen Ausformungen kein Dialekt mehr, doch ist dies letztendlich auch wieder ein Dialekt, wenn auch nicht mehr der alte Basisdialekt der Großeltern. In dieser Zwischenposition zwischen dem alten Basisdialekt und der im ländlichen Raum unter Einheimischen nicht angebrachten Standardsprache dürften sich die überregionalen Formen (Regionalsprache, regionale Umgangssprache) gut halten können. Dies sieht auch der langjährige Direktor des Bayerischen Wörterbuchs für Bayern, Anthony Rowley, so:

> „Ich persönlich bin nicht überzeugt, dass sich gegenwärtig bayernweit ein dramatischer Rückgang des Dialektsprechens vollzieht. Ich glaube aber, außerhalb der städtischen Ballungsräume einen gewissen Umbau erkennen zu können, eine kontinuierliche Anpassung an überregionale Prestigevarianten, aber eher an eigene, innerbayerische Prestigevarianten."[51]

In ländlichen Regionen entstehen zwar überörtliche Umgangssprachen, aber die können so dialektnah sein, dass sie selbst als Dialekt empfunden werden – und auch die Ortsmundarten sind daneben teilweise recht gut erhalten. Zusätzlich braucht und gebraucht man allerdings die Schriftsprache wie nie zuvor. Vor hundert Jahren hatte man in Süddeutschland außerhalb von Kirche und Schule kaum Gelegenheit, gesprochenes Schriftdeutsch zu hören, geschweige denn selbst zu sprechen. Heute ist die Standardsprache allgegenwärtig.

51 Rowley ([2]2015: 389).

3.5 Regionale Varianten in der mündlichen Standardsprache

Im Jahr 1989 veröffentlichte Werner König seinen „Atlas zur Aussprache des Schriftdeutschen in der Bundesrepublik Deutschland".[52] Darin erbrachte er nach einer Untersuchung mit Studierenden aus den verschiedensten Regionen, die in einer offiziellen Situation verschiedene Texte sprechen sollten, als Erster den Nachweis, dass das angeblich allgemein gültige Hochdeutsch eine Fiktion und auch in öffentlichen Situationen eine geografisch bedingte Variation vorhanden ist. Zu den von ihm beobachteten regionalen Varianten gehören zum Beispiel:

(a) die stimmhafte Aussprache des *-s-* in *Base*: Hier liegt der bekannte Fall vor, dass die normgerechte stimmhafte Aussprache nur im Norden und in der Mitte vorkommt.

(b) die Aussprache des *Ch-* in Fremdwörtern wie *China, Chemie*: Diese Wörter haben im Norden den normgerechten *Ch*-Laut (auszusprechen wie im Wort *ich*), während sie im Süden mit einem *k*-Laut gesprochen werden.

(c) die Aussprache von anlautendem *Pf-* in *Pferd*: Personen aus dem Nordosten sprachen das Wort mit dem nicht normgerechten *F-* im Anlaut: *Ferd*.

(d) die Aussprache von *-ig* in der Nebensilbe in Wörtern wie *Pfennig*: Königs Untersuchung zeigte sehr deutlich, dass der Süden und die westliche Mitte das *-ig* mit einem Explosivlaut sprechen, während der Norden den normgerechten *ich*-Laut hat.

(e) die Aussprache des *-g* in der Endsilbe *-ung* in *Täuschung*: Personen aus dem Norden sprachen die Endung mit einem nicht normgerechten *-g* bzw. sogar als *-k* aus, besonders im Osten (bis in die Mitte hinein), also *Täuschunk*, ebenso *Hoffnunk*.

Nach seiner Untersuchung schlägt König folgende Regelung vor: Erlaubt soll alles sein, was in einer größeren Region den Aussprachegewohnheiten der Gebildeten in formal hochstehenden Situationen entspricht oder was in der gleichen Sprechweise in hinreichender Häufigkeit ohne spezifische regionale Verteilung vorkommt.[53]

Nina Berend hat Königs Ansatz ausgebaut:[54] Auch für sie gibt es im Deutschen regionale Gebrauchsstandards, d. h. geografisch definierte Varietäten und Sprachgebrauchsmuster. Sie haben im jeweiligen regionalen Kontext hohes Prestige und sind sowohl im informellen wie auch im formellen Gebrauch angemessen. Sie weisen auf allen Ebenen Unterschiede sowohl zur Standardsprache als auch zu den Dialekten auf. Für Berend ist Deutsch daher eine plu-

52 König (1989).

53 König (1997: 266).

54 Berend (2005).

riareale Sprache. Sie plädiert „für einen erweiterten Standardbegriff, der es erlaubt, auch verbreiteten bzw. gängigen sogenannten umgangssprachlichen Phänomenen eine normative Geltung, d. h. eine Standardqualität zuzuschreiben."[55]

Berend spricht sich auch für eine Unterscheidung zwischen formellen und informellen Standards aus. Im Weiteren unterscheidet sie zwischen sprechsprachlichen und regionaltypischen Merkmalen.

(1) Sprechsprachliche Merkmale
Bsp.: *ne* für *eine*, *jetz* für *jetzt*, *ma* für *man*, *scho* für *schon*, *erinner* für *erinnere* usw.

(2) Regionaltypische Merkmale
Bsp.: *Fandflasche* für *Pfandflasche*, *mansche* für *manche*, *Marburch* für *Marburg*, *liecht* für *liegt*, *zumindescht* für *zumindest*.

Auf verschiedenen Karten zeigt Berend die Regionen für die jeweiligen Merkmale auf.

So hat Bayern z. B. nicht das norddeutsche *nich* übernommen, sondern bleibt bei der eigenen regionaltypischen Variante *net*. Berend fordert gerade für den Deutschunterricht im Ausland eine Beschreibung des sprechsprachlichen schriftfernen Standards. Dieser Standard ist regional geprägt, was allerdings nicht gleichzusetzen ist mit Dialekt. Berend nimmt folgende Raumaufteilung an:

a) einen großen norddeutschen Raum, der relativ einheitlich ist und dem Schriftdeutschen allgemein recht nahesteht.

b) einen süddeutschen Raum, der nicht einheitlich ist, sondern aufgeteilt ist in

- den Südosten (Bayern) mit starkem Sprachkonservatismus.
- den Südwesten (Baden-Württemberg). Die Besonderheit dieses Raumes liegt ihrer Ansicht nach in der spezifischen Mischung von Neuem, von außen (dem Norden) übernommenen Besonderheiten, und Altem, also bewahrten Besonderheiten. Insgesamt erscheint der Südwesten daher variantenreicher als der Südosten.
- einen mitteldeutschen Raum, der besonders schwierig zu beschreiben ist, da von Fall zu Fall einmal die nördliche, einmal die südliche Variante zum Zug kommt. Große Teile des traditionell Mitteldeutschen gehören zum Norden (Mainz, Koblenz, Köln). Nach Süden reicht dieser Interferenzraum bis ins Oberdeutsche hinein (Buchen, Würzburg, Nürnberg, Bayreuth).

55 Berend (2005: 146).

Lange vor Berend und König hatte sich bereits Jürgen Eichhoff mit den regionalen Umgangssprachen beschäftigt, die, wie wir im vorangegangenen Kapitel gezeigt haben, zwischen den Dialekten und der Standardsprache stehen und damit zwischen beiden Registern eine Art „Zwischenstadium" bilden.[56] Eichhoff war aufgefallen, dass seine amerikanischen Studierenden bei einem Aufenthalt im deutschsprachigen Raum mit Wörtern konfrontiert werden, die sie nicht im Unterricht gelernt haben. Ab 1971 begann er in 402 Städten Gewährspersonen danach zu befragen, wie man in ihrer Stadt zu diesem oder jenem sagt. Zwischen 1977 und 2000 erschienen so vier Bände des „Wortatlas der deutschen Umgangssprachen" (WdU). Im Vergleich zu den Karten der Dialektatlanten zeigen die Karten des WdU großräumigere Flächen, d.h., dass kleinräumige Bezeichnungen der Mundartebene zugunsten von Bezeichnungen mit größerer Verbreitung aufgegeben werden. Dieses Auswahlkriterium hatten wir bereits bei der Entstehung der deutschen Schriftsprache kennengelernt. Insgesamt zeigen die Eichhoffschen Karten eine deutliche Nord-Süd-Gliederung, wobei die Trennlinie ungefähr auf der Höhe von Mannheim-Frankfurt-Leipzig liegt.

Unsere Abbildung 10 „fegen" aus dem WdU zeigt eine typische Raumstruktur für die Ebene der deutschen Umgangssprachen: Es stehen sich eine nördliche (*fegen*) und eine südliche (*kehren*) Variante gegenüber, wobei der Süden mit *wischen* noch eine zusätzliche Variante kennt. Dieses Phänomen, dass der Süden mehr Variation aufweist, zeigt sich auf Eichhoffs Karten oft. Die auf der Ebene der Mundarten ebenfalls im Südwesten angesiedelten Bezeichnungen *schweifen* und *fürben* sind auf der Ebene der Umgangssprachen dagegen aufgegeben worden.

Stefan Elspaß und Robert Möller haben Eichhoffs Ansatz aufgegriffen, seine Karten aktualisiert und durch zahlreiche weitere Karten ergänzt. Sie werden seit 2003 durch eine Internet-Befragung publiziert, bei der jeder mitmachen kann. An den Online Befragungen zum „Atlas der deutschen Alltagssprache" (AdA) nehmen heute schon über 10 000 Personen teil. Der jeweilige Fragebogen, der online beantwortet wird, und alle daraus entstandenen Karten sind unter http://www.atlas-alltagssprache.de abrufbar. Vergleicht man die Karten des AdA mit Eichhoffs WdU, so kann man den Sprachwandel auf der Ebene der deutschen Umgangssprachen beobachten.

56 Eichhoff (1977–2000).

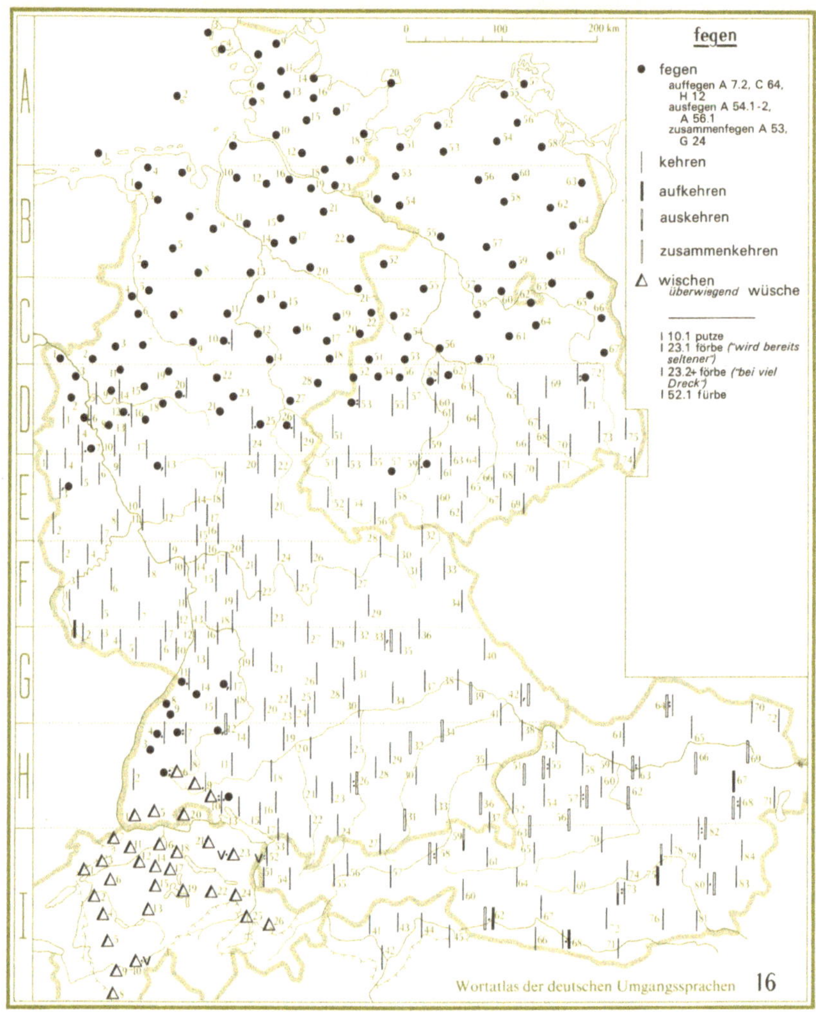

Abb. 9: Beispiel für eine Karte aus dem „Wortatlas der deutschen Umgangssprachen“ von Jürgen Eichhoff. Die Ortsnamen lassen sich über das Ortsregister aus der Kombination von Buchstaben und Zahlen erschließen.

3.6 Regionale Varianten in der schriftlichen Standardsprache

Die soeben beschriebene regionale Besonderheit im mündlichen Standard fand dann Ulrich Ammon auch im schriftlichen Bereich, wobei er sein Interesse statt auf die Regionen auf die deutschsprachigen Nationen richtete.[57] Ammon machte damit der Vorstellung ein Ende, dass es ein richtiges Deutsch gibt, nämlich das der Bundesrepublik Deutschland, und dass alle anderen Nationen mit ihren Besonderheiten davon abweichen. Für Ammon stehen alle deutschsprachigen Nationen gleichwertig nebeneinander. Die jeweiligen Besonderheiten – und zwar auf allen sprachlichen Ebenen – bezeichnet er als Teutonismen, Austriazismen, Helvetismen usw. Bei der Einstufung zum Beispiel eines Wortes als Standardvariante helfen nach Ammon folgende Fragen, die dann alle mit „ja" beantwortet werden müssten:

- Ist das Wort schriftlich gebräuchlich?
- Ist seine Verwendung in einer Regionalzeitung möglich?
- Ist seine Verwendung im Schulaufsatz akzeptabel?

Beispiel für Teutonismen wären im Wortschatz – und darauf wollen wir uns hier beschränken – *Frikadelle, Kopfsalat, Plätzchen, Abitur.* Zu den Austriazismen zählt er u.a. *Faschiertes* „Hackfleisch", *Fisolen* „grüne Bohnen", *Germ* „Hefe", *Marillen* „Aprikosen" und *Palatschinken* „Pfannenkuchen". Einige dieser Beispielwörter finden sich auch in einer Liste, die sich Österreich bei der EU als offizielle Austriazismen genehmigen ließ. Zu den Helvetismen gehören *Kartoffelstock* „Kartoffelbrei", *Konfitüre* „Marmelade", *Poulet* „Huhn", *Trottoir* „Gehweg" oder *Estrich* „Dachboden".

Ammons Ausgliederung der deutschen Standardsprache in nationale Standardsprachen wurde u.a. von Peter von Polenz und Werner Koller kritisiert.[58] Von Polenz weist darauf hin, dass die Bezeichnung „deutsch" in Bezug auf die Sprache unbedingt vermieden werden sollte. Stattdessen sollte man stets von „deutschsprachig" sprechen, z.B. von der deutschsprachigen Literatur. Da für ihn die Bezeichnung „Teutonismus" polemisch und damit zu negativ besetzt ist, spricht er sich in Anlehnung an „münsterländisch" und „saarländisch" für die Bezeichnung „deutschländisch" aus. Zum Hauptbestand des deutschländischen Deutsch gehören nach von Polenz in einer weiteren sprachhistorischen Perspektive vor allem der neuere Wortschatz des öffentlichen Lebens (Politik, Ver-

57 Ammon (1995) und Ammon (1996).
58 Von Polenz (1999) und Koller (1999).

waltung, Schule, Rechtswesen) bis zum privaten Bereich (Konsum, Freizeit), also Tausende von Wörtern, die in den vergangenen Jahrzehnten gebildet oder entlehnt wurden, aber von den Lexikographen unmarkiert blieben, als seien sie auch in Österreich oder der Schweiz gültig.

Für Werner Koller sind die Unterschiede im schriftlichen Sprachgebrauch zwischen Deutschland und der Deutschschweiz nicht als „national", sondern als regional zu definieren, und dies selbst dann, wenn die regionalen Grenzen mit staatlichen zusammenfallen. „National" bzw. „staatlich" könnten höchstens jene lexikalischen Besonderheiten genannt werden, die es mit den unterschiedlichen politischen und sozialen Systemen in Deutschland und der Schweiz zu tun haben. Ausdrücke wie *Bundeskanzler, Bundesländer, Kultusminister* oder *Ständerat, Initiative* und *Nationalbank* reichen für ihn nicht aus, um verschiedene nationale Varietäten des Deutschen zu begründen. Auch sei es wichtig zu wissen, dass viele Helvetismen Dubletten neben sich haben, die auch zur Standardsprache der Deutschschweizer gehören. Wörter wie *Krankenhaus* (statt *Spital*), *Reifen* (statt *Pneu*), *Pferdeapfel* (statt *Rossbollen*) gehören nach Koller (mindestens passiv) auch zur Lexik der Deutschschweizer. Und schließlich brauche es in der Schweiz kein Schweizerhochdeutsch als „nationale Varietät" des Deutschen, weil die nationalsprachliche Funktion bereits durch das Schweizerdeutsche in seiner dialektalen Vielfalt besetzt sei. Untersucht man alle bei Ammon aufgelisteten Teutonismen, Helvetismen und Austriazismen genauer, so muss man Koller Recht geben: Die Helvetismen und Austriazismen sind in der Regel regionale Besonderheiten, denn man verwendet sie auch auf der deutschen Seite der Grenze, und die Teutonismen sind oft nur in einer Region der Bundesrepublik bekannt. Lediglich offizielle Bezeichnungen wie *Bundeskanzler* oder Wörter der Verwaltung enden an der Staatsgrenze.

Wichtig für unseren Zusammenhang ist an Ammons Ansatz aber, dass er darauf aufmerksam gemacht hat, dass die deutsche Standardsprache kein Monolith ist, der für den ganzen deutschen Sprachraum Gültigkeit hat, sondern dass man das Regionale mitberücksichtigen muss, wenn man die Sprachwirklichkeit erfassen möchte. 2004 veröffentlichte Ammon zusammen mit zahlreichen anderen Kollegen „Das Variantenwörterbuch des Deutschen". Es enthält ca. 12 000 Wörter und Wendungen der Standardsprache mit national oder regional eingeschränkter Verbreitung oder Differenzen im Gebrauch. Für dieses Wörterbuch wurde im ganzen deutschsprachigen Raum ein umfangreiches Korpus an Texten ausgewertet. Im Grunde genommen müsste es für Übersetzer, Lehrer und Deutschlernende *das* Nachschlagewerk sein, doch ist es außerhalb der germanistischen Fachwelt kaum bekannt.

Die oben angeführten Arbeiten von Eichhoff, Elspaß und Möller sind bei der Suche nach dem regionalen Charakter der schriftlichen Standardsprache deswegen wichtig, weil sie den Übergang zwischen den mündlichen Dialekten und der schriftlichen Standardsprache bilden. Ihre Karten bieten sich auch als Quelle an, wenn man in Untersuchungen die Akzeptanz von Regionalismen im Schriftlichen testen möchte. 2014 hat Hubert Klausmann für Baden-Württemberg eine solche Untersuchung zu Regionalismen im schriftlichen Standard veröffentlicht, die im Folgenden vorgestellt werden soll.[59] Drei Jahre zuvor hatte er 250 Deutschlehrerinnen und Deutschlehrern an Gymnasien in Baden-Württemberg, verteilt über das ganze Bundesland, 40 Sätze mit Regionalismen aus dem WdU vorgelegt und sie gebeten, diese Regionalismen im Schriftlichen zu bewerten. Zur Auswahl standen drei Möglichkeiten: a) akzeptieren, b) unterkringeln, c) anstreichen. Die 40 Regionalismen sind in der folgenden Abbildung zusammengestellt.

Liste der 40 in Beispielsätzen abgefragten Wörter:

Abendbrot	*gelbe Rübe*	*Laugenwecken*	*Schwammerl*
aufklauben	*Geldbeutel*	*Marillen*	*Schweinshaxe*
Blaukraut	*Hacke „Ferse"*	*mit Fleiß*	*Stadel*
Brosamen	*Harke*	*Nachtessen*	*Stiege*
Bub	*Hausaufgabe*	*Putzlumpen*	*Teppich „Decke"*
Bulldog	*Kaminfeger*	*Radler*	*Trottoir*
Christbaum	*kehren „fegen"*	*Ross*	*Watsche*
Fleischer	*Krapfen*	*Schlotfeger*	*Zahnweh*
Gang	*Kutterschaufel*	*Schnake*	*Zusperren*
Geiß	*laufen „gehen"*	*schnäuzen*	*zwicken*

Nach den Angaben im WdU setzt sich die Gruppe der abgefragten Varianten folgendermaßen zusammen:

- 17 süddeutsche Wörter (*Bub, Bulldog, Christbaum, Gang, Geiß, gelbe Rübe, Geldbeutel, Hausaufgabe, kehren, laufen* „gehen", *Putzlumpen, Radler, schnäuzen, Schnake, Schweinshaxe, Stiege, Zahnweh*)

59 Klausmann (2014a).

- 8 im Südwesten kleinräumig verbreitete Wörter (*aufklauben, Brosamen, Kaminfeger, Kutterschaufel, Laugenwecken, Nachtessen, Ross, Trottoir*)
- 3 südöstliche Wörter (*Blaukraut, mit Fleiß* „absichtlich“, *zwicken*)
- 1 fränkisches Wort (*Schlotfeger*)
- 6 bayerisch-österreichische Wörter (*Krapfen, Marillen, Schwammerl, Stadel, Watsche, zusperren*)
- 4 norddeutsche Wörter (*Abendbrot, Fleischer, Harke, Hacke* „Ferse“)
- Die räumliche Verbreitung von *Teppich* „Wolldecke“ ist im WdU nicht belegt. Es handelt sich hier wohl um eine „südwestdeutsche“ semantische Besonderheit.

Da in den Schulen nach wie vor die beiden Rechtschreibungs-Wörterbücher Duden und Wahrig[60] als Ratgeber bei der Korrektur dienen und das Variantenwörterbuch kaum bekannt ist, wurden zunächst die Eintragungen der 40 Regionalismen in den beiden genannten Wörterbüchern untersucht. Vergleicht man die beiden Wörterbücher, so kann man schnell erkennen, dass der Duden dem Wahrig hinsichtlich der räumlichen Einschränkung von Standardvarianten überlegen ist. Folgende Unterschiede machen dies deutlich:

Abendbrot, Blaukraut und *Zahnweh* finden im Gegensatz zum Duden im Wahrig keine Erwähnung.

Wörter, die der Duden wenigstens mit der vagen Einschränkung „landschaftlich“ versieht, so bei *Christbaum, Putzlumpen, Schlotfeger* und *Schnake*, bekommen im Wahrig gar keine Einschränkung. Demnach wäre für den Benutzer des Wörterbuchs das Wort *Schlotfeger* gemeindeutscher Standard, was sich kaum nachweisen lassen dürfte.

Unter den Varianten, die der Duden als „süddeutsch“ markiert, gibt es Wörter, die bei Wahrig keine räumliche Einschränkung erfahren, so bei *aufklauben, gelbe Rübe, Kaminfeger, kehren* „fegen“ und *Nachtessen.*

Ein weiterer Unterschied zeigt sich bei den Eintragungen für *Ross* und *Trottoir. Ross* erfährt im Duden eine räumliche Einschränkung (süddeutsch, Schweiz, Österreich), im Wahrig eine stilistische (umgangssprachlich), und *Trottoir* ist für den Wahrig „schweizerisch“, ansonsten „veraltet“, für den Duden einfach nur „schweizerisch“.

Da der Duden nach diesem Vergleich das eindeutig bessere Nachschlagewerk bei der Diskussion von Regionalismen ist, kann der Wahrig für die weitere Untersuchung vernachlässigt werden. Konzentrieren wir uns also auf den Duden und schauen nach, wie er die 40 Regionalismen einordnet.

60 Duden (2011) und Wahrig (2009).

Ohne landschaftliche Einschränkung sind im Duden belegt (in Klammern die Seitenangaben der 25. Auflage): *Abendbrot* (168), *Brosamen* (296), *Bulldog* (300), *Fleischer* (441), *Geldbeutel* (475), *Hacke* „Ferse" (513), *Hausaufgabe* (524), *Krapfen* (651), *schnäuzen* (951), *Zahnweh* (1191), *zwicken* (1214).

Mit der Einschränkung „landschaftlich" sind versehen: *Christbaum* (313), *Putzlumpen* (869), *Schlotfeger* (947), *Schnake* (951).

Als „süddeutsch", „bayerisch-österreichisch" oder „schweizerisch" markiert der Duden: *aufklauben* (225), *Blaukraut* (282), *Bub* (298), *Geiß* (473), *gelbe Rübe* (474), *Kaminfeger* (597), *kehren* „fegen" (611), *Marillen* (713), *Nachtessen* (761), *Radler* (877), *Ross* (911), *Schwammerl* (963), *Schweinshaxe* (siehe *Haxe* 525), *Stadel* (1012 f.), *Stiege* (1024), *Trottoir* (1079), *Watsche* (1161), *Laugenwecken* (siehe *Wecken* 1162), *zusperren* (1210).

Für „norddeutsch" hält der Duden lediglich *Harke* „Rechen" (521).

Überhaupt nicht belegt sind im Duden der Ausdruck *mit Fleiß* (442), die regionalen Varianten *Kutterschaufel, Gang* (464) in der Bedeutung „Hausgang", *laufen* (675) in der Bedeutung „gehen" und *Teppich* (1056) in der Bedeutung „Wolldecke". Diese Nicht-Erwähnung muss damit zusammenhängen, dass der Duden nur Varianten in sein Wörterbuch aufnimmt, die allgemein gebräuchlich sind (Duden, 10).

Wenn der Duden Recht hat, dann müssten bei unserer Untersuchung die Wörter der Gruppe 1 (*Hacke* usw.) einen sehr hohen Prozentsatz bezüglich ihrer Akzeptanz im Schriftlichen erreichen, während die Wörter der Gruppen 4 (*Harke*) und 5 (*Kutterschaufel* usw.) in genauso starker Weise abgelehnt werden müssten. Bei den Wörtern der Gruppen 2 und 3 müsste die Akzeptanz von der jeweiligen Duden-Einschränkung abhängig sein. Wörter, die der Duden als schweizerisch oder als bayerisch-österreichisch markiert, dürften dann in unserer Untersuchung, die sich auf Baden-Württemberg beschränkt, keine hohe Akzeptanz finden. Dies wäre der Fall bei *Watsche, Stadel, Trottoir, Schwammerl* und *Marillen.*

Im Folgenden soll lediglich auf den Vergleich der Umfrage mit dem Duden eingegangen werden. Die „Hitparaden" bezüglich der stärksten Akzeptanz und bezüglich der schwächsten Ablehnung sind nahezu identisch, sodass wir sagen können, dass nach unserer Untersuchung 23 der abgefragten 40 Wörter in Baden-Württemberg eine Akzeptanz von über 50 % erreichen und damit in dieser Region zum Standard zu rechnen sind.

Von den im Duden landschaftlich nicht eingeschränkten Wörtern erreichten bei unserer Untersuchung erwartungsgemäß *Hausaufgaben* (93 %), *Geldbeutel* (89 %), *Abendbrot* (89 %) und *zwicken* (82 %) eine hohe Zustimmung. Schon mit stärkeren Abstrichen gilt dies nur noch für *Fleischer* (77 %), *Krapfen* (76 %),

Zahnweh (66 %), *schnäuzen* (62 %) und *Brosamen* (59 %). Die laut Duden uneingeschränkt zum Standard gehörenden Wörter *Hacke* „Ferse" (21 % Zustimmung – 43 % Ablehnung) und *Bulldog* (26 % – 37 %) gehören hingegen für die Deutschlehrerinnen und Deutschlehrer der baden-württembergischen Gymnasien nicht in diese Gruppe.

Die abgefragten Wörter und ihre erreichten Prozentsätze
Die Umfrage ergab für die einzelnen Wörter an Zustimmung:

Platz	Wort	Zustimmung	Duden markiert als
1	*Hausaufgabe*	93 %	Standard
2	*Christbaum*	91 %	landschaftlich
3	*Geldbeutel*	89 %	Standard
4	*Abendbrot*	89 %	Standard
5	*Harke*	85 %	norddeutsch
6	*Radler*	82 %	süddeutsch
7	*zwicken*	82 %	Standard
8	*Schweinshaxe*	81 %	süddeutsch
9	*Blaukraut*	79 %	süddeutsch
10	*Kaminfeger*	79 %	süddeutsch
11	*Fleischer*	77 %	Standard
12	*Krapfen*	76 %	Standard
13	*kehren* „fegen"	73 %	süddeutsch
14	*Gang*	70 %	nicht präzisiert
15	*Schnake*	70 %	landschaftlich
16	*Zahnweh*	66 %	Standard
17	*gelbe Rübe*	65 %	süddeutsch
18	*schnäuzen*	62 %	Standard
19	*Trottoir*	60 %	schweizerisch
20	*Laugenwecken*	59 %	süddeutsch
21	*Brosamen*	59 %	Standard

Platz	Wort	Zustimmung	Duden markiert als
22	*Ross*	54 %	süddeutsch
23	*Bub*	51 %	süddeutsch
24	*Nachtessen*	48 %	süddeutsch
25	*Marillen*	48 %	bayerisch-österr.
26	*Stiege*	44 %	süddeutsch-österr.
27	*zusperren*	43 %	süddeutsch-österr.
28	*laufen* „gehen“	42 %	nicht präzisiert
29	*Putzlumpen*	33 %	landschaftlich
30	*mit Fleiß*	30 %	-
31	*Geiß*	28 %	süddeutsch
32	*aufklauben*	26 %	süddeutsch
33	*Bulldog*	26 %	Standard
34	*Hacke „Ferse“*	21 %	Standard
35	*Schwammerl*	20 %	bayerisch-österr.
36	*Stadel*	17 %	bayerisch-österr.
37	*Kutterschaufel*	15 %	-
38	*Teppich* „Wolledecke“	9 %	-
39	*Schlotfeger*	8 %	landschaftlich
40	*Watsche*	5 %	bayerisch-österr.

Überraschend ist, dass das vom Duden als „norddeutsch“ gekennzeichnete Wort *Harke* bei uns im Süden mit 85 % Zustimmung und einer Ablehnung von nur 4 % uneingeschränkt zum schriftlichen Standard gerechnet werden darf.

Wie erwartet zählen dagegen die im Duden nicht erwähnten Varianten *Kutterschaufel* (15 % Zustimmung – 55 % Ablehnung), *Teppich* „Wolldecke“ (9 % – 73 %) und *mit Fleiß* „absichtlich“ (30 % – 34 %) auch für unsere Befragten nicht zum Standard. Ergänzen müsste der Duden dagegen sein Lemma *Gang*, dem er zumindest den Zusatz „landschaftlich“ oder „süddeutsch“ mit der Bedeutung „Hausgang“ (70 % Zustimmung – 12 % Ablehnung) hinzufügen müsste. Im Fall von *gehen* „laufen" müssten weitere Erhebungen abgewartet werden. Immerhin erreicht das Wort in dieser Bedeutung bei uns aber eine Zustimmung von beachtlichen 42 %.

Die vom Duden eingeführte Markierung „landschaftlich" mag nach unserer Untersuchung bei *Schnake* (70 % Zustimmung) und *Christbaum* (91 %) angehen, doch trifft dieser Zusatz für *Putzlumpen* und *Schlotfeger* nicht zu: Das bei uns im Mündlichen tatsächlich vorhandene Wort *Putzlumpen* wird mit nur 33 % Zustimmung von der Mehrheit in der schriftlichen Verwendung abgelehnt, und noch größer ist die Ablehnung bei dem nur im ostfränkischen Teil Baden-Württembergs bekannten Wort *Schlotfeger.* Mit lediglich 8 % Ja-Stimmen liegt es in unserer Wortliste bei der Akzeptanz an zweitletzter Stelle.

Die im Duden als „süddeutsch" markierten Wörter *Radler* (82 % Zustimmung), *Schweinshaxe* (81 %), *Blaukraut* (79 %), *Kaminfeger* (79 %), *kehren* (73 %), *gelbe Rüben* (65 %), *Trottoir* (60 %), *Laugenwecken* (59 %), *Ross* (54 %) und *Bub* (51 %) sind in der Tat bei uns zum Standard zu rechnen. Wenn man davon ausgeht, dass unsere Wörter auch in anderen süddeutschen Gegenden verbreitet sind, könnte man – mit Einschränkung – auch noch *Nachtessen* (48 %), *Marillen* (48 %), *Stiege* (44 %) und *zusperren* (43 %) zu einem süddeutschen Standard rechnen. Das gilt nach unseren Erhebungen zumindest für Baden-Württemberg aber nicht für die Wörter *Geiß* (28 % Zustimmung), *aufklauben* (26 %), *Schwammerl* (20 %), *Stadel* (17 %) und *Watsche* (5 %). Bei *Trottoir* müsste der Duden übrigens seine Einschränkung „schweizerisch" um den Zusatz „süddeutsch" ergänzen.

Auffallend ist noch, dass bei den Wörtern, die der Duden als „süddeutsch" markiert, bei den Befragten eine relativ hohe Unsicherheit herrschte. Außer bei *Blaukraut, Kaminfeger, Radler* und *Schweinshaxe* liegt bei allen Wörtern dieser Gruppe der Prozentsatz der „unterkringelten" Angaben sehr hoch. Er reicht von 22 % bei *kehren* „fegen" bis zu 39 % Unsicherheit bei *zusperren.*

Fassen wir am Ende das Kapitel 3.6 zusammen:

1. Es gibt in der Bundesrepublik Deutschland auf der Ebene der Mundarten, der Umgangssprachen und der mündlichen und schriftlichen Standardsprache regionale Varianten.
2. Bei der Auskunft über die Akzeptanz von Regionalismen im sprachlichen Alltag hilft der Wahrig nicht, während der Duden sich oft mit Formulierungen wie „landschaftlich" behilft.
3. Eine relativ genaue Auskunft gibt hingegen das „Variantenwörterbuch des Deutschen", das auch mit den Angaben der untersuchten Lehrerinnen und Lehrer übereinstimmt. Dieses Wörterbuch ist allerdings kaum bekannt.

4. Die Lehreruntersuchung hat auch gezeigt, dass die Standardsprache eine relative Größe ist, denn die Prozentangaben differieren bei vielen vorgelegten Regionalismen doch recht stark.
5. Eine weitere Untersuchung von Janle/Klausmann, auf die in Kapitel 5.3 näher eingegangen wird, hat gezeigt, dass der Duden eher norddeutsche Regionalismen zur Standardsprache rechnet als süddeutsche. Der dort ermittelte Unterschied lag bei 3:1.
6. Wenn Deutschlehrerinnen und Deutschlehrer an Gymnasien, die zu den wichtigsten normgebenden und normverbreitenden Instanzen zählen, Regionalismen zum Standard rechnen, dann ist dies ein Beweis für deren Existenz. Wörterbücher wie der Duden müssen sich am tatsächlichen Sprachgebrauch orientieren und dürfen nicht eine fiktive Norm setzen, die in der Realität ohne Grundlage ist.
7. Die Existenz von Regionalismen in der Standardsprache stört die Kommunikation kaum, denn einerseits ist deren Zahl gering und andererseits sind sie stets in einen Zusammenhang eingebettet. Auch darf man das passive Wissen um solche Regionalismen nicht vergessen. Wer in Deutschland das Wort *Sonnabend* hört, weiß, was damit gemeint ist, auch wenn er diese Bezeichnung nie gebraucht.

3.7 Zwischenbilanz

1. Die süddeutschen Dialekte Alemannisch, Bairisch und Fränkisch sind die Fortsetzungen der mittelhochdeutschen Sprache und lassen sich daher von dieser durch Lautgesetze ableiten.
2. Die Standardsprache ist aus der Notwendigkeit entstanden, mit Hilfe eines überregionalen Kommunikationsmittels möglichst viele Leser in den verschiedensten deutschen Sprachräumen zu erreichen. Sie entwickelte sich aus den sehr regionalen Schreibsprachen (bis zum 15. Jh.) und Schriftsprachen (16.–18. Jh.) heraus, wobei in den Urkunden der starke Einfluss des südostdeutschen Sprachraums bei der Variantenauswahl sichtbar wird. Letztendlich ist unsere Standardsprache aber ein aus allen deutschsprachigen Regionen zusammengesetztes „Kunstprodukt" und daher nicht lokal zu verankern. Der „Wettkampf" um das Durchsetzen von regionalen Varianten dauert bis heute an. Das bekannteste Beispiel ist das Nebeneinander von norddeutschem *Sonnabend* und süddeutschem *Samstag*. Bis zu Beginn des 19. Jahrhunderts wurde die Standardsprache nur geschrieben, gesprochen wurde im Dialekt.

3. Im Süden Deutschlands haben sich zwischen der Standardsprache und den alten Ortsdialekten / Basisdialekten Zwischenstufen gebildet, die teils aus Kompromissformen, teils aus überregionalen Dialektformen, teils aus standardnahen Formen bestehen. In Österreich ist die Situation ähnlich, während sie in der Schweiz fundamental anders ist: Dort wird in der Standardsprache geschrieben, im Dialekt in allen Situationen gesprochen (mediale Diglossie). Zwischenformen wie etwa einen überregionalen Schweizer Dialekt gibt es nicht.
4. Der Dialekt spielt im Süden des deutschen Sprachgebiets nach wie vor eine große Rolle, ganz besonders in ländlichen Gemeinden, wo er in vertrauter Umgebung (Familie, Freunde, Vereinsleben, Bekannte, Verwaltung und Geschäfte) noch stark verbreitet ist. Je offizieller die Situation ist, desto eher wechselt man in eine sprachliche Ebene zwischen Standard und Dialekt.
5. Im mündlichen Bereich hat Werner König schon 1989 für die Bundesrepublik Deutschland nachgewiesen, dass es auf der Ebene der Aussprache kein einheitliches, neutrales Standarddeutsch gibt, sondern dass hier auch in offizieller Situation ein regionales Standarddeutsch gesprochen wird. Neben diesen Regionalismen kommen noch Besonderheiten hinzu, durch die sich prinzipiell jede gesprochene Sprache gegenüber dem Schriftlichen absetzt.
6. Auch im Wortschatz gibt es zahlreiche regionale Unterschiede in der Alltagssprache. Sie sind im „Wortatlas der deutschen Umgangssprachen“ und im „Atlas der deutschen Alltagssprache“ dokumentiert.
7. Regionalismen gibt es aber auch im schriftlichen Standard. Sie sind zwar inzwischen im „Variantenwörterbuch des Deutschen“ registriert, doch ist dieses Werk noch sehr unbekannt.
8. Eine Umfrage unter Deutschlehrerinnen und Deutschlehrern hat gezeigt, dass auch in dieser für die Weitergabe der Sprachnormen entscheidende Gruppe in Bezug auf die Akzeptanz von einigen Regionalismen im Schriftlichen keine Einheitlichkeit herrscht. Letztendlich erweist sich damit die Standardsprache auch in diesem Bereich als eine relative Größe.
9. Der „Duden“ und noch weniger der „Wahrig“ gehen auf die Existenz von Regionalismen kaum ein. Damit setzen sie eine Norm, die nicht der Sprachwirklichkeit entspricht.
10. Die Existenz von Regionalismen führt nicht zwingend zu einer Störung bei der Kommunikation. Dies beweist die Situation in der Schweiz, wo alle ihren Ortsdialekt sprechen und man sich darum bemüht, den Anderen zu verstehen. Auch darf nicht vergessen werden, dass alle Regionalismen

im Alltag in eine Kommunikation und Situation eingebettet und damit selbst bei Unkenntnis durchaus erschließbar sind.

4. Problemkreise und Perspektiven

4.1 Begriff und soziokulturelle Bedeutung sprachlicher Ideologien und die Problematik sprachlicher Diskriminierung

Sprachliche Ideologien spielen eine zentrale Rolle mit Blick auf das Verständnis von und den Umgang mit Dialekt und Standardsprache. Deshalb ist zunächst zu klären, was unter sprachlichen Ideologien zu verstehen ist; anschließend wird die Frage in den Blick genommen, welche sprachdidaktischen Konsequenzen daraus sinnvollerweise zu ziehen sind. Da die linguistischen Forschungen zu diesem Thema inzwischen sehr umfangreich sind – allen voran seien hier die wegweisenden Publikationen von Péter Maitz, Stephan Elspaß und Werner König erwähnt –, müssen sich die folgenden Ausführungen notwendigerweise auf einige für unsere eigene Fragestellung besonders wichtige Sachverhalte beschränken.

Grundsätzlich gilt, dass es den unvoreingenommenen, quasi neutralen (und in diesem Sinne „objektiven") Blick auf Sprache nicht gibt. Den haben weder linguistische Laien noch professionelle Linguisten und erst Recht nicht Didaktiker und Pädagogen, deren Aufgabe ja in der Regel die „normgestützte Spracherziehung" ist.[61] In diesem Sinne nennt Péter Maitz sprachliche Ideologien treffend „eine Art Brille, durch die wir die sprachliche Wirklichkeit sehen und bewerten".[62] Dies geschieht zumeist unbewusst, insbesondere bei linguistischen Laien, aber auch professionelle Linguisten legen ihren Forschungen zur Sprache bestimmte „Annahmen und Überzeugungen" zu Grunde, die mal mehr, mal weniger bewusst ausformuliert sind; sprachliche Ideologien werden typischerweise „über Generationen hinweg unreflektiert tradiert und in aller Regel schon während der primären sprachlichen Sozialisation internalisiert".[63]

Zwei speziell für Deutschland charakteristische sprachliche Ideologien sind der *Hannoverismus* und der *Standardismus.* Beide Ideologien scheinen sehr alt zu sein und sind wohl durchaus mit den nationalstaatlichen Normierungs- und Vereinheitlichungsbemühungen Ende des 19. Jahrhunderts in Verbindung zu bringen – erinnert sei hier zum einen an die auf Konrad Duden zurückgehende

---

61 Maitz (2014: 3).

62 Ebd. 4.

63 Vgl. ebd.

Normierung der deutschen Rechtschreibung, zum anderen an die auf Theodor Siebs zurückgehende Normierung der deutschen Aussprache in der „Deutschen Bühnenaussprache“ (1898) auf der Basis norddeutscher Dialekte; des Weiteren hängen der Hannoverismus und der Standardismus auf das engste miteinander zusammen und prägen den Blick vieler Muttersprachlicher auf die deutsche Sprache bis heute nachhaltig. Beim Hannoverismus handelt es sich, so lässt sich im Anschluss an Péter Maitz festhalten, um die Überzeugung, dass „das beste Hochdeutsch in Norddeutschland, respektive in und um Hannover gesprochen wird“[64]; damit einher geht in Deutschland die Ideologie des Standardismus:

„Millionen von Sprechern selbst sind der Überzeugung, dass der Standardsprache eine besondere Bedeutung zukomme; sie sei das unerlässliche Mittel der Bildung, die wichtigste Varietät der Sprache, der Maßstab der Sprachrichtigkeit und die Grundbedingung eines jeden Fortschritts. Daher sei es das elementare Interesse eines jeden Sprechers, sie zu erlernen und zu verwenden.“[65]

Da für den Standardismus die Vorstellung kennzeichnend ist, die Standardsprache müsse aus Gründen der Verständlichkeit möglichst einheitlich sein, folgt er zugleich einer Ideologie, die als *Homogenismus* bezeichnet werden kann. Das zeigt, dass es sich bei sprachlichen Ideologien nicht nur um interessante soziokulturelle Phänomene handelt, die Linguisten wissenschaftlich untersuchen und beschreiben können; sprachliche Ideologien sind auch Machtinstrumente, die sich sowohl zur sozialen Ab- und Ausgrenzung als auch für Bildungszwecke ge- bzw. missbrauchen lassen. Wie die folgende Aussage zeigt, tragen sogar manche Sprachwissenschaftler dazu bei, die genannten sprachlichen Ideologien weiter zu verbreiten und zu verfestigen (anstatt sie zu hinterfragen und kritisch zu reflektieren):

> „Die deutsche Sprache stellt (wie auch andere Sprachen) ein Varietätenspektrum dar, das von der Standardvarietät – der Varietät mit der größten kommunikativen Reichweite und mit dem höchsten Normenprestige – überdacht bzw. zusammengehalten wird […]“.[66]

---

64 Maitz (2015: 207 ff.); weiterführende Überlegungen zur Entstehung des Hannover-Sprachmythos finden sich z. B. bei Elmentaler (2012: 101–115); vgl. Kap. 7.3.3., Text 2.

65 Vgl. Maitz (2015: 208 f.).

66 Bryant / Pucciarelli (2018: 8); das Bild von der „Überdachung“ ist längt überholt; bekanntlich hat Werner König die Abbildung, welche das Verhältnis von Standardsprache und Dialekten zeigt, ab der 14. Auflage des dtv-Atlas Deutsche Sprache um 90 Grad gekippt, „so dass die Standardsprache nicht mehr ‚oben‘ steht“; vgl. dazu z. B. König ([16]2007: 134), Maitz / Elspaß (2011c: 227) sowie Kap. 5 in diesem Buch.

Tatsache ist: Die sprachlichen Ideologien des Hannoverismus, des Standardismus und des Homogenismus tragen in Deutschland in erheblichem Umfang zur Diskriminierung von Dialektsprecherinnen und Dialektsprechern bei, insbesondere sind hier die Schulen, die Universitäten und das Berufsleben als latent diskriminierende Institutionen bzw. soziokulturelle Umfelder zu nennen. Péter Maitz und Stephan Elspaß (2011) zeigen den Zusammenhang von dialektalem Sprechen und sprachlicher Diskriminierung in einer eigens diesem Thema gewidmeten Studie differenziert auf (schlechteres Zeugnis / schlechtere Prüfungsleistungen aufgrund von Dialekt, Nachteile bei Bewerbungen aufgrund von Dialekt, Benachteiligungen im Beruf usw.).[67] Insofern sterben die Dialekte nicht einfach aus: Es sind vielmehr die genannten Ideologien, die die dialektale Vielfalt in Deutschland zunehmend zum Verschwinden bringen.[68] Das ist jedoch nicht nur deshalb der Fall, weil (Hochschul-)Lehrerinnen und (Hochschul-)Lehrer sowie Verantwortliche von Personalabteilungen und Medien sie mehr oder weniger bewusst und offensiv vertreten; die Dominantsetzung der mündlichen Standardsprache als *der* anzustrebenden, weil vermeintlich höherwertigen Bildungssprache ist in Deutschland auch bildungspolitisch ausdrücklich gewollt und dementsprechend in den Bildungsplänen und Lehrwerken der Bundesländer die vorgegebene Norm, nicht zuletzt in den südlichen, aufgrund sprachlicher Minderwertigkeitskomplexe offensichtlich besonders um Kompensation bemühten Bundesländern Bayern und Baden-Württemberg (einige konkrete Beobachtungen hierzu erfolgen in Kapitel 3 „empirische Beobachtungen“). Faktisch wird in Deutschland also vielfach eine Ideologie der *Assimilation* vertreten, d. h. Dialektsprecherinnen und Dialektsprecher werden „auf irgendeine Art und Weise dazu gezwungen, die dominante Sprache bzw. Sprachvarietät zu erlernen und zu verwenden.“[69]

Was die Akzeptanz dialektaler Vielfalt anbelangt, steht die sprachliche Wirklichkeit in Deutschland damit eindeutig im Widerspruch zum deutschen Grundgesetz, das die Diskriminierung aufgrund von Sprache ausdrücklich untersagt, womit es freilich selbst eine bestimmte – in diesem Fall den Werten Toleranz und Vielfalt verpflichtete – sprachlichen Ideologie vertritt. Wörtlich heißt es im Grundgesetz (Art. 3, Absatz 3):

> „(3) Niemand darf wegen seines Geschlechtes, seiner Abstammung, seiner Rasse, seiner Sprache, seiner Heimat und Herkunft, seines Glaubens, seiner religiösen oder

67 Maitz / Elspaß (2011b).

68 Zum Zusammenhang zwischen sprachlichen Ideologien und sprachlicher Diskriminierung vgl. auch Maitz / Elspaß (2011a: 2 ff.).

69 Maitz / Elspaß (2012: 44).

politischen Anschauungen benachteiligt oder bevorzugt werden. Niemand darf wegen seiner Behinderung benachteiligt werden."[70]

Ebenso wenig ist die Situation in Deutschland beispielsweise mit der „Charta der Grundrechte der EU" (2007) und der „Allgemeinen Erklärung der sprachlichen Grundrechte" (1996), einem internationalen Abkommen zum Schutz der sprachlichen Vielfalt, vereinbar. In diesem vom internationalen PEN-Klub und verschiedenen Nichtregierungsorganisationen unterzeichneten Abkommen heißt es u. a. unmissverständlich: „All language communities have equal rights. (Art. 10)."[71] Ausnahmen bestätigen dabei die Regel: So stellt Péter Maitz bezüglich der Situation im Bundesland Bayern fest:

> „Bayerns offizielle Sprachenpolitik ist stark vom sprachlichen *Varnakularismus* geprägt, sieht also lokale / regionale Varietäten als zu schützende Werte an. Die Pflege der Dialekte ist auch in der Landesverfassung (Art. 131) verankert."[72]

Blickt man dagegen in die Praxis – exemplarisch sei hier die von Péter Maitz durchgeführte Analyse bayerischer Schulbücher erwähnt – ergibt sich ein anderes Bild: Dialektales Sprechen wird tendenziell als *Sprachbarriere*, Dialekte werden – gegenüber der Standardsprache – als Sprachen zweiter Klasse dargestellt (vgl. dazu auch Kap. 5 „empirische Beobachtungen").[73]

Keinesfalls dem Erhalt der sprachlichen bzw. dialektalen Vielfalt verpflichtet ist in Deutschland schließlich die populäre *Sprachpflege*, die in der Regel von linguistischen Laien betrieben wird und sich die Kultivierung und den Erhalt der deutschen Sprache auf die Fahne geschrieben hat.[74] Sprachpfleger wie Gustav Wustmann („Sprachdummheiten"), Wolf Schneider („Deutsch für Kenner"), Ludwig Reiners („Stilfibel") und Bastian Sick („Der Dativ ist dem Genitiv sein Tod") gehen i. d. R. von der Vorstellung aus, dass die deutsche Sprache – quasi wie ein biologischer Organismus – einer intensiven Pflege bedarf, weil sie ständig von Krankheit und Verfall bedroht ist. Maitz spricht deshalb von einer Ideologie des *Defektivismus*.[75] Diese geht häufig mit der Ideologie des *Dekadentismus* einher, d. h. der Überzeugung, in der Sprache könne es „von vornherein falsche / schlechte Formen geben" und tatsächlich würden „immer mehr solche schlechten / falschen Strukturen verwendet", der Sprachwandel laufe also „ins-

70 Grundgesetz, Artikel 3, Abs. 3; nach Auffassung des Grundgesetz-Kommentars nach Sachs sind damit auch die Dialekte geschützt; vgl. dazu Maitz / Elspaß (2011c: 9).

71 Vgl. www.egt.ie/udhr/udlr-en.html sowie z. B. auch Maitz / Elspaß (2012: 46 ff.).

72 Maitz (2015: 211).

73 Vgl. ebd.

74 Vgl. Sick ([10]2004), Schneider ([9]2004), Reiners (1963), Wustmann (1903).

75 Vgl. Maitz (2014: 9 f.).

gesamt in eine negative Richtung".[76] Während sich die Linguistik um die möglichst neutrale Beschreibung und Erklärung des Deutschen bemüht, ist das Sprachverständnis populärer Sprachpfleger typischerweise von der platonischen Idee eines idealen Deutsch geprägt.[77] Ein Beispiel, das die Wirksamkeit der genannten sprachlichen Ideologien veranschaulicht und zugleich die hier interessierenden Themen Dialekt und Standardsprache betrifft, ist das folgende Zitat von Bastian Sick:

> „Die Verben *stehen, liegen* und *sitzen* drücken keine Bewegung aus, daher werden sie standardsprachlich mit *haben* konjugiert: *Ich habe gesessen, ich habe gelegen, ich habe gestanden.* In Süddeutschland und in Österreich sagt man dennoch *Ich bin gesessen, Ich bin gelegen* und *Ich bin gestanden.*"[78]

Unschwer ist zu erkennen, dass sich Sicks Aussage über die korrekte Konjugation der Verben *stehen, liegen* und *sitzen* am (schriftlichen) norddeutschen Standard orientiert; Sicks Bewertung ist jedoch nicht nur standardistisch, sie ist auch hannoveristisch, denn ihr liegt die Vorstellung zu Grunde, es gebe im Deutschen nur die eine korrekte Sprachverwendung, nämlich die in Norddeutschland übliche. Stillschweigend geht er dabei von der homogenistischen Annahme aus, die deutsche Sprache stelle ein einheitliches, quasi überzeitlich gültiges System von Normen und Regeln dar, in dem kein Platz für Varianten ist[79] (vgl. dazu Kap. 2.2 zum Thema „Sprachwandel"). Den Sprecherinnen und Sprechern der vom Standard abweichenden Varianten in Süddeutschland und in Österreich wird implizit die mangelnde Beherrschung der Standardsprache unterstellt, was durch das Wort „dennoch" ausgedrückt wird. Damit bestätigt Sicks „Sprachkritik" ganz nebenbei zwei gängige *Sprachklischees* – Sprachklischee verstanden als in der Bevölkerung weit verbreitete, schablonenhafte Vorstellung über Sprache, die in einer der erläuterten sprachlichen Ideologien ihren Ursprung hat: das Klischee von den Norddeutschen, die angeblich das beste Hochdeutsch sprechen (obwohl spätestens seit König 1989 nachgewiesen ist, dass es mehrere, regional gefärbte Standardvarianten gibt), und das Klischee von den Baden-Württembergern, die, so der selbstironisch gemeinte Slogan des Bundeslandes Baden-Württemberg, angeblich alles können, außer Hochdeutsch.[80]

Im Übrigen ist bemerkenswert, dass das Wörterbuch des Duden im Fall des aufgeführten Beispiels bereits weiter ist als der selbsternannte Sprachpfleger

---

76 Ebd.

77 Ebd.

78 Vgl. Sick (2006: 171), zit. nach Maitz (2014: 5).

79 Vgl. hierzu auch das Kap. 2.1.2.

80 Siehe hierzu die Kritik von König (2011) und die Replik hierauf in Wicker (2011).

Sick: Während Sick die (vermeintlich einzig korrekte) standardsprachliche Variante gegen die – so wird unterstellt – „falsche" Sprachverwendung in Süddeutschland und Österreich ausspielt, führt der Duden bei allen drei Verben (*stehen, liegen* und *sitzen*) die Variante mit *sein* (*ich bin gestanden* etc.) als gleichberechtigte regionale Varianten des süddeutschen, österreichischen und schweizerischen Sprachraums auf. So heißt es im Einleitungskommentar des Dudens wörtlich:

> „Selbst wenn fachsprachliche oder regionale Schreibvarianten angeführt werden, wird keine Bevorzugung angezeigt, da man sich hier in der Schreibung am besten nach dem jeweiligen Textzusammenhang richtet."[81]

Auch bezieht sich der Duden auf „Schreibvarianten", also den Bereich des Schriftlichen, der einem weit höheren Grad an Normierung unterliegt, als dies für den Bereich des Mündlichen der Fall ist, von dem Sick in seinem Beispiel offensichtlich spricht („in Österreich und in Süddeutschland sagt man").

Als Zwischenfazit bleibt somit festzuhalten: Will die Deutschdidaktik gängige sprachliche Ideologien und Klischees im Zusammenhang mit den Themen Dialekt und Standardsprache nicht einfach bestätigen, muss sie sich, insbesondere in Schule und Universität, die „bewusste und systematische Reflexion" dieser sprachlichen Ideologien und Klischees zur Aufgabe machen, und zwar mit dem emanzipatorischen Ziel, die Sprecherinnen und Sprecher der deutschen Sprache insgesamt zu einem unverkrampfteren, freieren und sichereren Umgang damit zu bewegen.[82] Dies gilt in erster Linie für die Muttersprachler des Deutschen, aber natürlich sollten auch Deutsch-Lernende mit nicht deutschen Wurzeln keine von Anfang an sprachideologisch verengte Sicht auf die deutsche Sprache vermittelt bekommen – gerade im Bereich der DaF / DaZ-Forschung und -Praxis sind z. T. homogenistische Auffassungen von Standardsprache zu finden.[83] Auf die populäre Sprachkritik kann sich die Deutschdidaktik in diesen Fragen jedenfalls nicht verlassen. Doch wie sieht es in anderen Ländern innerhalb und außerhalb des deutschen Sprachraums mit sprachlichen Ideologien aus?

---

81 Duden ([26]2013: 15).
82 Vgl. Maitz (2014: 8).
83 Vgl. dazu Maitz / Elspaß (2007) und dies. (2012: 47) sowie Baßler / Spiekermann (2001).

4.2 Sprachliche Ideologien in anderen europäischen Ländern (Beispiele)

Zunächst werfen wir einen Blick auf die Situation in den beiden deutschsprachigen Ländern Österreich und Schweiz, anschließend gehen wir kurz und in exemplarischer Weise auf einzelne andere europäische Länder mit nichtdeutscher Sprache ein.

Was sprachliche Ideologien anbelangt, so ist die Situation in Österreich vergleichbar mit der Situation in Deutschland: Auch Österreich hat die Ende 2007 proklamierte Charta der Grundrechte der EU unterzeichnet und damit offiziell das Verbot „von Diskriminierung insbesondere wegen […] Sprache“ und „die Vielfalt der Kulturen, Religionen und Sprachen“ anerkannt; 2001 hat Österreich sogar die Europäische Charta der Regional- oder Minderheitensprachen des Europarats (1992) in Kraft gesetzt (wie 1997 bereits die Schweiz und 1999 Deutschland).[84] In offiziellen Verlautbarungen und Bekundungen vertritt Österreich damit – wie Deutschland – die sprachliche Ideologie des *Pluralismus*.[85] Dies erscheint auch sinnvoll, zumal es in Österreich neben Deutsch als *der* Amtssprache auch noch sechs anerkannte Minderheitensprachen gibt (Kroatisch, Slowenisch, Slowakisch, Tschechisch, Ungarisch, Roma & Sinti).[86] Darüber hinaus ist das in Österreich gesprochene österreichische Deutsch ein Konglomerat aus diversen oberdeutschen Dialekten, die „zu den Mundartfamilien des Alemannischen (gesprochen in Vorarlberg sowie dem Tiroler Außerfern) und Bairischen (gesprochen in allen anderen Bundesländern) gehören.“[87] Selbst im schriftlichen österreichischen Deutsch lassen sich Unterschiede zum in Deutschland gesprochenen Deutsch beobachten, insbesondere im Bereich des Wortschatzes (*Marille* statt *Aprikose*, *Vogerlsalat* statt *Feldsalat* etc.). Es gibt sogar bei der EU offiziell registrierte Austriazismen. Der sprachideologische Ansatz des österreichischen Bildungsplans ist dagegen traditionell vom *Standardismus* geprägt. Bei seiner Analyse des Lehrplans 2000 für Österreichs Schulen der Zehn- bis Achtzehnjährigen stellt der Wiener Sprachwissenschaftler Norbert Griesmayer (2004) dementsprechend kritisch fest: Was das „richtige / korrekte Deutsch“ betrifft, werde im österreichischen Lehrplan „mit einer völlig unreflektierten und undifferenzierten Standard-Vorstellung“ operiert, die Standardvarietät Österreichisches Deutsch – obwohl sprachwissenschaftlich längst beschrieben und dokumentiert – werde „nirgends direkt genannt“.

84 Vgl. Maitz / Elspaß (2011c: 9).
85 Zum Begriff Pluralismus vgl. speziell Maitz / Elspaß (2012: 43 ff.).
86 Vgl. dazu Borčić / Wollinger (2008: 158).
87 Ebd.

Völlig anders ist die Situation in der Schweiz und in Norwegen. Nach Maitz/Elspaß stellen diese beiden Länder „zwei europäische Musterbeispiele für eine pluralistische Sprachvariationspolitik dar“:

> „Im Gegensatz zum starren und von der alltäglichen Sprachrealität mehr oder weniger entfernten Standardsprachenbegriff vieler europäischer Länder ist für diese beiden Sprachkulturen ein recht flexibler Standardsprachenbegriff und ein toleranter Umgang mit regionalen Standardnormen charakteristisch.“[88]

Zunächst zur Schweiz: Dass die Schweiz ein mehrsprachiges Land ist, in dem offensiv die sprachliche Ideologie des Pluralismus vertreten wird, zeigt sich bereits in der Schweizer Bundesverfassung. Dort heißt es in Artikel 4: „Die Landessprachen sind Deutsch, Französisch, Italienisch und Rätoromanisch“, wobei Deutsch die mit Abstand meistgesprochene Sprache ist („17 der 26 Kantone sind deutschsprachig“).[89] Im Schriftlichen ist in der (deutschsprachigen) Schweiz die Verwendung der deutschen Standardsprache auf der Basis der gängigen Normkodizes (Duden, Wahrig) zwar verbindlich, im Bereich des Mündlichen wird die Verwendung von Dialekten aber nicht nur toleriert – sie ist der Normalfall. So stellt die Schweizer Sprachwissenschaftlerin Anneliese Häcki-Buhofer beispielsweise fest:

> „Die sprachliche Situation der deutschen Schweiz wird geprägt durch eine größere Anzahl von verschiedenen schweizerdeutschen Dialekten, die die Umgangssprache bilden und auch in den Medien und Institutionen von allen sozialen Schichten und Gruppen weit überwiegend gesprochen werden – ohne dass dies in irgendeiner Situation als unpassend empfunden würde – leider auch dann nicht, wenn Personen angesprochen werden, die Dialekt nicht verstehen. Hochdeutsch zu sprechen wird von vielen – auch gut ausgebildeten und fremdsprachlich geschulten – DeutschschweizerInnen als schwierige Aufgabe, als ‚Zwang‘ oder als ‚Strafe‘ aufgefasst, der sie sich entziehen, wann immer sie können.“[90]

Ihr eingestreuter Kommentar („leider auch dann nicht, wenn Personen angesprochen werden, die Dialekte nicht verstehen“) macht dabei deutlich, dass das dialektale Sprechen in der (deutschen) Schweiz bis heute mit größter Selbstverständlichkeit betrieben wird; er zeigt aber auch, dass nicht nur der Standardismus, sondern auch eine dialektfreundliche Sprachideologie u. U. in Selbstgefälligkeit und Ignoranz umschlagen kann (vgl. dazu Kap. 4.4 „Linguistische Sprachkritik und ein dialektfreundliches Konzept sprachlicher Kompetenz). Der

88 Maitz / Elspaß (2012: 44).
89 Vgl. Borčić / Wollinger (2008: 158).
90 Häcki-Buhofer (2002: 24).

Grund für das ausgeprägte Beharren der Schweizer auf der eigenen *sprachlichen Identität* ist die historische Tradition: „Im 19. Jahrhundert war die Sprache das wichtigste Symbol der nationalen Identität, weshalb die Schweiz versuchte, andere Sprachkennzeichen und linguistische Kriterien des Deutschen zu entwickeln."[91] „Im 20. Jahrhundert und vor allem nach dem Zweiten Weltkrieg", so Borčić/Wollinger weiter, sei „die deutsche Identität für die Schweizer absolut nicht annehmbar" gewesen. Interessant ist in diesem Zusammenhang, dass in der Schweiz ein „authentisches" Sprechen erwartet wird, das heißt, dass man in seinem Ortsdialekt bleibt und die Hörerinnen und Hörer daran gewöhnt sind – und auch bereit sind, diesen verstehen zu wollen – eine Eigenschaft, die in der Bundesrepublik Deutschland nicht selbstverständlich ist.[92]

Neben den Schweizer Dialekten, dem sogenannten *Schwyzertütsch*, wird in der Schweiz eine spezifische Variante des Hochdeutschen gesprochen, die *schweizerische Standardsprache*. Dabei handelt es sich um eine deutsche Standardvarietät, die bereits den Kindern in der Schule als überregionale Verkehrs- und Kommunikationssprache vermittelt wird, in der Praxis aber vor allem in der Kommunikation mit Nichtschweizern und in den Medien zur Anwendung kommt. Sie unterscheidet sich von der deutschen und der österreichischen Standardvarietät in erster Linie im Wortschatz und in der Intonation.[93]

Die Situation in der Schweiz ist damit vergleichbar mit der Situation in Norwegen, einem weiteren europäischen Land, in dem eine ausgesprochen liberale, dem Pluralismus verpflichtete sprachliche Ideologie vertreten wird, und zwar sowohl in der offiziellen Sprachenpolitik als auch in der alltäglichen sprachlichen Praxis. Dieses Beispiel wird auch deshalb noch kurz erwähnt, um zu zeigen, dass Standardismus und Homogenismus keinesfalls die einzig sinnvollen Antworten auf die Herausforderungen dialektaler Vielfalt sind. In Norwegen existieren im Schriftlichen „(wenigstens) sechs geschriebene Standardvarietäten" nebeneinander, „in der Mündlichkeit dominieren selbst in höchst formellen Verwendungskontexten wie Parlament, Medien, Universität, Theater etc. die Dialekte. Einen offiziellen gesprochenen Standard gibt es nicht", so Maitz/Elspaß.[94] Mit Blick auf die Spracherziehung in der Schule stellen die beiden Sprachwissenschaftler fest:

> „Bereits bei der Spracherziehung der Kinder wird darauf geachtet, dass die interne Vielfalt des Norwegischen erhalten bleibt. So wird die Verwendung der Standards

91 Borčić / Wollinger (2008: 159).
92 Ebd.; vgl. dazu Christen (2020).
93 Vgl. dazu z. B. Häcki-Buhofer (2002: 20).
94 Maitz / Elspaß (2012: 45).

> nicht einmal in der Schule eingefordert, im Gegenteil: Seit 1878 (!) ist ein Gesetz in Kraft, das Lehrer anweist, in der Primar- und Sekundarstufe die Verwendung der lokalen Dialekte der Kinder zuzulassen, und ihnen gleichzeitig verbietet, den Kindern den mündlichen Gebrauch der Standardsprache(n) abzuverlangen. Dieses Prinzip gilt übrigens bis heute und fand zuletzt u. a. auch in das norwegische Schulgesetz Eingang."[95]

Dass dieser sprachliche Pluralismus weder Norwegen noch der Schweiz schadet oder gar zu rückständigen, „abgehängten" Ländern macht, zeigt ein Blick in den Human Development Index (einem Wohlstandsindikator für Länder) der Vereinten Nationen: Norwegen belegt seit Jahren den Spitzenplatz, in dem (im März 2017) veröffentlichten Human Development Report für 2016 liegen sowohl Norwegen als auch die Schweiz vor der Bundesrepublik.[96]

4.3 Dialekt und Standardsprache aus soziologischer und lernpsychologischer Perspektive

Zunächst einmal soll der Frage nachgegangen werden, weshalb sprachliche Ideologien und Klischees wie die in Kapitel 4.1 und 4.2 beschriebenen, verhältnismäßig stabil und die damit verbundenen Meinungen, Überzeugungen und Vorurteile deshalb nur schwer zu verändern sind.

Abbildung 11 zeigt in vereinfachter Form den komplexen Zusammenhang zwischen einzelnen sozialen Institutionen, die maßgeblich an der Herausbildung, Stabilisierung und Tradierung von Vorstellungen über den korrekten Gebrauch von bzw. den adäquaten Umgang mit Dialekt und Standardsprache beteiligt sind.

An erster Stelle ist hier die *Sozialisationsinstanz Schule* zu nennen. Daneben ist freilich der – in Abbildung 11 nicht berücksichtigte – Einfluss von Eltern (und anderen Erziehungspersonen etwa in Kitas) nicht zu unterschätzen, denn diese können bereits auf den frühkindlichen Spracherwerb und -gebrauch einen erheblichen Einfluss ausüben, z. B. indem sie versuchen, bereits mit Kleinkindern möglichst „korrektes" Hochdeutsch zu sprechen oder indem sie Kinder auf einen vermeintlich „falschen", weil dialektalen Sprachgebrauch hinweisen. Über die Motivation solcher Erziehungsmaßnahmen kann nur spekuliert werden, in der Regel hat es damit zu tun, dass für dialektsprechende Kinder Nachteile in

95 Ebd.

96 Norwegen auf Platz 1, Australien auf Platz 2, die Schweiz auf Platz 3, Deutschland auf Platz 4.

Schule und Berufsleben befürchtet werden – ein wichtiger Punkt, der deshalb weiter unten nochmals aufgegriffen und separat behandelt wird.

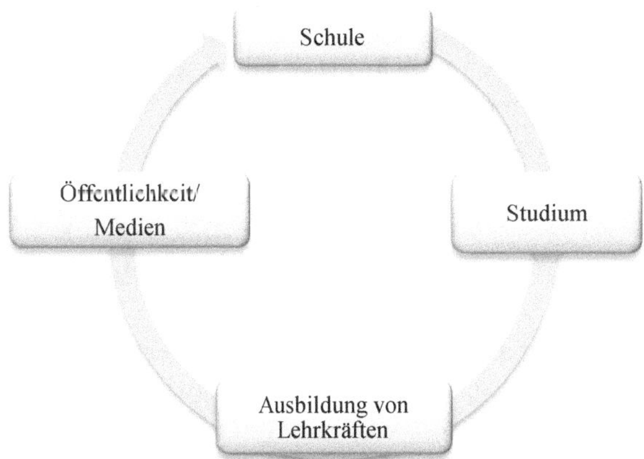

Abb. 10: Der Kreislauf der Sprachideologien durch die verschiedenen Instanzen.

Besonders intensiv und nachhaltig prägt indes die Schule, vor allem aber der Deutschunterricht das Sprachbewusstsein von Kindern und Heranwachsenden: Lehrkräfte, speziell Deutschlehrkräfte, versuchen mit ihren Schülerinnen und Schülern zumeist (möglichst) Hochdeutsch zu reden, nicht zuletzt aufgrund einschlägiger Erfahrungen in Studium und Lehrerausbildung;[97] Professoren erwarten von den Studierenden in Seminarveranstaltungen eine Orientierung an der mündlichen Standardsprache, Studierende belächeln möglicherweise Kommilitoninnen und Kommilitonen, die ihren Dialekt nicht vollständig verbergen können, Referendarinnen und Referendare werden von ihren Ausbilderinnen und Ausbildern an den Studienseminaren dazu angehalten, im Unterricht Hochdeutsch zu sprechen. Deutschlehrkräfte wiederum fühlen sich verpflichtet, ihre Schülerinnen und Schüler im Unterricht bei dialektalem Sprachgebrauch in Richtung mündlicher Standardsprache zu korrigieren, nicht zuletzt aufgrund entsprechender Vorgaben und Ansichten in Bildungsplänen und Lehrbüchern.[98] Weil Schule, Studium und Lehrerausbildung dem öffentlich-administrativen Bereich angehören, besitzen die Repräsentanten dieser Institutionen, insbesondere

97 Weiterführende Überlegungen zur (problematischen) Rolle des Deutschunterrichts bei der Verbreitung und Verfestigung sprachlicher Ideologien in der Schule finden sich z.B. bei Maitz / Foldenauer (2015: 217–234); siehe dazu auch Kap. 7.3.3., Text 4.

98 Vgl. dazu Kap. 6.

die Repräsentanten des Faches Deutsch, eine erhebliche Autorität, wenn es um Fragen sprachlicher Korrektheit und Angemessenheit geht.

Eine zentrale Rolle spielen in diesem Prozess der Bestätigung und Verfestigung sprachlicher Ideologien und Klischees schließlich die *Medien*, also jener Teil der Öffentlichkeit, der maßgeblich an der kommunikativen Verbreitung von Informationen sowie der Verfestigung und Institutionalisierung von Meinungen, Haltungen und habitualisierten Umgangsformen aller Art beteiligt ist.[99] Hier ist an ein breites Spektrum von Einflussnahmemöglichkeiten zu denken, insbesondere:

- das „tadellose" Hochdeutsch der Nachrichtensprecherinnen und Nachrichtensprecher als Maßstab und Ideal für die bestmögliche Aussprache des Deutschen,
- Comedy- und Kabarett-Veranstaltungen in Radio und Fernsehen, in denen Dialekt sprechende Menschen mehr oder (zumeist) weniger „liebevoll" durch den Kakao gezogen werden,
- die Rollenverteilung bei Serien wie dem „Tatort" (die Kommissare sprechen Hochdeutsch, die Figuren mit geringem Sprechanteil in der zweiten Reihe dürfen Dialekt sprechen, um dem Film das notwendige Lokalkolorit zu verleihen),
- die Reduzierung bei Zusammenfassungen von wissenschaftlichen Tagungen im Fernsehen auf lustige Aspekte, so z. B. beim SWR beim Bericht von der von Ministerpräsident Kretschmann einberufenen Dialekttagung in Stuttgart am 7. 12. 2018,
- Spezialkolumnen zum Thema „Dialekt" in Tageszeitungen, in denen der Eindruck verfestigt wird, das Interesse an und die Auseinandersetzung mit Dialekten sei keine Selbstverständlichkeit, sondern etwas Schützenswertes, dem man eine besondere Pflege angedeihen lassen muss usw.

In Kap. 5 (Dialekt und Standardsprache in der sprachlichen Praxis) wird anhand einiger ausgewählter Beispiele aus den in Abbildung 11 dargestellten Lebensbereichen noch einmal systematisch der Frage nachgegangen, inwieweit sich die bisher überblickshaft dargestellten Gegebenheiten und Befunde zu den Themen Dialekt und Standardsprache tatsächlich mithilfe von Zahlen, Daten und Fakten aus der Gegenwart bzw. jüngeren Vergangenheit konkret veranschaulichen und belegen lassen.

---

99 Vgl. dazu z. B. die Erläuterung der soziologischen Prozesse der „Habitualisierung" und „Institutionalisierung" bei Knobloch (2017: 227 f.).

Sprachliche Ideologien und Klischees erweisen sich somit – so viel kann vorläufig festgehalten werden – als in hohem Maße stabile gesellschaftliche Konstruktionen, die kommunikativ vermittelt und durch Prozesse privater und öffentlicher Kommunikation immer wieder von neuem bestätigt und auf diese Weise aufrechterhalten und von Generation zu Generation weitergegeben werden.[100] Von einer gesellschaftlichen Konstruktion ist hier nicht nur deshalb die Rede, weil der Gebrauch von Dialekt und Standardsprache ein gesamtgesellschaftliches Phänomen ist, sondern auch, weil es in dieser Frage im deutschsprachigen Raum z. T. erhebliche nationale Unterschiede gibt, wie die Überlegungen in Kap. 3 gezeigt haben. Die Tatsache, dass der Gebrauch von Dialekt und Standardsprache im Wesentlichen kommunikativ vermittelt wird, ist nicht zuletzt deshalb von großer Bedeutung, weil auch Veränderungen im Umgang mit der eigenen Landes- bzw. Muttersprache folglich nur über eine veränderte diesbezügliche Kommunikation zu erreichen sind.

Ist eine solche Veränderung erwünscht, sind hier, wie die bisherigen Überlegungen gezeigt haben, neben den Medien in erster Linie die Repräsentanten des öffentlich-administrativen Bereichs gefragt, d.h. die Schulen und die Hochschulen bzw. all jene Institutionen und Organisationen, die mit der Aus- und Weiterbildung zukünftiger Lehrkräfte betraut sind (vgl. Abbildung 11). Hier wäre schon viel gewonnen, wenn die Verantwortlichen erkennen würden, dass sie, wenn sie (wie selbstverständlich) vom „Primat der Standardsprache" im Mündlichen ausgehen, einer sprachlichen Ideologie folgen – und damit einer Auffassung von adäquater Sprachverwendung, die prinzipiell veränderlich und eben gerade nicht naturgegeben ist (vgl. Kap. 2.2 / 4.2). Darüber hinaus gilt es zu bedenken, dass die Standardsprachideologie in der Regel von der Überzeugung der (kommunikativen) Überlegenheit der Standardsprache gegenüber der dialektalen Sprachverwendung getragen wird.[101] Diese Auffassung hat, wie bereits deutlich wurde, in Deutschland ihren historischen Ursprung zum einen in der im 19. Jahrhundert wurzelnden nationalen Tradition der Sprachnormierung – das Vereinheitlichte, Standardisierte ist, so die stillschweigende Annahme, dem Abweichenden, Regionalen prinzipiell überlegen; zum anderen beeinflusst die in den 1960er und 1970er Jahren auch in Deutschland intensiv rezipierte und diskutierte *Defizit-Hypothese* des Soziolinguisten Basil Bernstein bis heute – mehr oder weniger bewusst – das Standardsprachenkonzept vieler Deutschlehrkräfte und eben jener Personen, die an den Universitäten und in der Leh-

---

100 Zur Bedeutung der Kommunikation für die Konstruktion von Wirklichkeit vgl. z.B. auch Thomas (2003: 93 ff.) im Anschluss an Habermas (1992) und Knobloch (1995).

101 Zum Problem der daraus resultierenden Diskriminierung aufgrund von Dialekt vgl. Kap. 4.1.

rerausbildung an der sprachlichen Prägung zukünftiger Lehrerinnen und Lehrer – auch anderer Fächer – maßgeblich beteiligt sind. Nach der Defizit-Hypothese gelten Dialekte als „restringierter Code"; dieser ist dem „elaborierten Code", also dem „normalen Sprachgebrauch der Oberschicht bzw. Mittelschicht", unterlegen.[102] So verstanden sind Dialekte *Sprachbarrieren*, die dem Bildungserfolg im Wege stehen und deshalb durch kompensatorischen Sprachunterricht zu beseitigen sind. Die Vertreter dieses Ansatzes verfolgen also das Ziel, Schülerinnen und Schülern das Sprechen von Dialekt gezielt abzuerziehen.

Die gegenteilige Auffassung vertreten die Anhänger der *Differenzhypothese*: Sie gehen davon aus, dass die besagten Codes zwar unterschiedlich, aber prinzipiell gleichwertig sind. Der Amerikaner William Labov konnte beispielsweise bereits Anfang der 1970er Jahre die „Komplexität und Systemhaftigkeit" des „Nonstandard-Englisch schwarzer Ghetto-Kinder" und damit dessen prinzipielle kommunikative Ebenbürtigkeit mit dem „Standard-Englisch" aufzeigen.[103] Auch in Deutschland gab es ähnliche Bemühungen: So setzte sich Eva Neuland (1976) in ihrer soziolinguistischen Studie mit schichtspezifischen Differenzen in Wortschatz und Wortbedeutungen von Vorschulkindern auseinander, wobei sie als Basis die „spontane mündliche Sprache" nahm; die Ergebnisse der Studie können ebenfalls als eine Bestätigung der Differenzhypothese gelesen werden.[104] Die Vertreter der Differenzhypothese fordern deshalb einen emanzipatorischen Sprachunterricht mit dem Ziel, „Schüler und Schülerinnen dazu zu befähigen, sprachliche Probleme als solche zu erkennen und auch lösen zu können sowie Sprachgebrauchsweisen auf ihre außersprachlichen Bedingungen und ihren außersprachlichen Nutzen hin zu hinterfragen".[105]

Zusammenfassend lässt sich zu den beiden Ansätzen Folgendes sagen: In der linguistischen Forschung gilt die Bernsteinsche Defizithypothese bereits seit Längerem nicht zuletzt aufgrund diverser „Mängel in der Theoriebildung" als überholt[106] und sie ist auch auf die deutschen und vor allem süddeutschen Verhältnisse von Dialekt-Standard und sozialer Gruppierung nicht übertagbar. Auch weisen Linke/Nussbaumer/Portmann darauf hin, dass der „Code-Begriff" Bernsteins „besonders diffus und schillernd" sei. Aber auch die Differenzhypothese wirft berechtigte Fragen auf:

---

102 Zu den Grundlagen der Bernsteinschen Sprach-Sozialisationstheorie vgl. Linke / Nussbaumer / Portmann (^{3}1996: 297 ff.).

103 Vgl. ebd. 297 ff.

104 Vgl. ebd. 300 f.

105 Vgl. ebd. 301 f.

106 Vgl. ebd. 297 ff.

> „Es bleibt aber letztlich auch unklar, was im Rahmen der Differenzhypothese gemeint ist, wenn von ‚verschiedenen, aber gleichwertigen' Sprachen gesprochen wird: gleichwertig in Bezug worauf? Auf die durch Sprache und in der Sprachverwendung vermittelte Information? In Bezug auf sprachliche Komplexität? In Bezug auf die Möglichkeit, stilistische Differenzierungen auszudrücken? In Bezug auf die erfolgreiche Bewältigung einer zu lösenden kommunikativen Aufgabe? Sobald man versucht, die Gleichwertigkeit unterschiedlicher Sprach(gebrauchs)formen konkret zu erfassen, stellt sich auch die grundsätzliche Frage der Messbarkeit der verschiedenen Leistungen bzw. Funktionen von Sprache."[107]

Daneben ist an den genannten soziolinguistischen Forschungsansätzen die Vermischung von Schicht und Raum, also sozialen und geografischen – und damit für die dialektale Varianz maßgeblichen – Variablen zu kritisieren: In Süddeutschland sprechen Angehörige der Mittelschicht einen anderen Dialekt als in Ostdeutschland, im Berchtesgadener Land einen anderen als im Fränkischen; in Berlin Kreuzberg sprechen deutschstämmige Angehörige der Unterschicht einen anderen Dialekt als türkische Gastarbeiter aus Anatolien usw.[108] Kurzum: Nur wenn die geografische Variable berücksichtigt wird, sind Aussagen über (positive oder negative) Auswirkungen des dialektalen Sprechens auf den Bildungserfolg, insbesondere das Lesen- und Schreibenlernen, überhaupt sinnvoll und aussagekräftig.

Das Problem in der Schule und in der Gesellschaft allgemein liegt darin, dass sich die durch die Bernsteinsche Defizittheorie entstandene Sichtweise von Dialekt über Jahrzehnte bis heute gehalten hat. So sieht es auch Rupert Hochholzer:

> „Bezüglich der öffentlichen Rezeption soziolinguistischer und varietätenlinguistischer Forschungen in Deutschland drängt sich der Verdacht auf, dass die Diskussion auf dem Stand der Bernsteinschen Defizitheorie stehen geblieben ist und schließlich auch dazu geführt hat, dass Dialekte als sprachlich reduzierte Systeme und als Sprache der unteren Schichten bis heute als minderwertig angesehen werden. Diese verkürzte Sichtweise von Dialekt hatte sich schnell in den Köpfen festgesetzt und lässt die Konstellation Dialekt und Schule bis heute als problematisch erscheinen. Vielfach hat die Diskussion auch dazu geführt, dass in dialektgeprägten Regionen alle Probleme des Spracherwerbsprozesses mit der Dialektsprachigkeit begründet werden."[109]

107 Ebd. 302 f.

108 Vgl. dazu z. B. Hinrichs (2013: 156 ff.).

109 Hochholzer (^{2}2015: 84).

Dazu ein abschließendes Beispiel aus der Schweiz: Wie bereits in Kap. 4.2 festgestellt wurde, ist die Schweiz traditionell dialektfreundlich. Schweizer Kinder lernen zwar ab der ersten Klasse „die Schweizer Variante des Standarddeutschen", im Alltag dominiert jedoch der Gebrauch des schweizerdeutschen Dialekts.[110] In einer neurowissenschaftlich fundierten Studie des Psychologischen Instituts der Universität Zürich wurde (in den Jahren 2013–16) untersucht, wie sich das Sprechen von schweizerdeutschem Dialekt auf den Lese- und Rechtschreiberwerb von Kindern auswirkt. Dabei wurde an ihnen am Ende der Kindergartenzeit und ein Jahr nach dem Schuleintritt eine Reihe von Tests durchgeführt (Fragebogen „zur Erhebung der demographischen Daten", Verhaltenstests, standardisierte Lese- und Rechtschreibtests, EEG-Registrierung).[111] Die Ergebnisse deuten darauf hin, dass Kinder, die Schweizerdeutsch sprechen (und mit wenig Kontakt zur Standardsprache aufwachsen), beim Lese- und Rechtsschreiberwerb zwar zunächst „etwas schwierigere Voraussetzungen im Vergleich zu Hochdeutsch sprechenden Kindern" haben, weil sie „wegen der Ausspracheunterschiede im Schweizerdeutschen und Hochdeutschen weniger mit Buchstaben-Laut-Korrespondenzen arbeiten können und gleichzeitig noch lernen müssen, welche schweizerdeutschen Wörter den hochdeutschen entsprechen."[112] In den standardisierten Lese- und Rechtschreibtests, die an den Probanden nach einem Jahr Schulunterricht durchgeführt wurden, zeigten sich jedoch „keine merklichen Unterschiede zwischen Kindern mit Schweizerdeutsch und Kindern mit Hochdeutsch als Muttersprache".[113] Die Bilingualität der Schweizerdeutsch sprechenden Kinder, also ihre Fähigkeit, sowohl Schweizer Dialekt als auch die Schweizer Variante des Standarddeutschen zu sprechen und zwischen beiden Varietäten hin- und herzuwechseln, scheint, so das Fazit von Bühler, außerdem metasprachliche Kompetenzen zu fördern, also die Fähigkeit, „Sprache zu analysieren und über Sprache nachzudenken".[114] Ent-

---

110 Bühler (2018: 2).

111 Vgl. Bühler / Maurer (2017).

112 Bühler (2018: 2 f.).

113 Ebd.

114 Ebd. 3. Eine Reihe von (weiteren) Studien aus der Bilingualitätsforschung bestätigt diesen Befund. Einen Überblick über die wichtigsten Forschungsergebnisse gibt Amélie Hafer in ihrer Bachelorarbeit; vgl. dazu Hafer (2017: 6 ff.). Interessanterweise weist Hafer in diesem Zusammenhang u. a. darauf hin, dass in den 1960er Jahren – im Unterschied zu heute – noch der Gedanke weit verbreitet gewesen sei, „dass Bilingualität ‚mental confusion' auslöse und die Kinder in ihrer intellektuellen Entwicklung behindere"; bei Woolfolk ([10]2008: 69 f.) finden sich Ergebnisse, die in dieselbe Richtung weisen (also die Vorteile der Bilingualität unterstreichen). Auch die Sprachdidaktikerin Cordula Löffler von der Pädagogischen Hochschule Weingarten weist in einem Interview ausdrücklich darauf hin, dass „Dialekt sprechende Kinder in der Grundschule

sprechend stellt Helmuth Feilke in seinen schreibdidaktischen Überlegungen zu „Begriff und Bedingungen literaler Kompetenz“ fest:

> „Wie die Situation in der Deutschschweiz zeigt, bedeutet innere Mehrsprachigkeit keineswegs notwendigerweise eine Erschwernis im Erwerb des schriftsprachlichen Standards. Im Gegenteil kann medial bedingte Diglossie durchaus eine erwerbsförderliche Bedingung im Blick auf die literale Kompetenz sein.“[115]

Die bisherigen Überlegungen zeigen, dass speziell die Schule als Sozialisationsinstanz beim Sprachenerwerb Heranwachsender ein erhebliches Gewicht hat, nicht zuletzt deshalb, weil sich dieser Einfluss über mehrere Jahre erstreckt und junge Menschen in dieser Phase intensiv mit der Entwicklung ihrer personalen Identität, zu der auch die sprachliche Identität gehört, beschäftigt sind.[116] In der Schule, insbesondere im Deutschunterricht, sollte deshalb der sprachsensible Umgang mit Dialektsprecherinnen und Dialektsprechern selbstverständlich – und für sprachliche Diskriminierung kein Platz – sein. Aber auch die anderen Sozialisationsinstanzen besitzen eine wichtige Vorbildfunktion im Hinblick auf den Umgang mit dem Thema „Dialekt“. Dabei muss den Verantwortlichen bewusst sein, dass der Dialekt nicht nur ein Kulturgut und ein reiches Sprachen- und Sprechreservoir ist, das es um seiner selbst willen zu bewahren gilt; aus identitätspsychologischer Sicht vermag der Dialekt bzw. vermag das Sprechen von Dialekt auch einen Beitrag zu leisten zu existenziellen Erfahrungen, die gerade in einer sich immer schneller verändernden Welt als ausgesprochen erstrebenswert und kostbar gelten: Die Erfahrungen von Individualität und biografischer Kontinuität („Wer bin ich?“, „Wo komme ich her“?).[117]

Damit stellt sich die Frage, wie das Sprechen von Dialekt (für die Schule und darüber hinaus) sinnvoll in ein schlüssiges Konzept von sprachlicher Kompetenz integriert werden kann.

---

keine Nachteile haben“, so das Ergebnis eines Forschungsprojekts, in dem „über drei Jahre hinweg in 117 Kitas im Bodenseeraum Tests mit Kindern gemacht“ wurden; siehe dazu DER SPIEGEL Nr. 50 / 7. 12. 2019, S. 14.

115 Feilke (2014: 34).

116 Vgl. Haußer (1995: 33 f.).

117 Haußer (ebd.) diskutiert diese Leistungen des Dialekts im Rahmen seiner identitätspsychologischen Überlegungen zur Rolle des Dialekts bei der Herausbildung eines positiven Selbstkonzepts.

4.4 Linguistische Sprachkritik und ein dialektfreundliches Konzept sprachlicher Kompetenz

Im Folgenden entwickeln wir ein dialektfreundliches Konzept sprachlicher Kompetenz. Ausgangs- bzw. Sehepunkt, von dem aus wir uns dieser Aufgabe annähern, ist die linguistisch fundierte Sprachkritik im Sinne der theoretischen Grundlegung von Jörg Kilian, Thomas Niehr, Jürgen Schiewe und Martin Wengler (2010).[118] Im Unterschied zur populären Sprachpflege, wie sie etwa Wolf Schneider und Bastian Sick in ihren Sprachratgebern vertreten,[119] zeichnet sich die linguistisch fundierte Sprachkritik durch ein hohes Maß an systematischer Entfaltung und sprachwissenschaftlicher Grundlegung aus. So vermittelt sie z. B. kein statisches Bild von Sprache bzw. Sprachrichtigkeit wie die populäre Sprachkritik, sondern geht vom Sprachwandel und von der inneren Mehrsprachigkeit des Deutschen aus (vgl. Kap. 2.1); nach Ansicht der linguistisch fundierten Sprachkritik erlangen sprachliche Ausdrücke „ihre aktuelle Bedeutung immer in Kontexten" und Normen werden von ihr nicht gesetzt, sondern reflektiert.[120] Dabei ist es ihr erklärtes Ziel, „bei Normkonflikten eine Orientierung zu geben."[121] Angemessenheitsurteile werden dementsprechend differenziert begründet und kritisch hinterfragt:

> „Sie [die Sprachkritik] berücksichtigt die vielfachen Funktionen, die Sprache erfüllen muss, und macht deshalb – ganz im Sinne der Jahrtausende alten Tradition der klassischen Rhetorik – die jeweilige Angemessenheit des Einsatzes sprachlicher Ausdrucksmittel zur Erreichung verschiedener Kommunikationsziele, das ‚Aptum' des Sprachgebrauchs, zu ihrer Richtschnur. [...] Angemessenheit heißt zunächst einmal nichts anderes als die Wahl jener sprachlichen Mittel, die einer Sprachverwendungssituation adäquat sind. Sprachkritik muss unter Berücksichtigung dieses Prinzips der Angemessenheit, des Aptums einer ‚Rede', folglich flexibel sein. Es kann und darf ihr nicht um die Ermittlung und schon gar nicht um die ‚Verordnung' eines vermeintlich ‚richtigen' oder ‚falschen' Sprachgebrauchs gehen. Ihre Bewertungskategorien liegen auf einer gleitenden Skala, die die Angemessenheit der sprachlichen Mittel bezeichnet. Deren Endpunkte bilden die Kriterien ‚angemessen' und ‚unangemessen', dazwischen kann nach ‚besser' oder ‚schlechter', nach ‚angemessener' oder ‚unangemessener' graduiert werden. Entscheidend dabei ist, dass die Bezugspunkte des kriti-

118 Siehe dazu die Einführung in die „Sprachkritik" von Kilian / Niehr / Schiewe (2010: 8 ff.).

119 Vgl. dazu Kap. 1.1 (Problemstellung) und 4.1 (Begriff und soziokulturelle Bedeutung sprachlicher Ideologie).

120 KilianNiehr / Schiewe (2010: 52 ff.).

121 Ebd.

schen Werturteils explizit werden. Mit anderen Worten: Ein Sprachkritiker muss nicht nur begründen, warum er einen Sprachgebrauch als besser oder schlechter bewertet, er – oder sie, die Sprachkritikerin – muss auch sagen, welche Funktion des Sprachgebrauchs, welches Kommunikationsziel für den bewerteten Sprachgebrauch, akzeptiert oder dominant gesetzt wird. Nur so wird ein Urteil transparent, wird es von seinen Prämissen her nachvollziehbar und kann überzeugen – oder aber zum Widerspruch herausfordern. Das allgemeine Ziel von Sprachkritik, nämlich Sprachreflexion anzuregen und damit Sprachkultur zu fördern, wird auf diese Weise in beiden Fällen erreicht."[122]

Ein dialektfreundliches Konzept sprachlicher Kompetenz muss somit nicht nur begründen, weshalb das dialektale Sprechen selbstverständlicher Bestandteil eines umfassenden Konzepts sprachlicher Kompetenz im Sinne der inneren Mehrsprachigkeit des Deutschen ist; es muss auch Aussagen darüber treffen, was unter einem „*angemessenen*“ Gebrauch von Dialekt und Standardsprache zu verstehen ist. Das Zitat von Wolfgang Schiewe und Martin Wengler macht deutlich, dass die Antwort zunächst einmal von der jeweiligen Kommunikationssituation und -funktion abhängig ist. Darüber hinaus hängt die Antwort aber auch von den sprachideologischen Vorannahmen der Sprecher selbst ab. Dazu ein Beispiel: Eine Lehrkraft, die überzeugter Anhänger des Standardismus und Homogenismus ist, kommt bei der Frage der „Angemessenheit“ des dialektalen Sprachgebrauchs im Deutschunterricht zwangsläufig zu einem anderen Ergebnis als eine Lehrkraft, die Anhänger des Sprachpluralismus ist (vgl. Kap. 4.1). Damit besteht die Gefahr der Beliebigkeit. Péter Maitz und Stephan Elspaß, zwei Vertreter einer dezidiert dialektfreundlichen Position, vertreten demgegenüber die Ansicht, dass Angemessenheitsurteile von *Gebrauchsnormen* und nicht von Normautoritäten gesetzten Normen ausgehen müssen.[123] Für diese Unterscheidung spricht einiges, insbesondere die Tatsache, dass die Gebrauchsnorm ein Spiegel der sprachlichen Wirklichkeit (und nicht lediglich Ausdruck einer bestimmten Idealvorstellung von „korrekter“ Aussprache) ist. Die in der sprachlichen Wirklichkeit anzutreffende Gebrauchsnorm aber sind die regionalen *Gebrauchsstandards* mit ihren verschiedenen Mischungen aus Standardsprache und regionalem Dialekt (vgl. Kap. 3).[124] Natürlich, so ist einzuräumen, wirkt das sprachliche Ideal, sprich die in Radio und Fernsehen gesprochene norddeutsche Standardvarietät, permanent auf die Gebrauchsnorm zurück. Das heißt: Die Ge-

122 Schiewe / Wengler (2010: 97 ff.).

123 Maitz / Elspaß (2011c: 12).

124 Weiterführende Überlegungen zur Problematik der Definition des Standarddeutschen finden sich z. B. bei Dürscheid / Elspaß / Ziegler (2009); siehe dazu Kap. 7.3.3, Text 1.

brauchsnorm selbst ist nicht statisch, sondern veränderlich, wobei die Tendenz – nicht zuletzt aufgrund der zunehmenden räumlichen Mobilität vieler Menschen – in Richtung Angleichung an die (besonders von den überregionalen Medien propagierte) norddeutsche Standardvarietät geht (vgl. Kap. 3).

Ein dialektfreundliches Konzept sprachlicher Kompetenz hat also zunächst einmal die (Aussprache-)Wirklichkeit zur Kenntnis zu nehmen: Regionale Gebrauchsstandards, wie sie u. a. Nina Berend (vgl. Kap. 3.5) beschreibt, sind der alltagssprachliche Versuch vieler Menschen, die regionale – dialektale – Aussprache mit den Erfordernissen einer mehr oder weniger einheitlichen (d. h. standardisierten) überregionalen Verkehrssprache zu verbinden. Dabei gibt es, wie wir bereits festgestellt haben, die verschiedensten regionalen Ausspracheabstufungen bis hin zum sehr spezifischen Ortsdialekt (vgl. Kap. 3.5). Regionale Gebrauchsstandards sind demnach als geeignete Verkehrssprache im Deutschunterricht *angemessen*, weil sie die in der sprachlichen Wirklichkeit anzutreffende Gebrauchsnorm darstellen.[125] Die vermeintlichen Schwächen regionaler Gebrauchsstandards, z. B. unterschiedliche Ausprägungsgrade und fließende Übergänge in den Randbereichen, sind dabei eigentlich ihre größte Stärke: Sie sind in hohem Maße anschlussfähig (sowohl in Richtung Standardaussprache als auch in Richtung Dialekt).

Vor diesem Hintergrund ist es *unangemessen*, wenn im Unterricht, speziell im Deutschunterricht, von Lehrkräften bzw. Schülerinnen und Schülern ein „reines" Deutsch im Sinne des Ideals der norddeutschen Standardvarietät (wie es beispielsweise von den Nachrichtensprechern in Radio und Fernsehen gesprochen wird) als die verbindliche, weil vermeintlich „beste" Aussprachenorm gefordert wird – aus lernpsychologischen Gründen notwendig ist eine solche Festlegung ohnehin nicht, siehe das Beispiel „Schweiz" (vgl. Kap. 4.3). Wenn sich Radio- und Fernsehsender aber an der norddeutschen Standardvarietät als der für sie verbindlichen Aussprachenorm orientieren, dann folgen sie, i. d. R. unhinterfragt, den sprachlichen Ideologien des Standardismus und Homogenismus (vgl. Kap. 4.1), ohne dabei die sprachliche Wirklichkeit in weiten Teilen Deutschlands zur Kenntnis zu nehmen. Diese hält indes eine weitere sinnvolle Möglichkeit bereit, Kriterien für Angemessenheitsurteile bezüglich des dialektalen Sprechens zu gewinnen: den räumlichen und den situativen *Kontext* – entsprechend stellen Kilian, Niehr und Schiewe fest:

---

125 Auch Tophinke fordert in ihrem Basistext zum Praxis-Deutsch-Heft von 2019, dass es eines der Ziele des Deutschunterrichts bei der Unterrichtseinheit zum Thema Dialekt sein muss zu „erfassen, dass die Vorstellung einer homogenen deutschen Sprache, wie sie Grammatiken und Lexika entstehen lassen, unzutreffend ist"; Tophinke (2019: 5).

> „Sprachliche Ausdrücke – Wörter, Äußerungen, Texte – erlangen ihre aktuelle Bedeutung immer in Kontexten. Eine sprachkritische Bewertung isolierter sprachlicher Ausdrücke entbehrt einer sicheren Begründung."[126]

Nun haben wir bereits festgestellt, dass Menschen gerade in den Räumen, wo eine große Diskrepanz zwischen dem regionalen Dialekt und der Standardsprache besteht, also z. B. in Süddeutschland, ihre Aussprache in Abhängigkeit von der jeweiligen sozialen und räumlichen Gegebenheit variieren (vgl. Kap. 3.3): Im Heimatort, gerade in ländlichen Regionen, wird eher Dialekt gesprochen, in offiziellen Situationen oder bei offiziellen Anlässen, etwa in der Schule oder bei einem Besuch im Rathaus, orientiert man sich am jeweiligen regionalen Gebrauchsstandard, vorausgesetzt natürlich, die Menschen stammen aus der Region und sind nicht hinzugezogen. Es herrscht also eine große sprachliche Vielfalt, die jedoch von der räumlichen und sozialen Situation eingegrenzt wird. Das Kriterium der Verständlichkeit ist dabei ein zweischneidiges Schwert: Es hängt nicht nur vom Sprecher ab, sondern auch von der Fähigkeit und Bereitschaft des Hörers, auf den Sprechenden einzugehen – ganz im Sinne der von Habermas formulierten Kommunikationsmaxime „wechselseitig supponierter Verständigungsbereitschaft" als einer der „allgemeinen Voraussetzungen kommunikativen Handelns".[127] Bezüglich unseres Themas bedeutet dies: Sowohl der Standardsprecher als auch der Dialektsprecher / die Dialektsprecherin können das Kommunikationsziel der Verständigung verfehlen, wenn sie sich nicht beiderseits um Verständigung bemühen. Für den Standardsprecher heißt das, sich um „verstehende Mehrsprachigkeit" zu bemühen, also das eigene *passive Sprachwissen* (über Dialekte) zu aktivieren, so wie es in der deutschsprachigen Schweiz alltäglich ist.[128] Der Dialektsprecher / die Dialektsprecherin wiederum ist gefordert, den Ausprägungsgrad seines dialektalen Sprechens in Abhängigkeit vom jeweiligen Anlass, der jeweiligen Situation und dem jeweiligen Sprecher aktiv, d. h. möglichst bewusst, zu variieren. Bürdet der Standardsprecher dem Dialektsprecher / der Dialektsprecherin die alleinige Verantwortung für das Gelingen bzw. Misslingen der Kommunikation auf, handelt er nicht mehr kommunikativ; legt er es darüber hinaus darauf an, den Dialektsprecher / die Dialektsprecherin aufgrund seines / ihres Dialekts bloßzustellen oder gar der Lächerlichkeit preiszugeben, verlässt sein Handeln den Bereich des kommunikativen Handelns und wird strategisch (ethisch gesprochen außerdem diskri-

126 Kilian / Niehr / Schiewe (2010: 53).
127 Habermas ([3]1989: 245).
128 Vgl. dazu Wandruszka (1979: 21).

minierend).[129] Comedy-Sendungen legen es nicht selten darauf an, sich in einer solchen Weise über Dialekte und Dialekt sprechende Menschen lustig zu machen (vgl. Kap. 5.4).

Es ist also mit unterschiedlichen Graden von Kompetenz zu rechnen, was den Umgang mit Dialekt und Standardsprache anbelangt: Nicht jeder besitzt die gleiche Fähigkeit, sich auf eine bestimmte Situation oder einen bestimmten Sprecher einzustellen; nicht jeder besitzt die gleiche Fähigkeit, zwischen Ortsdialekt und regionaler Standardvarietät souverän hin- und herzuwechseln. Ein dialektfreundliches Konzept sprachlicher Kompetenz verfolgt somit ein zweifaches Ziel bezüglich des Umgangs mit der deutschen Sprache (im Mündlichen):

(1) *die passive Mehrsprachigkeit* fördern (d.h. Lernenden ihr Wissen über Dialekte bewusstmachen und nach Möglichkeit erweitern),

(2) *die aktive Mehrsprachigkeit* fördern (d.h. Lernende dabei unterstützen, zwischen unterschiedlichen Ausprägungsgraden von Dialekt und Standardsprache möglichst bewusst zu variieren).

Zudem fördert ein dialektfreundliches Konzept sprachlicher Kompetenz das Bewusstsein, dass auch der *schriftliche Standard* kein statisches Gebilde ist, sondern regionale Varianten aufweist und dem Sprachwandel unterliegt (vgl. Kap. 3.6).

Dabei kann es nicht darum gehen, Dialektsprecherinnen und Dialektsprechern das Sprechen eines „reinen" Hochdeutsch näherzubringen. Wie wir mit Blick auf die sprachliche Wirklichkeit bereits aufgezeigt haben, reichen die regionalen Standardvarietäten bzw. Gebrauchsstandards als sinnvolle Gebrauchsnorm vollkommen aus, insbesondere dann, wenn ein Interesse daran besteht, die regionale Vielfalt des Deutschen zu erhalten (und nicht langfristig zu zerstören). Dabei können auch Menschen, die sich das Sprechen von Dialekt aufgrund ihre Sozialisation „erfolgreich" abtrainiert haben oder im norddeutschen Raum – und damit im vermeintlich „richtigen", weil hochdeutschen Sprachraum – aufgewachsen sind, von der Auseinandersetzung mit bzw. der Einübung von dialektalem Sprechen profitieren, ganz davon abgesehen, dass es große Freude bereiten kann, dialektales Sprechen spielerisch auszuprobieren (vgl. Kap. 4.3).[130] Insofern trägt ein dialektfreundliches Konzept sprachlicher Kom-

---

129 Vgl. Habermas (^{3}1989: 245 f.).

130 Vgl. dazu den SPIEGEL-online-Artikel „Nachahmer kommen besser mit Dialekt klar" v. 8. 12. 2010. Darin berichtet der SPIEGEL u. a. (zit. nach: https://www.spiegel.de/wissenschaft/mensch/sprache-und-psychologie-nachahmer-kommen-besser-mit-dialekten-klar-a-733484.html): „Ein Team von Forschern um Patti Adank von der University of Manchester wollte daher herausfinden, ob das Nachahmen eines unbekannten Akzents dabei hilft, den Gesprächspartner besser zu verstehen. Die Forscher der Radboud Universiteit Nijmegen testeten dies an einer Gruppe Freiwilliger, die sie mit einem künst-

petenz nicht nur dazu bei, das Wissen über die deutsche Sprache zu erweitern; es fördert außerdem die *kommunikative Kompetenz* im Sinne der Fähigkeit, „sprachliche Ausdrücke in konkreten Situationen, Domänen und Medien *situationsangemessen* verwenden zu können" – Jan Georg Schneider umschreibt diese Fähigkeit im Anschluss an Überlegungen Wittgensteins deshalb auch treffend mit dem Begriff der *Sprachspielkompetenz*.[131]

Unser dialektfreundliches Konzept sprachlicher Kompetenz steht damit in der Tradition des *emanzipatorischen Sprachunterrichts* (vgl. Kap. 4.3), entwickelt diesen aber weiter, denn es wendet den Umgang mit Dialekten konsequent ins Positive, Konstruktive: Es geht eben gerade nicht darum, Lernende aus irgendeiner „Abhängigkeit" vom dialektalen Sprechen zu befreien, sondern darum, ihre sprachlichen Möglichkeiten zu erweitern. Diese Sichtweise ist insbesondere deshalb geboten, weil Dialekte, wie wir gesehen haben, keine Sprachen bzw. Ausdrucksweisen zweiter Ordnung oder gar minderer Qualität sind (vgl. Kap. 3). Nicht zuletzt die verschiedenen gesetzlichen Vorgaben zum Schutz der sprachlichen Vielfalt legen eine solche wertschätzende Sicht auf die Dialekte nahe (vgl. 4.1). Wie die folgenden Beobachtungen zeigen werden, sind wir – gerade in der Schule – jedoch durchaus noch weit von einer solch positiven, konstruktiven Sicht auf „Dialekte" entfernt (Kap. 5).

---

lichen niederländischen Dialekt konfrontierten. Diejenigen, die die Anweisung bekamen, den Tonfall nachzuahmen, konnten einen anschließend gehörten Text deutlich besser verstehen als die anderen Probanden."

131 Vgl. dazu Schneider (2010: 118).

5. Dialekt und Standardsprache in der sprachlichen Praxis: Beispiele aus dem (schulischen) Sprachalltag

5.1 Bildungspläne

In den folgenden Kapiteln werfen wir einen Blick auf die Themen Dialekt und Standardsprache in der sprachlichen Praxis. Der Fokus liegt dabei auf dem schulischen Bereich, da wir bereits festgestellt haben, dass die Schule als die zentrale Sozialisationsinstanz (4.3) maßgeblich an der sprachlichen Prägung Heranwachsender beteiligt ist. Ergänzend hierzu problematisieren wir die Rolle der Medien (Kap. 5.4) und fragen danach, welche Rolle sie bei der Verbreitung und Aufrechterhaltung sprachlicher Ideologien und Klischees in diesem Themenbereich spielen (Kap. 4.1). Ziel unserer Beobachtungen und Überlegungen ist es, Typisches für den Sprachraum innerhalb Deutschlands herauszuarbeiten, deshalb arbeiten wir durchgehend exemplarisch und kontrastiv – die vielfältigen Rückbezüge auf die vorausgegangenen Kapitel 2–4 verknüpfen die allgemein und theoretisch angelegten Vorüberlegungen mit den konkreten Beobachtungen aus der schulischen Sprachpraxis.

An erster Stelle gilt unser Interesse ausgewählten Bildungsplänen, also dem Bereich des Normativen: Bildungspläne spiegeln nicht nur die jeweilige sprachideologische Ausrichtung ihrer Urheber wider, sie besitzen auch eine bildungspolitische Lenkungsfunktion und beeinflussen Bildungsprozesse maßgeblich. Darüber hinaus ist zu bedenken, dass die Bildungspolitik in Deutschland seit dem sogenannten PISA-Schock (um das Jahr 2000) zunehmend die Vereinheitlichung und Standardisierung von Bildungsstandards erstrebt und die Kompetenzorientierung propagiert in der Hoffnung, dadurch das allgemeine Leistungsniveau der deutschen Schülerinnen und Schüler deutlich anheben zu können. So wurden von der KMK[132] zunächst länderübergreifende „Bildungsstandards für den Primarbereich, den Hauptschulabschluss und den Mittleren Schulabschluss“ (2003/4) verabschiedet und ein paar Jahre später Bildungsstandards „für die Allgemeine Hochschulreife“, u.a. im Fach Deutsch (2012) – nicht

132 KMK: Kultusministerkonferenz.

als verbindliche Vorgaben, sondern als Empfehlungen.[133] Demgemäß weist Pant in seiner Einführung in den baden-württembergischen Bildungsplan (v. 2016) darauf hin, dass „die Länder in der Bundesrepublik Deutschland ihre Bildungspläne und Kerncurricula an diesen verbindlichen KMK-Vorgaben ausgerichtet und entsprechend neu verfasst" haben.[134]

Insofern ist es sinnvoll, vor der Analyse der Bildungspläne einen Blick in die von der KMK für die einzelnen Schularten für das Fach Deutsch verabschiedeten Bildungsstandards zu werfen. Zusammengefasst lässt sich hierzu (mit Blick auf den mündlichen Sprachgebrauch) Folgendes feststellen:

- In den Bildungsstandards für den Hauptschulabschluss und den Mittleren Schulabschluss ist an genau einer Stelle von „Dialekt" die Rede (die Schülerinnen und Schüler sollen „‚Sprachen in der Sprache' kennen und in ihrer Funktion unterscheiden: z. B. Standardsprache, Umgangssprache"); in den Bildungsstandards für die Allgemeine Hochschulreife wird das Thema „Dialekt" nicht explizit erwähnt.[135]
- Von der „Standardsprache" ist in den Bildungsstandards für den Hauptschulabschluss und den Mittleren Schulabschluss hingegen mehrfach die Rede (wobei das vorgegebene Ziel ist, dass sich die Schülerinnen und Schüler „artikuliert und verständlich in der Standardsprache äußern" können).[136] In den Bildungsstandards für die Allgemeine Hochschulreife wird die „Standardsprache" nicht explizit erwähnt; im Kompetenzbereich „Sprache und Sprachgebrauch reflektieren" ist lediglich allgemein davon die Rede, dass die Schülerinnen und Schüler „Strukturen und Funktionen von Sprachvarietäten beschreiben" und die „Auswirkungen der Sprachenvielfalt und der Mehrsprachigkeit analysieren" können.[137]

---

133 Vgl. Becker-Mrotzek et al. (2015: 8 f.); zum Empfehlungscharakter dieser Bildungsstandards siehe z. B. das Interview mit der Sächsische Kultusministerin Brunhild Kurth im Deutschlandradio Kultur vom 5. 1. 2015; zitiert nach: https://www.deutschlandfunk.de/kultusministerkonferenz-wir-halten-den.680.de.html?dram:article_id=308698 (29. 4. 2020).

134 Pant (2016): Einführung in den Bildungsplan 2016, in: http://www.bildungsplaene-bw.de/,Lde/LS/BP2016BW/ALLG/EINFUEHRUNG (8. 3. 2020).

135 Vgl. Sekretariat der Ständigen Konferenz der Kultusminister der Länder in der Bundesrepublik Deutschland (2014).

136 Sekretariat der Ständigen Konferenz der Kultusminister der Länder in der Bundesrepublik Deutschland (2005: 10 ff.); in diesem Sinn vgl. z. B. auch die Bildungsstandards für den Mittleren Schulabschluss; zit. nach: Sekretariat der Ständigen Konferenz der Kultusminister der Länder in der Bundesrepublik Deutschland (2004: 8 ff.).

137 Sekretariat der Ständigen Konferenz der Kultusminister der Länder in der Bundesrepublik Deutschland (2014: 20 f.).

Aus diesem Befund lassen sich verschiedene Rückschlüsse ziehen:

1. Dem Thema „Dialekt" wird in den bundesweit geltenden Bildungsstandards insgesamt nur eine sehr geringe Bedeutung beigemessen,
2. Die Auseinandersetzung mit dem Thema „Dialekt" findet ausschließlich in der Mittelstufe statt und beschränkt sich auf den Bereich der Reflexion (ein stärker anwendungsbezogener Umgang mit Dialekten – in Richtung Sprechen – ist nicht vorgesehen),
3. Die „Standardsprache" ist der (alleinige) Maßstab für das (richtige) Sprechen,[138]
4. Dieser Prozess wird in der Oberstufe offensichtlich als abgeschlossen betrachtet, deshalb werden weder die Standardsprache noch das Thema „Dialekt" in der Oberstufe nochmals thematisiert.

Insgesamt tragen die bundesweit geltenden Bildungsstandards der KMK somit unverkennbar die Handschrift der sprachlichen Ideologien des Hannoverismus, des Standardismus und des Homogenismus, wie sie in Kap. 4.1 beschrieben wurden.[139] Von daher ist zu erwarten, dass die in der Folgezeit entstandenen – und sich an diesen bundesweit geltenden Bildungsstandards ausrichtenden – Bildungspläne der deutschen Bundesländer ebenfalls im Sinne dieser sprachlichen Ideologien ausgerichtet sind. Dies soll im Folgenden an einzelnen ausgewählten Beispielen untersucht werden. Wir konzentrieren uns zunächst auf den süddeutschen Raum, weil hier (neben einigen Gebieten in Ostdeutschland) sowohl innerhalb als auch außerhalb der Schule im Mündlichen die größten Abweichungen zwischen dem in den Bildungsstandards geforderten künstlichen Ideal der Standardsprache und der gelebten sprachlichen Praxis zu finden sind (vgl. Kap. 3.3). Ausgangspunkt unserer Überlegungen ist der Bildungsplan von Baden-Württemberg, das sich bereits 1999 selbstironisch den ausgesprochen popularen Landes-Slogan „Wir können alles. Außer Hochdeutsch" gegeben hat.[140] Diesen 2016 neu erschienenen Bildungsplan[141] unterziehen wir einer etwas ausführlicheren Analyse, um damit eine sinnvolle Aus-

138 Vgl. Sekretariat der Ständigen Konferenz der Kultusminister der Länder in der Bundesrepublik Deutschland (2005: 9 ff./2004: 8 ff.).

139 Hier wäre z. B. einmal interessant, der Frage nachzugehen, inwieweit sich die Bildungsminister bei der Ausformulierung der einzelnen Bildungsstandards – mehr oder weniger „blind" – auf die Expertise von Deutschdidaktikern einer bestimmten sprachideologischen Ausrichtung verlassen haben.

140 Im Ranking der Länder-Slogans hat es der baden-württembergische Slogan sogar bis auf Platz 1 geschafft.

141 Der Bildungsplan wurde im Schuljahr 2016 / 17 offiziell eingeführt und tritt in den einzelnen Klassenstufen und Schularten im Laufe der folgenden Jahre sukzessive in Kraft.

gangsbasis für die kurzen und prägnanten Vergleiche mit den anderen Bildungsplänen zu gewinnen, die wir anschließend in die Analyse einbeziehen.

A.) Die Bundesländer Baden-Württemberg und Bayern: Der baden-württembergische Bildungsplan weist neben prozessbezogenen Kompetenzen auch domänenspezifische Kompetenzen aus und kommt damit der Forderung der KMK nach einer stärkeren Gewichtung der fachlich-inhaltlichen Seite des Faches Deutsch nach.[142] Die Kompetenzen innerhalb der einzelnen Lernbereiche sind sehr viel differenzierter ausgearbeitet, als dies noch im alten Bildungsplan von 2004 der Fall war,[143] und zudem in einer Weise angeordnet, die die Bildungspläne der einzelnen Schularten in hohem Maße vergleichbar macht. Wir betrachten exemplarisch den gymnasialen Bildungsplan, weil wir davon ausgehen, dass sich darin aufgrund des erhöhten Anspruchsniveaus die differenziertesten Ausführungen zu unserem Thema finden.[144]

In den „Leitgedanken zum Kompetenzerwerb“, die dem gymnasialen Bildungsplan für das Fach Deutsch vorangestellt sind, finden sich im Kompetenzbereich „Sprechen und Zuhören“ die folgenden Aussagen:

> „Der Kompetenzbereich ‚Sprechen und Zuhören‘ umfasst die verschiedenen Formen der Kommunikation. Ziel des Deutschunterrichts ist es, die Fähigkeit zum Sprechen in unterschiedlichen Kommunikationssituationen auf der Basis eines differenzierten Wortschatzes auszubilden. Dies verlangt von den Schülerinnen und Schülern die Bereitschaft, Sprache normgerecht zu verwenden sowie ihr Sprechvermögen kritisch zu hinterfragen und zu überprüfen.“[145]

Unklar bleibt, was „normgerecht“ hier bedeutet; freilich liegt die Vermutung nahe, dass damit, wie am Anfang des Kapitels dargelegt, die von den Bildungsstandards der KMK geforderte Verwendung der Standardsprache gemeint ist. Wie wir gesehen haben, gibt es im Mündlichen aber auch eine sogenannte Gebrauchsnorm – die regionalen Gebrauchsstandards, die wir selbst für die geeig-

142 Sekretariat der Ständigen Konferenz der Kultusminister der Länder in der Bundesrepublik Deutschland (2014: 13 ff.).

143 Vgl. Ministerium für Kultus, Jugend und Sport Baden-Württemberg, Bildungsplan 2004. Allgemeinbildendes Gymnasium.

144 Vgl. dazu z.B. Foldenauer (2020); auch Foldenauer greift in ihrer Schulbuchanalyse auf die „Schulform des Gymnasiums“ zurück, weil „hier ein höheres Maß an metasprachlicher Reflexion auftritt“.

145 Zentrum für Schulqualität und Lehrerbildung (2016: 7).

nete Bezugsgröße für sprachliche Angemessenheitsurteile halten (vgl. Kap. 4.4).[146]

Explizit nehmen die inhaltsbezogenen Kompetenzen im Lernbereich „Sprachgebrauch und Sprachreflexion“ auf das Thema „Dialekt“ Bezug. Dort heißt es:

> „Das individuelle, aber auch das gesellschaftliche Selbstverständnis stehen in enger Wechselwirkung mit der Sprache, ihren verschiedenen Sprachvarietäten (zum Beispiel Gruppen- oder Fachsprachen, Dialekt) und sprachlichen Prägungen (zum Beispiel Geschlechterstereotype, Sprache als Machtinstrument, Sprache der Werbung). Diese vielschichtigen Verhältnisse zu verstehen und zu reflektieren, ist angesichts der zunehmenden Heterogenität der Schüler wie der Gesellschaft eine zentrale Fähigkeit. [...]“[147]

Diese Aussage entspricht im Kern den Vorgaben bzw. Empfehlungen der nationalen Bildungsstandards für den Bereich der Sekundarstufe I: Die Schülerinnen und Schüler kennen Dialekte als sprachliche Varietäten und setzen sich mit ihnen reflektiert auseinander. Ergänzend hierzu wird in den Standards für die prozessbezogenen Kompetenzen (im Lernbereich „Sprechen und Zuhören“) die Notwendigkeit betont, „zwischen mündlichem und schriftlichem Sprachgebrauch sowie zwischen Standardsprache, Umgangssprache und dialektalem Sprechen angemessen unterscheiden“ zu können.[148] Die Standards für die inhaltsbezogenen Kompetenzen für die Klassen 5–10 und die Kursstufe bestätigen diesen Befund: Zunächst sollen die Schülerinnen und Schüler den „standardsprachlichen, umgangssprachlichen und dialektalen Sprachgebrauch in Form und Verwendung unterscheiden“ (Kl. 5 / 6), dann „angemessen verwenden“ (Kl. 7–10); in der Kursstufe ist die Situation weitgehend identisch, wobei hier der Akzent noch stärker als in der Mittelstufe auf der Reflexion sprachlicher Normen und Verwendungsweisen liegt.[149]

Zusammenfassend ergibt sich für den baden-württembergischen Bildungsplan von 2016 damit folgender Befund:

- Mit der ideologischen Ausrichtung an den Bildungsstandards der KMK verpflichtet sich der baden-württembergische Bildungsplan im Bereich des Mündlichen – quasi automatisch – auf die „Standardsprache“ als alleingültiger sprachlicher Norm, folgt also den in den Bildungsstandards

146 Vgl. Bildungsstandards für den Hauptschulabschluss und den Mittleren Schulabschluss; zit. nach: Sekretariat der Ständigen Konferenz der Kultusminister der Länder in der Bundesrepublik Deutschland (2005: 9 ff./2004: 8 ff.).

147 Zentrum für Schulqualität und Lehrerbildung (2016: 10).

148 Ebd. 12.

149 Vgl. ebd. 30, 44, 58, 70 f.

der Bildungsministerkonferenz verankerten sprachlichen Ideologien des Hannoverismus, Standardismus und Homogenismus,

- die Aussagen zum reflexiven wie praktischen Umgang mit dem dialektalen Sprechen sind sehr allgemein bzw. unverbindlich gehalten und können Lehrenden keine sinnvolle Orientierung geben,
- dies ist insbesondere an der vagen Verwendung des (sprachkritischen) Begriffs der „Angemessenheit“ zu erkennen, denn sie macht deutlich, dass der Umgang des Bildungsplans mit den Themen „Dialekt“ und „Standardsprache“ insgesamt wenig reflektiert und sprachwissenschaftlich fundiert ist.[150]

Nun folgen einige Beobachtungen zu weiteren Bildungsplänen, wobei eine zweite süddeutsche Variante – der bayerische Bildungsplan – und ergänzende Beobachtungen zu den aktuellen Bildungsplänen der Bundesländer Niedersachsen und Sachsen den Abschluss des Kapitels bilden.[151] Dabei halten wir uns kurz und konzentrieren uns erneut auf das Gymnasium, zumal aufgrund der länderübergreifenden Orientierung an den Bildungsstandards der KMK (und der damit einhergehenden Tendenz zur Vereinheitlichung der Bildungspläne innerhalb einzelner Schularten der Bundesländer) nur mit geringfügigen Unterschieden zu rechnen ist. So heißt es in den Vorbemerkungen zum neuen Konzept des bayerischen Bildungsplans LehrplanPLUS:

150 Die Analyse des neuen Bildungsplans für die Sekundarstufe I (der allgemeinbildenden Schulen) führt schon aufgrund der erstrebten Vergleichbarkeit bzw. Kompatibilität der neuen Bildungspläne zu keinem substantiell anderen Befund, sowohl was die implizite Ideologie des Standardismus als auch was die implizite Ideologie des Homogenismus anbelangt. Vgl. dazu speziell die allgemeinen Leitgedanken (S. 10) als auch Ausführungen zu den prozessbezogenen Kompetenzen S. 12 sowie die Standards für die inhaltsbezogenen Kompetenzen S. 36, 60 und 85 im Bildungsplan für die Sekundarstufe I.

151 Foldenauer (2020) greift in ihrer Sprachbuchanalyse ebenfalls auf die Bundesländer Bayern und Niedersachsen zurück; Niedersachsen ist aus verschiedenen Gründen besonders gut für eine solche Analyse geeignet: Im Unterschied zu Mecklenburg-Vorpommern ist es u. a. „ein sehr bevölkerungsreiches Bundesland“; zudem gilt, so Foldenauer, „die Gegend um Hannover, die Landeshauptstadt Niedersachsens, im Laiendiskurs als die Region Deutschlands, in der das ‚beste‘ Hochdeutsch gesprochen werde“; das Bundesland Bayern ist – nach Foldenauer – insbesondere deshalb besonders interessant, weil dort „fließende Übergänge zwischen dem Basisdialekt und der Standardsprache möglich sind“; darüber hinaus seien in der bayerischen Bildungspolitik aktive Bestrebungen zu beobachten, Dialekte zu fördern.

> „Durch die Orientierung am Erwerb von Kompetenzen berücksichtigt der neue bayerische Lehrplan die Bildungsstandards der Kultusministerkonferenz."[152]

Das heißt, auch nach dem bayerischen Bildungsplan ist es das offizielle Ziel im Bereich der mündlichen Kommunikation, dass sich die Schülerinnen und Schüler „artikuliert und verständlich in der Standardsprache äußern" können.[153] Im Fachprofil Deutsch für das Gymnasium sind im Kompetenzbereich „Sprachgebrauch und Sprache untersuchen und reflektieren" darüber hinaus die folgenden Ausführungen zu finden:

> „Sie [die Schülerinnen und Schüler] lernen, in Wort und Schrift verständlich, regelkonform, sach-, situations- und adressatengerecht sowie stilsicher zu formulieren und Sprache als auch ästhetisch gestaltbares Medium zu verstehen. Sie begreifen die historische Dimension und Wandelbarkeit von Sprache und nutzen ggf. Mehrsprachigkeit."[154]

Mit der – ausgesprochen vagen – Formulierung „Sie […] nutzen ggf. Mehrsprachigkeit" (Was heißt „ggf."?/Was ist mit „Mehrsprachigkeit" gemeint?) deutet der bayerische Bildungsplan zumindest die Möglichkeit des dialektalen Sprechens als alternativer sprachlicher Handlungsoption an. Dass die bayerische Bildungspolitik dem dialektalen Sprechen – im Sinne des Varnakularismus[155] – traditionell durchaus aufgeschlossen gegenübersteht (und die mündliche Standardsprache de facto keinesfalls als den alleingültigen Maßstab für die richtige Sprachverwendung akzeptiert), veranschaulichen die folgenden – nach der Verabschiedung der Bildungsstandards für den Hauptschulabschluss und den Mittleren Schulabschluss – entstandenen Ausführungen des Bayerischen Staatsministeriums:

> „Dass die Mundart sich nicht – wie früher manchmal behauptet – als Nachteil für ihre Sprecher auswirkt, legen die aktuellen Ergebnisse des zweiten nationalen PISA-Tests

---

152 https://www.lehrplanplus.bayern.de/seite/lehrplanplus (29. 4. 2020); siehe dazu z. B. auch die Info-Schrift des Staatsinstituts für Schulqualität und Bildungsforschung (2015: 6).

153 Sekretariat der Ständigen Konferenz der Kultusminister der Länder in der Bundesrepublik Deutschland (2005: 10 ff.); in diesem Sinn vgl. z. B. auch die Bildungsstandards im Fach Deutsch für den Mittleren Schulabschluss; zit. nach: Sekretariat der Ständigen Konferenz der Kultusminister der Länder in der Bundesrepublik Deutschland (2004: 8 ff.).

154 https://www.lehrplanplus.bayern.de/fachprofil/gymnasium/deutsch (29. 4. 2020).

155 Vgl. Maitz (2015: 213); mit der Ideologie des Varnakularismus ist nach Maitz / Elspaß (2013: 40 f.) die „Überzeugung gemeint, dass die autochthonen, die lokale / regionale Identität tragenden Sprachen / Varietäten und sprachlichen Formen besser / förderungswürdiger sind als Sprachen / Varietäten / sprachliche Formen mit größerer Reichweite."

> nahe. Länder wie Bayern, Baden-Württemberg und Sachsen, die stark von einer lebendigen mundartlichen Kommunikation geprägt sind, belegten dort die vorderen Plätze – und nicht nur in Mathematik und den Naturwissenschaften, sondern auch im Lesen und beim Textverständnis."[156]

Im Lernbereich „Sprachgebrauch und Sprache untersuchen und reflektieren" finden sich im bayerischen Bildungsplan schließlich ähnlich unverbindliche Ausführungen zum Thema „Dialekt" wie im baden-württembergischen Bildungsplan (die Schülerinnen und Schüler sollen den „Gebrauch von Dialekt und Jugendsprache" reflektieren, also ein basales Verständnis für die innere Vielfalt der deutschen Sprache gewinnen).[157]

Zum Abschluss werfen wir einen kurzen Blick in die Bildungspläne der Bundesländer Niedersachsen und Sachsen. Niedersachsen ist insbesondere deshalb interessant, weil es das Bundesland ist, in dem – gemäß der sprachlichen Ideologie des Hannoverismus – angeblich das beste Hochdeutsch gesprochen wird;[158] Sachsen vertritt im Rahmen unserer Ausführungen einerseits exemplarisch den Osten Deutschlands, andererseits gilt Sächsisch als ein Dialekt, der kein besonders positives Image besitzt (weswegen gerade der Blick auf dieses Bundesland besonders aufschlussreich für unsere Fragestellung ist).[159]

B.) Die Bundesländer Sachsen und Niedersachsen: Blickt man in den sächsischen Bildungsplan Deutsch für das Gymnasium, so finden sich unter der Überschrift „Ziele und Aufgaben des Faches Deutsch" die folgenden Ausführungen:

> „Im Mittelpunkt des Unterrichts steht die Hochsprache als Standard mit der größten kommunikativen Reichweite. Die Schüler erwerben anwendungsbereites Wissen, um Sprache als System zu verstehen. Angestrebt wird eine sichere Sprachbeherrschung, die komplexe Denk- und Verstehensprozesse ermöglicht und zu bewusstem mündlichem und schriftlichem Sprachhandeln führt. Die Schüler entwickeln die Fähigkeit, Kommunikationsprozesse so zu gestalten, dass sie zur Überwindung von soziokulturellen und interessenbedingten Barrieren beitragen."[160]

---

156 Geleitwort des Bayerischen Staatsministeriums für Unterricht und Kultus", in: Dialekte in Bayern 2006, 5; siehe dazu auch Foldenauer (2020).

157 Vgl. https://www.lehrplanplus.bayern.de/fachlehrplan/gymnasium/8/deutsch (29.4.2020) (ebenso in Kl. 10).

158 Weitere Gründe für die Wahl Niedersachsens wurden bereits am Anfang dieses Kapitels im Zusammenhang mit einer Schulbuchanalyse Foldenauers (2020) genannt.

159 Vgl. dazu z. B. Elspaß / Maitz (2011a: 2 ff.); weiterführende Überlegungen zum Image von Dialekten bzw. der Problematik der Befragung nach der Beliebtheit von Dialekten finden sich z. B. bei Anders (2012: 117–135); siehe dazu auch Kap. 7.3.3, Text 5.

160 Staatsministerium für Kultur Freistaat Sachsen (2019: 1).

Dementsprechend stellte auch die sächsische Kultusministerin Brunhild Kurth, 2015 Präsidentin der KMK, in einem Interview fest:

> „Es geht jetzt darum, die Standards, die als Empfehlung der Kultusministerkonferenz existieren, so zu diskutieren, dass sie in den Ländern umgesetzt werden, um die Schülerinnen und Schüler zum Beispiel am Ende der vierten Klasse in den Fächern Mathematik und Deutsch mit einer gewissen Kompetenz zu sehen, mit einem bestimmten Wissen ausgestattet zu haben. Darum geht es ja letzten Endes, wenn wir über Vergleichbarkeit sprechen."[161]

Das bedeutet: Was die Ausrichtung an den von der KMK beschlossenen Bildungsstandards anbelangt, stellt auch die sächsische Bildungspolitik keine Ausnahme dar (auch wenn im Bildungsplan Deutsch nicht explizit auf sie Bezug genommen wird); die Verwendung des Begriffs „Hochsprache" im sächsischen Bildungsplan des Faches Deutsch lässt außerdem die sprachlichen Ideologien des Hannoverismus, Standardismus und Homogenismus deutlich zutage treten.[162] Die Tatsache, dass die „Hochsprache" als Instrument zur Überwindung soziokultureller „Barrieren" betrachtet wird, legt darüber hinaus sogar die Vermutung nahe, dass das dialektale Sprechen als eine solche sprachliche Barriere im Sinne der – längst überholten – Bernstein'schen Defizit-Hypothese betrachtet wird (vgl. Kap. 4.3). Umso erstaunlicher sind deshalb die folgenden Hinweise für die „Planung und Durchführung des Deutschunterrichts am Gymnasium" (didaktische Grundsätze):

> „Die in den Klassen bzw. Kursen vorhandene Mehrsprachigkeit wird als bereichernd anerkannt und für den Lernprozess genutzt. Dies gilt sowohl für die innere Mehrsprachigkeit (Dialekt, Soziolekte, Standardsprache) jedes Schülers als auch für die durch das Fremdsprachenlernen entstehende äußere Mehrsprachigkeit."[163]

Während der baden-württembergische Bildungsplan also recht eindeutig standardistisch ausgerichtet ist, versucht man in Sachsen, ähnlich wie in Bayern, ganz offensichtlich den föderalen Spagat: neben der Orientierung an der Hoch- bzw. Standardsprache als anzustrebender Norm, zu deren Umsetzung man sich aufgrund der Beschlüsse der KMK verpflichtet sieht, verhilft man dem dialektalen Sprechen zu seinem Recht, auch wenn eine klare Abstufung zwischen Standardsprache (als anzustrebender Hauptzielsprache) und Dialekt (als zusätzlicher

---

161 Aussage Brundhild Kurths in einem Interview im Deutschlandradio Kultur am 5.1.2015; zit. nach: https://www.deutschlandfunk.de/kultusministerkonferenz wir halten-den.680.de.html?dram:article_id=308698 (29.4.2020).

162 Zur Problematik des Begriffs der „Hochsprache" vgl. Kap. 2.

163 Staatsministerium Kultur Freistaat Sachsen (2019: 3).

Varietät) unübersehbar ist. Damit stellt sich abschließend die spannende Frage, wie sich die Situation in Niedersachsen darstellt, dem Bundesland also, wo man das vermeintlich „beste Hochdeutsch" spricht. Hier ist Folgendes zu beobachten: Die Orientierung an den Bildungsstandards der KMK[164], die schematische Verwendung des Begriffs der Standardsprache und die Behandlung von Dialekten als Varietäten zweiter Wahl spiegeln klar die Standardideologie wider. Dementsprechend werden die „Grenzen und Leistungen von Dialekten" zwar problematisiert, nicht aber die Grenzen und Leistungen der Standardsprache; auch die Frage der konkreten Sprachverwendung (d. h. der Aspekt der „Angemessenheit" im Zusammenhang mit der Verwendung von Standardsprache und Dialekt) wird im niedersächsischen Bildungsplan nicht thematisiert.[165] Dennoch ist die Situation in diesem Bundesland differenzierter, als sie auf den ersten Blick erscheint: Denn mit dem Erlass „Die Region und ihre Sprachen im Unterricht" von 2011 sollen in Niedersachsen zugleich „die Vorgaben der Europäischen Charta für Regional- oder Minderheitensprachen umgesetzt werden".[166] Darin werden verschiedene Maßnahmen zum Erhalt der niederdeutschen Sprache genannt (z.B. sollen „in Schulen [...] bereits vorhandene Sprachkenntnisse, die im Elternhaus, in Kindertagesstätten usw. erworben wurden, gefördert, erweitert und vertieft werden").[167] Ebenso erklärt der Erlass, „dass in den Grundschulen der Unterricht in allen Fächern (außer Deutsch, Mathematik und Fremdsprachen) auf Niederdeutsch erteilt werden könne"; auch gibt es „eine Auszeichnung für Schulen, die sich um den Erwerb und die Förderung von Niederdeutsch verdient gemacht haben" usw.[168] Die Vorgaben und Maßnahmen dieses Erlasses sprechen – im Gegensatz zu den Ansagen des Bildungsplans – für eine „ausgesprochen pluralistische Haltung der ministerialen Behörden gegenüber dem Niederdeutschen".[169] Somit steht Niedersachsen mit seiner zwischen nationalem Vereinheitlichungsstreben und regionaler Selbstbehauptung lavierenden Sprachenpolitik eher Bayern und Sachsen nahe als Baden-Württemberg, oder anders

164 Vgl. dazu z.B. die Verlautbarung des niedersächsischen Kultusministeriums zum KMK-Ländervergleich 2012; zit. nach: https://www.mk.niedersachsen.de/startseite/aktuelles/presseinformationen/kmk-laendervergleich-2012--heiligenstadt-bildungsstandards-in-mathematik-und-naturwissenschaften-erreicht-studie-zeigt-aber-auch-handlungsbedarf-118793.html (12.7.2019).

165 Niedersächsisches Kultusministerium (2016: 15, 51).

166 Vgl. Foldenauer (2020).

167 Zit. nach Foldenauer (2020); siehe dazu auch: Niedersächsisches Kultusministerium (2011).: Erlass. Die Region und ihre Sprachen im Unterricht, zit. nach: https://www.mk.niedersachsen.de/download/114325/Die_Region_und_ihre_Sprachen_im_Unterricht.pdf (13.3.2019).

168 Vgl. Foldenauer (2020).

169 Ebd.

formuliert: Keines der untersuchten Bundesländer vertritt den Standardismus in der Bildungspolitik so rigide wie das Bundesland Baden-Württemberg. Wer sich ein – zwischen übertriebenem Selbstbewusstsein und Selbstironie schwankendes – Motto wie dieses Bundesland zu eigen macht („Wir können alles. Außer Hochdeutsch") besitzt sprachlich offensichtlich eine gebrochene Identität.[170]

Dass eine solche, von den nationalen Bildungsstandards der KMK empfohlene Entwicklung – in Richtung zunehmender Vereinheitlichung und Standardisierung des Mündlichen – tatsächlich weder erstrebenswert noch sinnvoll ist, illustriert u. a. die folgende Abbildung aus dem „dtv-Atlas zur deutschen Sprache":

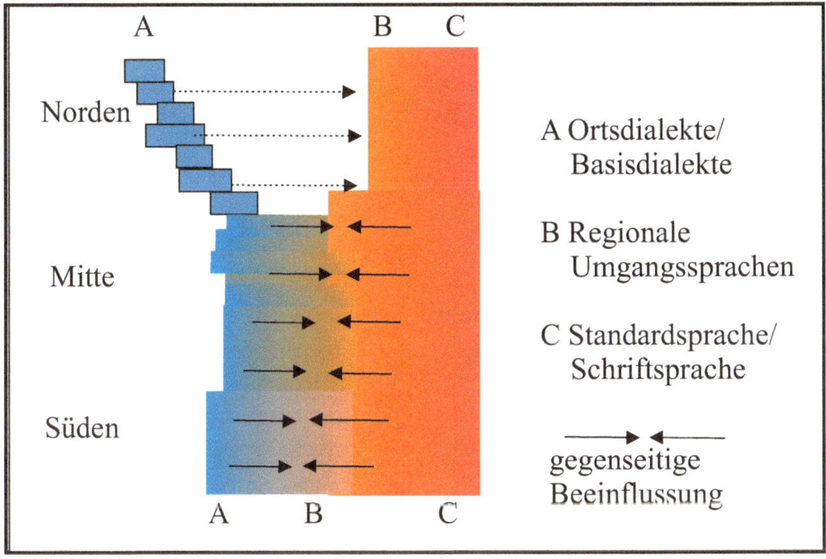

Abb. 11: Das Nebeneinander von Dialekt und Standardsprache.

In dieser Abbildung steht die Standardsprache (C) als Varietät nämlich nicht über, sondern neben den anderen Varietäten (A, B) – eine Hierarchie, die die

170 „Wir können alles. Außer Hochdeutsch" ist seit 1999 der Länderslogan des Bundeslandes Baden-Württemberg; siehe hierzu die Kritik von Werner König (König 2011 / 2013) und z. B. auch den Beitrag „Mit Sprachproblemen an die Spitze" von Christian Milankowic in der Stuttgarter Zeitung von 9. 3. 2017 (zit. nach: https://www.stuttgarter-zeitung.de/inhalt.wir-koennen-alles-ausser-hochdeutsch-mit-sprachproblemen-an-die-spitze.bb798ba2-45b4-4afd-9437-ceac060da12f.html (29. 4. 2020).

Bezeichnung „Hochsprache“ für die Standardsprache rechtfertigen würde, kann von Bildungsplanmachern zwar behauptet und eingefordert, nicht jedoch aus dem konkreten Sprachalltag abgeleitet werden, zumal es, wie bereits deutlich wurde, die Standardsprache als einheitliches, geschlossenes Sprachsystem ohnehin nicht gibt (vgl. Kap. 3.2 f.). Ungeachtet dessen wirken die Forderungen der Bildungspolitik und die sich daraus ergebenden Konsequenzen für den schulischen (Deutsch-)Unterricht stetig auf den Sprachalltag zurück (und können auf diese Weise zum allmählichen Verschwinden der Dialekte mit beitragen). Auch einzelne dezidiert dialektfreundliche bildungspolitische Vorhaben wie das Pilotprojekt zum Erhalt und zur Förderung des Nieder- bzw. Plattdeutschen an einigen Hamburger Grundschulen[171] und in Niedersachsen werden so lange wenig bewirken können, wie es innerhalb der deutschen Bildungspolitik, insbesondere im Bereich der weiterführenden Schulen, in der Didaktik des Mündlichen einen so klaren Trend in Richtung des Standardismus und Hannoverismus gibt. So ist nun zu fragen, wie sich die beobachteten Bildungsplanvorgaben in ausgewählten Lehrwerken, d. h. in der konkreten Unterrichtspraxis, niederschlagen.

5.2 Sprachbücher

In diesem Kapitel gehen wir der Frage nach, wie die im vorausgehenden Kapitel beobachteten Bildungsplanvorgaben hinsichtlich der Behandlung von Dialekt und Standardsprache – und damit die betreffenden sprachlichen Ideologien und Klischees – in ausgewählten Sprachbüchern zutage treten. Angesichts der Fülle der bundesweit eingeführten Sprachbücher (unterschiedlichen Alters und Einführungsdatums) ist es weder sinnvoll noch für unsere Zwecke erforderlich, hier eine in jeder Hinsicht repräsentative Aussage zu erstreben, zumal unser Ziel lediglich darin besteht, Einblicke in die schulische Praxis zu geben. Auch sind wir uns der Tatsache bewusst, dass sich an den Inhalten und Aufgabenstellungen eines Sprachbuchs nicht „das gesamte Unterrichtsgeschehen ablesen lässt“,[172] nicht zuletzt, da völlig offenbleiben muss, inwieweit die untersuchten Materia-

171 Vgl. dazu z. B. Frank (2012: 31). Charlotte Frank berichtet in ihrem in der Süddeutschen Zeitung erschienenen Artikel „Na Udslopen?“ über ein Pilotprojekt an „einigen Hamburger Grundschulen“, wo „Kinder inzwischen wieder Platt“ lernen. Dabei geht es vor allem um die Schwierigkeiten und Herausforderungen, die mit diesem Projekt verbunden sind (fehlende Lehrkräfte mit geeigneter Qualifikation, fehlende Lernmaterialien, wachsende Zahl von Schülern mit Migrationshintergrund u. ä.).

172 Maitz (2015: 212).

lien im Unterricht tatsächlich eingesetzt worden sind. Wir konzentrieren uns bei unserer Analyse erneut auf die Schulart Gymnasium, weil wir davon ausgehen, dass sich in den Sprachbüchern dieser Schulart (aufgrund des erhöhten Anspruchsniveaus und der Berücksichtigung der Oberstufe) die differenziertesten Ausführungen zu unserem Thema finden (vgl. Kap. 5.1).[173] Dazu nehmen wir zunächst zwei allgemeine Ausgaben in den Blick, die in einer ganzen Reihe von Bundesländern zugelassen sind (wodurch zumindest eine gewisse Repräsentativität gewährleistet ist):

A.) „Texte, Themen und Strukturen. Deutschbuch für die Oberstufe" von Cornelsen, erschienen 2016 und zugelassen für die Bundesländer Berlin, Brandenburg, Bremen, Hamburg, Sachsen, Sachsen-Anhalt, Schleswig-Holstein, Thüringen. Ergänzend hierzu wurde außerdem der Oberstufenband „Texte, Themen und Strukturen. Deutschbuch für die Oberstufe" für Baden-Württemberg (2009) in die Analyse einbezogen.[174]

B.) „Deutsch.ideen 9" für die Klasse 9, erschienen 2013 und zugelassen für die Bundesländer Hamburg, Hessen, Niedersachsen, Rheinland-Pfalz, Saarland.

Bei der nachfolgenden Untersuchung wollen wir – im Sinne der kritischen Diskursanalyse – einerseits allgemeine Erkenntnisse über den Umfang und die Besonderheiten der jeweiligen Aufgabenstellungen gewinnen, wobei unser Hauptaugenmerk auf dem Umgang mit dem Thema „Dialekte" liegt;[175] andererseits wollen wir eine möglichst konkrete Vorstellung von der Qualität der Auseinandersetzung vermitteln.

Zunächst nehmen wir das Sprachbuch für die Oberstufe in den Blick: Die allgemeine Ausgabe des Sprachbuchs „Texte, Themen und Strukturen" von Cornelsen weist eine große Bandbreite an Themen auf, die sich mit dem Themenkomplex „Sprachreflexion" beschäftigen. So finden sich u. a. Kapitel zur „Kommunikation", zum „Spracherwerb und sprachgeschichtlichen Wandel", zu „sprachliche[n] Varietäten" und zum Themenkomplex „Sprache – Denken – Wirklichkeit".[176] Bereits dieser erste Eindruck lässt erkennen, dass den Sprachbuchmachern das Thema „Sprachreflexion" ein wichtiges Anliegen ist. Das Kapitel „sprachliche Varietäten" setzt sich aus zwei Schwerpunkten zusammen:

173 Auch Foldenauer (2020) legt in ihrer vergleichenden Sprachbuchanalyse beispielsweise den Fokus auf das Gymnasium, „da aufgrund des Abschlussziels der Allgemeinen Hochschulreife zu erwarten ist, dass hier ein höheres Maß an metasprachlicher Reflexion auftritt als in anderen Schulformen".

174 Fingerhut / Fingerhut et al. (2009: 519 ff.).

175 Auch Foldenauer (2020) orientiert sich bei ihrer vergleichenden Sprachbuchanalyse an den Prinzipien der kritischen Diskursanalyse; eine Erläuterung dieser Methode findet sich z. B. bei Alexander Pollak (2002: 33–48).

176 Böcker / Brenner et al. (2016: 179 ff.).

„Hochsprache und Dialekt“ und „Soziolekte“ (mit den Teilkapiteln „Jugendsprache“ und „Fachsprache“).[177] Schauen wir uns den Schwerpunkt „Hochsprache und Dialekt“ etwas genauer an: Den Auftakt macht ein – in erster Linie der Motivation dienendes – Kreuzworträtsel zu „sprachlichen Varietäten“ im Allgemeinen; anschließend folgt ein längerer Sachtext, in dem der Autor Christof Hamann sein gespaltenes Verhältnis zu seinem Heimatdialekt (Alemannisch) problematisiert. Der Autor zählt darin neben mehreren negativen Aspekten (eigene Diskriminierungserfahrungen in der Schulzeit, Gefahr der „Heimattümelei“ und Verschanzung) auch eine mögliche positive Seite seines alemannischen Dialekts auf (die Erfahrung der Heimatverbundenheit).[178] In diesem Zusammenhang spricht der Autor auch die Notwendigkeit des Code-Switching an, wobei sein mit dem Dialektsprechen verbundener Minderwertigkeitskomplex deutlich herauszuhören ist:

> „Irgendwann habe ich mir angewöhnt zu switchen, zwischen einem mehr oder weniger salonfähigen Hochdeutsch, das allerdings nach wie vor meine geografische Herkunft deutlich macht, und einem auch nicht mehr lupenreinen Alemannisch. So wird es den meisten meines Alters und den Jüngeren ergehen: Wir sprechen keinen Dialekt mehr, sondern, wie Martin Walser schreibt, einen Landläufigkeitsmischmasch.“[179]

Ob es Schülerinnen und Schülern ausgehend von einer derart einseitig geprägten Sicht gelingt, sich dem Thema „Dialekt“ selbst unvoreingenommen zu nähern, darf bezweifelt werden, zumal dieser Eingangs- bzw. Impulstext direkt oder indirekt diverse Vorurteile und Klischees bestätigt, die mit dem dialektalen Sprechen verbunden sind (Dialekt sprechende Menschen tun sich schwerer im Leben als Nicht-Dialekt sprechende, dialektales Sprechen ist Ausdruck von Hinterwäldlertum, die Vorstellung von dem einen richtigen „Hochdeutsch“ u. ä.). Anschließend folgt ein längerer Informationstext mit Kartenmaterial zur regionalen Verteilung verschiedener „Dialekte in der Bundesrepublik Deutschland“ aus dem Fachbuch „Deutsche Sprache gestern und heute“ von Astrid Stedje. Die von Stedje übernommene Überschrift („Die Sprachen in der Sprache“) trägt dem Umstand Rechnung, dass es im Folgenden um die innere Mehrsprachigkeit des Deutschen geht. Der Informationstext informiert zunächst allgemein über die Gliederung der (deutschen) Sprache; anschließend wird erklärt, was unter überregionaler Standardsprache, Mundart und regionaler Umgangssprache zu verstehen ist. Stedjes Ausführungen entsprechen dabei dem aktuellen Stand der

177 Ebd. 262 ff.
178 Ebd. 263.
179 Ebd. 263.

sprachwissenschaftlichen Forschungen und Erkenntnisse zum Thema „innere Mehrsprachigkeit", insbesondere, was die Problematik der „Standardsprache" anbelangt. So wird beispielsweise darauf hingewiesen, dass sich die überregionale Standardsprache „langsam" verändert, „indem sie sich an den Sprachgebrauch anschließt" bzw. der Umgangssprache annähert; auch weist der Informationstext korrekterweise darauf hin, dass die Standardsprache „eher eine geschriebene als eine gesprochene Sprache" sei.[180] Mithilfe zweier weiterer Impulstexte sollen sich die Schülerinnen und Schüler anschließend mit zwei regionalen Varietäten auseinandersetzen (dem Ruhrpottdeutsch und dem Westfälischen), um sich am Ende der Unterrichtseinheit schließlich selbst ein Urteil bilden zu können, inwieweit die von Karl-Heinz Göttert vertretene These, Sprachen würden „nicht nur Einheit", sondern „auch Vielfalt" wollen, ihren eigenen Erfahrungen entspricht.[181] Bemerkenswert sind außerdem vier weitere Impulstexte im Arbeitsteil des Sprachbuchs. Diese setzen sich mit der Implementierung von Nieder- bzw. Plattdeutsch an Hamburger Grundschulen, der Diskriminierung von Dialektsprecherinnen und Dialektsprechern und der Förderung der „Sprachkompetenz dank Dialekt" auseinander – durchweg handelt es sich hierbei um Materialien, die dem Thema „Dialekt" ausgesprochen positiv gegenüberstehen.[182]

Zusammenfassend ergibt sich für das Oberstufensprachbuch von Cornelsen insofern ein zwiespältiges Gesamtbild: Einerseits ist eine demonstrativ dialektfreundliche Haltung festzustellen, andererseits werden gängige sprachliche Ideologien und Klischees bestätigt und verfestigt, wobei aus sprachwissenschaftlicher Sicht insbesondere die folgenden beiden Punkte problematisch sind:

(1) die Fiktion, dass es ein „reines Hochdeutsch" gibt, das von „Profis wie Nachrichtensprechern und Schauspielern" gesprochen wird, eine Auffassung also, die wir im Anschluss an Péter Maitz als sprachliche Ideologien des Standardismus und des Hannoverismus bezeichnet haben (vgl. Kap. 4.1),[183]

(2) die Tatsache, dass „der Dialektgebrauch" – im Sinne der oben genannten sprachlichen Ideologien – schroff gegen den Gebrauch der Standardsprache gestellt wird, obwohl in der sprachlichen Praxis doch tatsächlich von einem breiten Spektrum regionaler Gebrauchsstandards auszugehen ist (vgl. Kap. 3.3).

---

180 Vgl. Stedje ([7]2007: 150 ff., 235 ff.); hier zitiert nach Böcker / Brenner et al. (2016: 264 f.).

181 Vgl. Göttert (2011), in: Böcker / Brenner et al. (2016: 267).

182 Vgl. Böcker / Brenner et al. (2016: 278 f.); einer stammt von Péter Maitz und Stephan Elspaß („Sprachliche Diskriminierung von deutschen Muttersprachlern in Deutschland") und lässt sich kostenlos aus dem Internet herunterladen (vgl. Kap. 7).

183 Vgl. Göttert (2011), zit. nach Böcker / Brenner et al. (2016: 267).

Der allgemeinen Ausgabe von „Texte, Themen und Strukturen" von Cornelsen liegt folglich kein schlüssiges Konzept von sprachlicher Kompetenz zugrunde, weshalb der Frage der Angemessenheit nur in unzureichender Weise nachgegangen wird (vgl. Kap. 4.4).[184] Die Ausgabe für Baden-Württemberg bleibt noch einmal deutlich hinter dem in der allgemeinen Ausgabe Erreichten zurück: Das Thema „Dialekt" wird nicht einmal eigenständig thematisiert. Lediglich ein kurzer Informationstext von Astrid Stedje nimmt (unter der Überschrift „Deutsche Sprache gestern und heute") beiläufig Bezug auf das Thema „Dialekt"[185] und stellt fest, „dass die Dialekte weiterhin zurückgehen und der Geltungsbereich der landschaftlichen Umgangssprachen anwächst";[186] überdies verfestigt Stedje in ihren Ausführungen – im Zusammenhang mit dem Thema „Dialekt" – bedauerlicherweise das veraltete, jedoch in den Köpfen vieler Deutschlehrkräfte noch immer wirksame Bild von den „sozialen Sprachbarrieren" (vgl. Kap. 4.3).[187]

B.) „Deutsch.ideen 9" für die Klasse 9:

Stellvertretend für die Klasse 9, in der das Thema „Dialekt" typischerweise in der Mittelstufe behandelt wird, analysieren wir zunächst die 2013 erschienene Ausgabe für die Bundesländer Hamburg, Hessen, Niedersachsen, Rheinland-Pfalz und Saarland;[188] anschließend werfen wir noch einen vergleichenden Blick in die 2014 erschienene Ausgabe von Baden-Württemberg, um zu überprüfen, inwieweit es in Baden-Württemberg (regionale) Besonderheiten in der Behandlung des Themas „Dialekte" gibt.[189]

Das Sprachbuch „Deutsch.ideen 9" behandelt unter der Überschrift „Die deutsche Sprache im Wandel der Zeit – Sprach- und Wortkunde" die folgenden Schwerpunkte: Nach einer kurzen Einleitung zu Begrüßungsformen in „unterschiedlichen geografischen Regionen" wird zunächst mithilfe einer Dialektkarte ein allgemeiner Überblick über die „Verteilung der Dialekte in Deutschland" gegeben;[190] anschließend wird am Beispiel des Plattdeutschen den Besonderheiten dieses Dialekts nachgegangen, wobei die Schülerinnen und Schüler einen Artikel aus der plattdeutschen Ausgabe des „Delmenhorster Kreisblatts" in „Hochsprache" übersetzen sollen; dazu werden einzelne Hilfestellungen zu den Lautunterschieden zwischen dem niederdeutschen Dialekt und der hochdeut-

184 Vgl. Böcker / Brenner et al. (2016: 268).
185 Vgl. Fingerhut / Fingerhut et al. (2009: 519 f.).
186 Ebd.
187 Vgl. Fingerhut / Imhof et al. (2009: 519 f.).
188 Ewald-Spiller / Fabritz et al. (2013).
189 Ewald-Spiller / Fabritz et al. (2014).
190 Ewald-Spiller / Fabritz et al. (2013: 246 f.).

schen Sprache gegeben. Ergänzend hierzu erfahren sie in einem Interview mit einem Experten für Niederdeutsch einiges über „Plattdeutsche Besonderheiten", insbesondere über die „Benrather Linie", also die sprachgeografische Grenze zwischen den niederdeutschen und den hochdeutschen Dialekten.[191] Dann folgen zwei kurze Texte mit Informationen zu einem Vorlesewettbewerb in Nieder- bzw. Plattdeutsch („Schölers leest Platt") und zu einer „Plattdeutsch-App fürs Handy", in denen die Schülerinnen und Schüler der Frage nachgehen sollen, weshalb sich Dialekte in der jüngeren Vergangenheit wieder wachsender Beliebtheit erfreuen („Finde mögliche Argumente dafür, dass das Interesse an dem plattdeutschen Vorlesewettbewerb so hoch ist"/ „Findet Erklärungen, warum ein traditioneller Dialekt Einzug in ein modernes Medium hält").[192] Ein längerer Auszug aus Thomas Manns Roman „Die Buddenbrooks" und ein Sachtext, in dem die Sängerin und Moderatorin Ina Müller Einblicke in ihre wechselvollen Erfahrungen mit dem Plattdeutschen während und nach ihrer Schulzeit gibt, runden das Unterrichtsbeispiel ab; die Schülerinnen und Schüler sollen sich ausgehend von diesem Sachtext abschließend mit der Frage auseinandersetzen, „welche Vor- und Nachteile ein Dialektsprecher haben kann".[193]

Unabhängig davon, ob die Beschäftigung mit dem Niederdeutschen für Schülerinnen und Schüler so unterschiedlicher Bundesländer wie Hamburg, Hessen, Niedersachsen, Rheinland-Pfalz und Saarland gleichermaßen von Interesse ist, ist festzustellen, dass den Autoren des Sprachbuchs das Thema „Dialekt" offensichtlich wichtig ist. Besonders erfreulich ist dabei die Tatsache, dass neben den sprachlichen Phänomenen auch sprachgeschichtliche und soziokulturelle Aspekte des Themas beleuchtet werden („Benrather Linie", „Renaissance" von Dialekten). Insofern stellt sich die Frage, inwiefern an diesem Sprachbuchkapitel zum Thema „Dialekte" dennoch Kritik anzubringen ist. Hier sind im Wesentlichen dieselben beiden Punkte zu nennen wie beim Oberstufensprachbuch von Cornelsen:

(1) Auch das Sprachbuch für die Klasse 9 geht von der Fiktion aus, dass es ein „reines Hochdeutsch" gibt, bestätigt also insgeheim die sprachlichen Ideologien des Standardismus und des Hannoverismus (siehe Kritikpunkt 1 zu „Texte, Themen und Strukturen" von Cornelsen).[194]

(2) Im Sprachbuch für Klasse 9 steht der Dialektgebrauch ebenfalls in schroffem Gegensatz zum Gebrauch der Standardsprache, obwohl de facto regionale Gebrauchsstandards – und nicht etwa „die Standardsprache" – die für

191 Ebd. 248 ff.
192 Ebd. 251.
193 Ebd. 252 ff.
194 Vgl. Göttert (2011), zit. nach Böcker / Brenner et al. (2016: 267).

den Sprachalltag (insbesondere im Süden Deutschlands) typischen Varianten mündlicher Kommunikation sind (siehe Kritikpunkt 2 zu „Texte, Themen und Strukturen" von Cornelsen).

Besonders aufschlussreich ist in diesem Zusammenhang der Auszug aus Thomas Manns Roman „Die Buddenbrooks", da er außerdem die Frage nach der Funktion des Dialekts in der Literatur aufwirft. Der Textausschnitt zeigt einen Wortwechsel zwischen dem „zweiundzwanzigjährigen Lagerarbeiter" Corl Smolt, der zur Revolution aufruft („Wi maaken nu Revolutschon")[195], und dem Konsul Buddenbrook, der ihn in niederdeutschem Dialekt davon abzuhalten versucht. Der Wortwechsel lässt eindeutig erkennen, dass der Konsul – im Unterschied zum Lagerarbeiter – neben dem Plattdeutschen auch des Hochdeutschen mächtig ist („‚Großer Gott, du Tropf!' rief der Konsul und vergaß, platt zu sprechen vor Indignation"). Plattdeutsch verwendet der Konsul also nur, so die unterschwellige Botschaft, um seinen Arbeitern – etwas väterlich-herablassend – bewusst zu machen, dass er einer von ihnen (und eine Revolution vollkommen überflüssig) ist. Der literarische Text bestätigt auf diese Weise zum einen die Vorstellung, dass man in Norddeutschland das beste Hochdeutsch spricht, d. h. die sprachlichen Ideologien des Standardismus und des Hannoverismus (der Konsul spricht, wenn er nicht gerade mit seinen Arbeitern redet, „nach der Schrift"); zum anderen bestätigt er das Klischee, dass Dialekt sprechende Menschen über einen beschränkten Horizont verfügen (Corl Smolt ist sich der Tatsache nicht bewusst, dass es bereits „ne Republike" gibt). Der Arbeiter wird für seine Einfalt belächelt, wie die Reaktion der Menge nach seinem Wortwechsel mit dem Konsul deutlich macht:

> „‚Ja, Herr Kunsul, dat ist nu so, un denn möht man de Saak je woll up sick beruhn laten, un ick bün je ook man froh, dat Herr Kunsul mi dat nich öwelnehmen daut, un adjüs denn ook, Herr Kunsul …'
> Die Menge fing an, sich in der allerbesten Laune zu zerstreuen."

Nun werfen wir noch einen ergänzenden Blick in die baden-württembergische Ausgabe des Sprachbuchs „Deutsch.ideen 9". Sind in dieser Ausgabe regionale Besonderheiten bei der Behandlung des Themas „Dialekte" anzutreffen? Nach einem identischen Auftakt (mit einem allgemeinen Überblick über die „Verteilung der Dialekte in Deutschland" mithilfe einer thematischen Karte) folgt eine Seite, auf der die Schülerinnen und Schüler „verschiedene Dialekte" identifizieren und übersetzen sollen.[196] Ein Beispiel (Auszug):

---

195 Thomas Mann ([53]2004): Buddenbrooks. Frankfurt am Main, S. 191, die folgenden Zitate ebd. Vgl. dazu Ewald-Spiller / Fabritz et al. (2013: 252 f.).

196 Vgl. ebd. 247 ff. vs. Ewald-Spiller / Fabritz et al. (2014: 248 ff.).

„Da Maxl und da Moritz
Mei, wos hört und liest ma heit
Net von Saubuam ois, es Leit!
A Bagasch wia de zwoa do,
Max und Moritz, schaugts as o.
Na, de lassn si nix sogn,
net vom schlechten Gwissn plogen.
Üba d'Leit si lustig macha
Könnans und na dreckat lacha.
[…]"[197]

Die Arbeitsaufträge lauten entsprechend („1. In welchen Dialekten wird hier gesprochen?", „2. Welche Schwierigkeiten hast du beim Übersetzen?"). Hier zeigt sich ein Aufgabentypus, der im (pädagogisch-didaktischen) Umgang mit Dialekten regelmäßig wiederkehrt – die Übersetzungsübung, die den Dialekt als Verständigungsbarriere erscheinen lässt.[198] Diese Aufgabenstellung ist gleich aus mehreren Gründen problematisch: Zunächst einmal handelt es sich um Texte, denen der kommunikative Kontext fehlt, der für das Verstehen einer jeden Äußerung von nicht unerheblicher Bedeutung ist; durch die Aufgabenstellung selbst („Welche Schwierigkeiten hast du beim Übersetzen?") wird zudem der Eindruck erweckt, als sei ausschließlich der Dialekt die Ursache für mögliche Verständigungsprobleme; dass die mangelnde Sprachkompetenz desjenigen, der den Dialekt nicht beherrscht, für das Verständigungsproblem ebenso verantwortlich ist, wird nicht thematisiert (vgl. Kap. 4.4). Schließlich wird durch die Art der Aufgabenstellung der Eindruck erweckt, als sei die Alternative zum Dialekt der Gebrauch der Standardsprache, da nur die Standardsprache die notwendige Verständigung garantiert. Nicht in Betracht gezogen wird, dass Dialektsprecherinnen und Dialektsprecher i. d. R. über ein mehr oder weniger breites Spektrum an Codes verfügen, welches sie in die Lage versetzt, variabel, d. h. mit mehr oder weniger dialektal gefärbter Aussprache und somit angemessen, – auf ihren jeweiligen Gesprächspartner zu reagieren (vgl. Kap. 3.3). Im Übrigen bestätigt die Aufgabenstellung die bereits kritisierte simplifizierende Dichotomie: Hier der (schwer verständliche) Dialekt, dort die (leicht und für alle verständliche) Standardsprache, die es deshalb besonders intensiv zu fördern und zu entwickeln gilt (während Dialekte unterschiedlicher Herkunft lediglich als kurioses Randphänomen, nicht aber als gelebte kommunikative Praxis in Erscheinung treten).

197 Ewald-Spiller / Fabritz et al. (2014: 248).
198 Vgl. dazu den Aufsatz von Maitz (2015: 213 ff.).

Eine weitere Tendenz, die besonders in der baden-württembergischen Ausgabe ins Auge sticht, ist die Tendenz zur Komisierung: Nicht nur die Auswahl der ersten Textbeispiele unterstreicht das; auch die Fortführung des Asterix-Themas in schwäbischem Dialekt bestätigt diesen Eindruck.

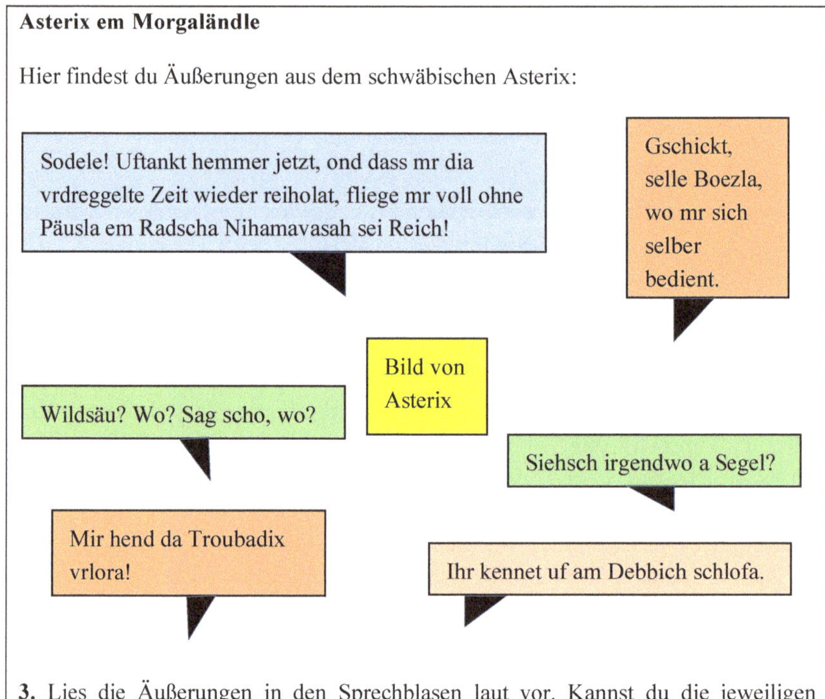

Asterix em Morgaländle

Hier findest du Äußerungen aus dem schwäbischen Asterix:

3. Lies die Äußerungen in den Sprechblasen laut vor. Kannst du die jeweiligen Sprecher identifizieren?
4. Fertige nach dem Beispiel der vorherigen Seite eine Tabelle zu den Unterschieden zwischen dem Schwäbischen und der Standardsprache an und setze jeweils passende Beispiele aus den Sprechblasen ein.
5. Übersetze die Sprechblasen ins Hochdeutsche.

Abb. 12: Vereinfachte Nachgestaltung der Schulbuchseite.

Darüber hinaus sollen die Schülerinnen und Schüler in einer kleinen „Schwäbischkunde mit Asterix“ zum einen Regeln für die Lautung und für die Grammatik des Schwäbischen sowie Beispiele zum schwäbischen Wortschatz finden; zum anderen sollen sie Unterschiede zwischen dem Schwäbischen und der deutschen „Standardsprache" erkennen.[199] Über die Gründe für die Wahl der Strategie der Komisierung in Lernkontexten kann nur spekuliert werden; denkbar sind u. a. die folgenden:

- ein (von den Autoren) als eher langweilig eingestuftes Thema soll aufgewertet werden,
- latente Diskriminierung (Dialekte werden – siehe oben – als potenziell minderwertig wahrgenommen, deshalb darf man über sie lachen),
- Entlastungsfunktion (die eigene dialektale Herkunft wird als peinlich empfunden, daher versucht man, besonders souverän damit umzugehen).[200]

Zusammenfassend ist festzustellen, dass sowohl in den Sprachbüchern der Oberstufe als auch in den Sprachbüchern der Mittelstufe zu wenig auf den konkreten Sprachalltag der Schülerinnen und Schüler selbst eingegangen wird. Die thematisierten Dialekte müssen ihnen deshalb zwangsläufig fremd bleiben, sofern nicht einer dieser Dialekte zufällig Teil ihrer eigenen Sprachwirklichkeit ist.[201] Fragen der Angemessenheit können aber sinnvollerweise nur vor dem Hintergrund der Auseinandersetzung mit dem eigenen Sprachalltag und dessen vielfältigen Möglichkeiten sprachlicher Nuancierung zwischen Dialekt und Standardsprache beantwortet werden (vgl. Kap. 3.3). Die Untersuchungsergebnisse, die wir in einem anderen Zusammenhang zu einer Reihe weiterer, in Baden-Württemberg eingeführter Sprachbücher des Gymnasiums durchgeführt haben, bestätigen diesen insgesamt problematischen Eindruck durchgehend.[202] Darüber hinaus wird in einigen baden-württembergischen Sprachbüchern das Thema „Dialekte" ganz ausgespart – möglicherweise aus einem der soeben genannten Gründe (das Thema wird als langweilig oder gar irrelevant eingestuft, „weil Dialekte ohnehin bald aussterben werden", Fixierung auf die Standardsprache als sprachlicher Norm o. ä.). In der Oberstufe wird das Thema „Dialekte" lediglich von der – eingangs untersuchten – Cornelsen-Ausgabe („Texte, Themen und Strukturen") thematisiert; in Klasse 9 greifen lediglich zwei von vier untersuchten Sprachbüchern das Thema auf (insgesamt liegt die Quote bei

199 Ebd. 250 f.

200 Zur besonderen Situation in Baden-Württemberg vgl. die Überlegungen in Kap. 5.1.

201 Zu einem ähnlichen Befund kommt Foldenauer (2020) in ihrer vergleichenden Untersuchung bayerischer und niedersächsischer Sprachbücher mit Blick auf Niedersachsen im Anschluss an Überlegungen von Arendt (2009: 38–60): „Die betreffende Sprache [Niederdeutsch] wird im Bewusstsein der SchülerInnen vielmehr zu einem Gut aus der Vergangenheit, zu einer Sprache der anderen, zu einer Sprache, *über* die man spricht, nicht *die* man spricht."

202 Vgl. Janle/Klausmann (2020).

25 %, d.h. lediglich 25 % der untersuchten baden-württembergischen Sprachbücher behandeln das Thema „Dialekte" überhaupt).[203]

Abschließend werfen wir noch einen kurzen Blick auf zentrale Ergebnisse der Schulbuchanalysen von Péter Maitz und Monika Foldenauer, da sie die im Rahmen dieser Untersuchung gewonnenen Einsichten und Erkenntnisse hinsichtlich der Qualität der schulischen Aufgabenstellungen im Wesentlichen bestätigen und um einige interessante Erkenntnisse zu den Bundesländern Niedersachsen und (vor allem) Bayern erweitern: Maitz stellt in seiner breit angelegten Untersuchung bayerischer Schulbücher des Faches Deutsch (der Sekundarstufe I) fest, dass der Standardismus in den untersuchten Lehrwerken „stark vertreten" ist, was die „implizite oder explizite Stigmatisierung von Nonstandardvarietäten jeglicher Art zur Folge" hat.[204] Das zeigt sich, so eine weitere seiner Beobachtungen, nicht zuletzt in dem wenig reflektierten Umgang mit dem sprachkritischen Begriff der Angemessenheit. Das heißt: Die Standardsprache ist der alleinige Maßstab für Verständlichkeit in der mündlichen Kommunikation, obwohl Bayerns Sprachenpolitik – laut offizieller Verlautbarungen – doch ausdrücklich am Schutz, an der Pflege und an der Verwendung von Dialekten in der Alltagskommunikation interessiert ist (vgl. Kap. 5.1).[205] Foldenauer (2020) wiederum kommt in ihrer vergleichenden Untersuchung einer Reihe von bayerischen und niedersächsischen Schulbüchern des Faches Deutsch der Klassenstufen 8 und 9 u.a. zu folgenden Ergebnissen: In Niedersachsen besitzt die schulische Beschäftigung mit dem niederdeutschen Dialekt durchweg eher musealen Charakter, weil das Plattdeutsche nicht mehr der Sprachwirklichkeit der meisten Schülerinnen und Schüler entspricht. Während man in Niedersachsen im Unterricht vorwiegend über das Thema Dialekt spricht, thematisieren bayerische Schulbücher in erster Linie die Frage, „wann man Dialekte verwenden sollte und wann nicht", also die Problematik der Angemessenheit, weil das dialektale Sprechen in Bayern nach wie vor gelebte Alltagswirklichkeit ist.[206] Erste Antworten auf die Frage nach den Ursachen für die

---

203 Vgl. ebd.

204 Vgl. Maitz (2015: 211 f./221 f.); die Datengrundlage für Maitz' Analyse bilden „zwischen 2001 und 2012 erschienene, staatlich zugelassene Schulbücher des Faches Deutsch für die Sekundarstufe I. Unter den insgesamt zehn durchgesehenen Schulbuchreihen mit jeweils fünf bis sechs Bänden sind alle drei großen Formen weiterführender Schulen (Mittelschule, Realschule, Gymnasium) vertreten.

205 Vgl. Maitz (2015: 211 f.); siehe dazu auch Foldenauer (2020).

206 Foldenauer (2020); Foldenauer hat für ihre Untersuchung sprachlicher Ideologien „in Schulbüchern der Bundesländer Niedersachsen und Bayern [...] jeweils fünf Schulbuchreihen" der achten und neunten Jahrgangsstufe ausgewählt.

beobachteten Defizite in der didaktischen Umsetzung liefert die folgende empirische Untersuchung.

5.3 Ergebnisse einer Befragung im schulischen Umfeld

Im Kapitel 3.6 hatten wir schon von einer Umfrage mit Deutschlehrerinnen und Deutschlehrern an baden-württembergischen Gymnasien berichtet. Diese Umfrage wurde an der Universität Tübingen im Jahr 2009 durchgeführt und zeigte, dass

die Standardsprache eine relative Größe ist, d. h., dass es Regionalismen gibt, die von den befragten Fachleuten nicht einheitlich bewertet wurden.

man bei einem Nebeneinander von 2–3 möglichen Antworten eine Eindeutigkeit anstrebt.

offenbar norddeutsche Bezeichnungen bevorzugt werden, wie man am Beispiel *Harke* und *Abendbrot* sehen konnte, die eine Zustimmung von 85 % und 89 % erhielten, obwohl diese nach dem „Wortatlas der deutschen Umgangssprachen“ (WdU) eindeutig norddeutsch sind (WdU Band 1, Karten 13, 38).

Da die Belegdichte für die Aussagen (2) und (3) bei der Lehrerumfrage relativ gering war und um die Aussage (1) bei einer jüngeren Gruppe zu überprüfen, haben Frank Janle und Hubert Klausmann den Fragekatalog um Fragen zur subjektiven Einstellung zum Thema Dialekt / Standard erweitert und bei den untersuchten Wörtern verstärkt süddeutsche und norddeutsche Bezeichnungen für ein und dieselbe Sache berücksichtigt. Dieser neuerstellte Fragekatalog (siehe Anhang) wurde Anfang 2018 an alle Studienreferendarinnen und Studienreferendare des Seminars für Ausbildung und Fortbildung der Lehrkräfte Stuttgart mit dem Fach Deutsch mit der Bitte verteilt, die dort gestellten Fragen relativ schnell und ohne nachzuschlagen zu beantworten. Teilgenommen haben 92 Personen (14 % männlich, 86 % weiblich) mit einem Durchschnittsalter von 27,6 Jahren. 75 von ihnen kamen aus Baden-Württemberg, 5 aus Rheinland-Pfalz, 3 aus Bayern und 3 aus Nordrhein-Westfalen. Weitere 6 Personen kamen aus Hessen, Niedersachsen, Hamburg, dem Saarland und dem Ausland. Grob gesagt kamen also 90 % der Befragten aus dem süddeutschen Raum. Im Folgenden fassen wir die wichtigsten Ergebnisse dieser Befragung kurz zusammen:

40 % der Befragten antworteten, dass sie sich sowohl privat als auch im Studium „intensiv“ oder „eher intensiv“ mit dem Thema Dialekt beschäftigt haben, und dies, obwohl sie nach eigener Aussage weder in der Schule (Abb. 13a) noch in der Universität hierfür einen Impuls bekommen haben. Dennoch halten 65 %

die Behandlung des Themas im Deutschunterricht für wichtig (siehe Abb. 13b), was eine deutliche Diskrepanz zum Schulalltag darstellt. Hierbei ist für 73 % wichtig, dass man lernt, den Dialekt kontextadäquat einzusetzen. Bei den Einstellungen zum Thema ragen zwei bekannte Klischees weit heraus. So sind 70 % der Ansicht, dass in Norddeutschland und dort besonders in Hannover das beste Hochdeutsch gesprochen wird (Abb. 13c), und 60 % sind der Ansicht, dass Dialektsprechen für die Rechtschreibung von Nachteil ist, eine Ansicht, die mit dem Blick in die Schweiz leicht widerlegbar ist.

Andere Fehlurteile sind hingegen nicht so sehr verbreitet: 18 % sagen aus, dass man im Dialekt nur über Privates / Vertrautes sprechen kann, 17 % glauben, dass die Dialekte aus dem Hochdeutschen entstanden sind, für 16 % kann es nur ein richtiges Hochdeutsch geben und lediglich 8 % halten die Dialekte für veränderlich, die Standardsprache aber für stabil. Trotz dieser geringen Prozentsätze muss gesagt werden, dass sie nach einem Lehramtsstudium in Fach Deutsch eigentlich bei 0 % sein müssten.

Mit dem Thema Dialekt habe ich mich in der Schule …

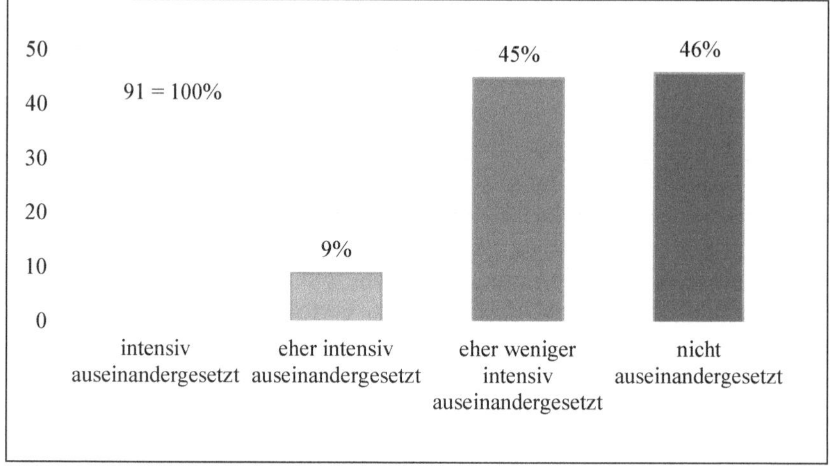

Die Behandlung des Themas Dialekt – Standard halte ich im Unterricht für ...

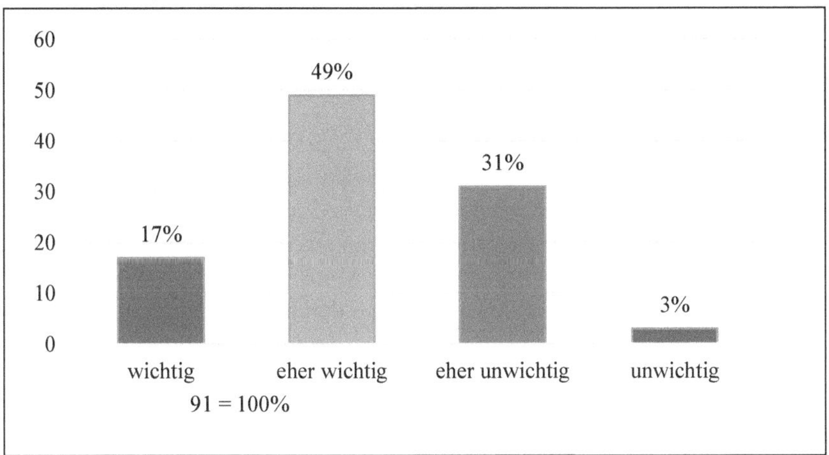

Das beste Deutsch spricht man in ...

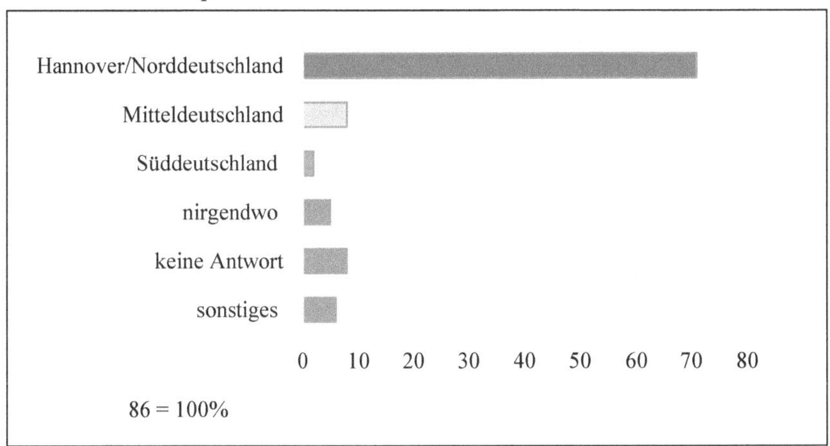

Abb. 13a-c: Ergebnis einer Umfrage von 2018 bei Deutschreferendarinnen und -referendaren für das Gymnasium in Baden-Württemberg.

Um der Frage nachzugehen, ob sich die im ersten Teil des Fragebogens erfasste Einstellung gegenüber dem schriftlichen Standarddeutschen auf die Bewertung regionaler Varianten niederschlägt, wurden die Referendarinnen und Referendare im zweiten Teil des Fragebogens gebeten, in 30 Fällen aus einem Angebot von jeweils 2–3 Varianten das richtige „hochdeutsche“ Wort auszuwählen. Die

Auswahl der Varianten wurde dem „Wortatlas der deutschen Umgangssprache“ (WdU) von Jürgen Eichhoff und dem auf einer online-Befragung basierenden aktuellen „Atlas zur deutschen Alltagssprache“ (AdA) von Stefan Elspaß und Robert Möller entnommen. Als Ergebnis dieser Umfrage können wir folgende Aussagen festhalten.

(1) Die schriftliche Standardsprache – im Fragebogen als „Hochdeutsch“ bezeichnet – ist eine relative Größe (siehe Tabellen unten).

Dieses Ergebnis deckt sich mit den Ergebnissen aus anderen Untersuchungen, so zum Beispiel mit der Arbeit von Huesmann aus dem Jahre 1998[207] sowie mit der oben beschriebenen Untersuchung von Klausmann 2014.[208] Wenn das Ergebnis auch nicht überrascht, so kann man es dennoch nicht oft genug wiederholen, da es sowohl der Öffentlichkeit als auch der für die Verbreitung der Norm so wichtigen Institution Schule überhaupt nicht bewusst ist.

(2) Die Sprachideologie des Homogenismus führt zur Vermeidung von Varianz.

Obwohl in der Anleitung zum Fragebogen ausdrücklich darauf hingewiesen wurde, dass man auch mehrere Antworten als richtig ankreuzen darf, wurde von dieser Möglichkeit kaum Gebrauch gemacht. Lediglich bei den Variantengruppen *Karotte – Mohrrübe – gelbe Rübe* und *Dachboden – Speicher – Bühne* kam es zu einer größeren Akzeptanz von Varianten.

(3) Die Sprachideologie des Hannoverismus führt zu einer Bevorzugung von norddeutschen Varianten.

Um diese Aussage zu verdeutlichen, müssen wir die angebotenen Varianten genauer betrachten. Da es uns bei dieser Untersuchung vor allem um den Nord-Süd-Gegensatz ging, haben wir zunächst beschlossen, vier Variantengruppen wegen der Unsicherheit bei der Befragung und der komplizierten geografischen Verteilung der Bezeichnungen aus der weiteren Betrachtung herauszunehmen, nämlich *Schornstein – Kamin – Schlot*, *Gehweg – Trottoir – Gehsteig*, *Brause – Limonade – Sprudel* sowie die Frage nach dem Hilfsverb beim Verb *sitzen*, da alle übrigen Fragen den Wortschatz betreffen.

Damit verbleiben 26 Fälle, bei denen bei der Wahl der hochdeutschen Bezeichnung zwischen vorwiegend südlichen und nördlichen Varianten ausgewählt werden konnte. Als Ergebnis können wir Folgendes feststellen:

Die nach dem „Wortatlas der deutschen Umgangssprachen“ (WdU) und dem „Atlas der deutschen Alltagssprache“ (AdA) **norddeutschen** Varianten sind **fettgedruckt**, die süddeutschen Varianten sind kursiv gedruckt, Bezeichnungen

207 Huesmann (1998).
208 Klausmann (2014a).

mit dem Schwerpunkt in anderen Gebieten sind normal gedruckt. In der Klammer stehen die jeweiligen Prozentzahlen bezogen auf die Anzahl der Befragten. Da Doppelnennungen möglich waren, liegt die Summe der Zustimmungen für alle zwei/drei Antworten in der Regel bei über 100 % (92 Nennungen = 100 %).

- Die südwestdeutsche Variante wird als hochdeutsche Bezeichnung anerkannt, die norddeutsche bleibt unbedeutend:

	Varianten	Zur Verbreitung siehe
(1)	**Schippe** (7 %) – *Schaufel* (93 %)	AdA 9. Runde, Frage 3a
(2)	**Teilchen** (11 %)[209] – **Plunder** (27 %) – *süße Stückchen* (74 %)	AdA 7. Runde, Frage 2
(3)	**Knöllchen** (13 %)[210] – *Strafzettel* (94 %) – Strafmandat (7 %)	AdA 4. Runde, Frage 15

- Die norddeutsche Variante wird neben der südwestdeutschen anerkannt:

	Varianten	Zur Verbreitung siehe
(1)	**Harke** (30 %) – *Rechen* (91 %)	WdU Band 1, Karte 13
(2)	**Porree** (37 %) – *Lauch* (79 %)	AdA 2. Runde, Frage 8
(3)	**mäkelig** (37 %) – *heikel* (39 %) – *schneikig* (6 %)	AdA 3. Runde, Frage 9b
(4)	**Weihnachtsmann** (55 %) – *Christkind* (77 %)	WdU Band 1, Karte 46
(5)	**Rotkohl** (64 %) – *Rotkraut* (49 %) – Blaukraut (22 %)	WdU Band 1, Karte 93
(6)	**fegen** (66 %) – *kehren* (62 %)	AdA 2. Runde, Frage 4 WdU Band 1, Karte 16

209 Die Zustimmungen kamen vor allem von Teilnehmern aus Rheinland-Pfalz und Nordrhein-Westfalen.

210 Wie Anm. 212.

- Die norddeutsche Variante verdrängt die südwestdeutsche:

	Varianten	Zur Verbreitung siehe
(1)	**Mücke** (71 %) – *Schnake* (43 %)	WdU Band 2, Karte 101
(2)	**Krümel** (78 %) – *Brosamen* (15 %) – Brösel (34 %)	WdU Band 2, Karte 58
(3)	**Weihnachtsbaum** (78 %) – *Christbaum* (51 %)	WdU Band 1, Karte 45
(4)	**Viertel nach 10** (84 %) – *viertel 11* (22 %)	WdU Band 1, Karte 40 AdA 7. Runde, Frage 11e
(5)	**es klingelt** (84 %) – *es läutet* (37 %) – *es schellt* (4 %)	AdA 8. Runde, Frage 4e WdU Band 1, Karte 27
(6)	**Putzlappen** (88 %) **Scheuerlappen** (12 %) – *Putzlumpen* (16 %)	
(7)	**nach Hause** (90 %) – *heim* (24 %)	WdU Band 2, Karte 80
(8)	**sich in der Schule melden** (90 %) – *strecken* (29 %)	AdA 5. Runde, Frage 11
(9)	**Flur** (90 %) – *Gang* (28 %)	WdU Band 1, Karte 25
(10)	**Zahnschmerzen** (91 %) – *Zahnweh* (20 %)	WdU Band 3, Karte 3
(11)	**Brötchen** (94 %) – *Wecken* (10 %) – Semmel (9 %)	WdU Band 2, Karte 59 AdA 9. Runde, Frage 1h
(12)	**Ziege** (97 %) – *Geiß* (9 %)	WdU Band 2, Karte 100
(13)	**sich erkälten** (91 %) – sich verkühlen (18 %) – *sich verkälten* (3 %)	WdU Band 1, Karte 6 AdA 2. Runde, Frage 15

- Eine norddeutsche-südostdeutsche Variante verdrängt die südwestdeutsche:

	Varianten	Zur Verbreitung siehe
(1)	**Abendbrot** (41 %) – Abendessen (85 %) – *Nachtessen* (3 %)	WdU Band 1 Karte 38
(2)	**Püree** (49 %) – *Kartoffelbrei* (72 %) – Kartoffelstampf (4 %)	WdU Band 2, Karte 67

(3)	**Karotte** (84 %) – **Möhre** (41 %) – *gelbe Rübe* (18 %)	WdU Band 2, Karte 89 AdA 9. Runde, Frage 1k
(4)	**Dachboden** (90 %) – *Bühne* (18 %) – *Speicher* (24 %)	WdU Band 1, Karte 24 AdA 2. Runde, Frage 6

Wenn wir die wegen des doppelten regionalen Einflusses nicht ganz einfach einzuschätzende vierte Gruppe beiseitelassen und aus der zweiten Gruppe wegen der hohen Zustimmung *Rotkohl* und *fegen* zur dritten Gruppe hinzuzählen, dann ergibt sich, dass die befragten Personen in 15 von 22 Fällen (= 68 %) eine norddeutsche Bezeichnung gegenüber einer süddeutschen bevorzugen. Nur in 7 Fällen (= 32 %) entscheiden sich die Befragten für die Südvariante, teils neben der nördlichen Bezeichnung. Noch deutlicher wird die Bevorzugung des Nordens, wenn wir auf die abgelehnten Varianten schauen. Von den angebotenen nördlichen Varianten liegen lediglich die vier Bezeichnungen *Knöllchen, Plunder, Schippe* und *Teilchen* unter 30 % Zustimmung. Bei den süddeutschen Angeboten sind dies mit *Brosamen, Bühne, Gang, Geiß, gelbe Rübe, heim, Putzlumpen, schellen, schneikig, Speicher, strecken, (sich) verkälten, viertel 11, Wecken* und *Zahnweh* nicht weniger als 15 Varianten, die die 30 %-Hürde nicht überspringen, also fast vier Mal so viel.

Dieses Ergebnis ist eindeutig und präzisiert deutlich eine Tendenz, die schon bei der oben erwähnten Umfrage an baden-württembergischen Gymnasien aus dem Jahr 2014 abzulesen war:[211] der norddeutsche Wortschatz wird von Süddeutschen eher als „hochdeutsch" anerkannt als der eigene Wortschatz. Besonders interessant wird diese eindeutige Bevorzugung norddeutscher Varianten, wenn man diese mit den Aussagen aus dem ersten Fragebogenteil in Verbindung setzt. Dort hat die große Mehrheit der Befragten angegeben, dass „Hochdeutsch" vor allem im Norden gesprochen wird („Hannoverismus"). Diese subjektive Einschätzung schlägt sich also direkt im Sprachgebrauch nieder: Wer der Ansicht ist, dass der Norden hochdeutsch spricht, wählt bei einer Auswahl von mehreren Varianten die norddeutsche Variante als hochdeutsche. Das Klischee ist also so stark, dass der tatsächliche Sprachgebrauch dem Klischee angepasst wird. Umgekehrt heißt dies aber auch, dass diejenigen, die in einer Standardsituation süddeutsche Varianten verwenden, mit dem Vorwurf leben müssen, Dialekt zu schreiben oder zu sprechen.

211 Klausmann (2014a: 115).

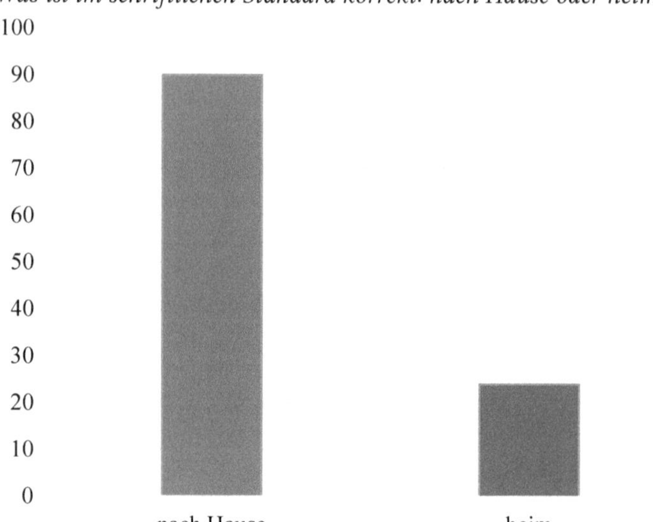

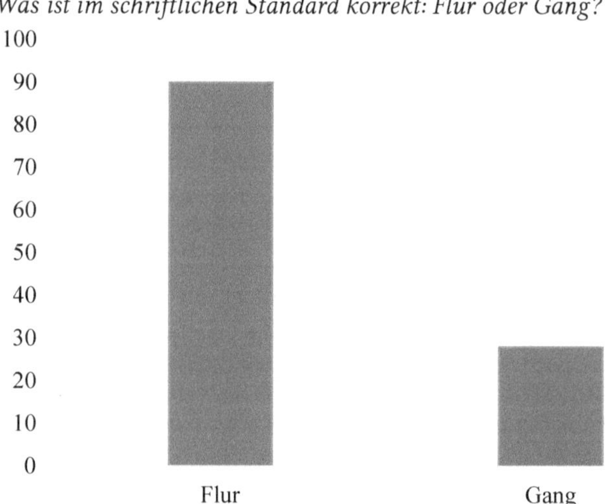

Abb. 14 a–b: Ergebnisse einer Umfrage von 2018 bei Deutschreferendarinnen und -referendaren für das Gymnasium in Baden-Württemberg.

Abschließend stellten wir uns noch die Frage, wie der Duden mit der Wahl zwischen den bei unserer Umfrage angebotenen verschiedenen Varianten umgeht. Ein Abfragen aller hier berücksichtigten 65 angebotenen Bezeichnungen bei Duden-Online ergab folgendes Ergebnis:

Ohne weitere Angaben und damit uneingeschränkt zum Standard gehören für den Duden 31 Bezeichnungen, die wir mit Hilfe des WdU und des AdA geografisch zuordnen können:[212]

1. Duden-Online entscheidet sich 21mal für die norddeutsche Variante als die „hochdeutsche".
   Hierzu gehören die Varianten *Abendbrot, Brötchen, (sich) erkälten, Flur, klingeln, Krümel, mäkelig, (sich) melden, Möhre, Mücke, nach Hause, Plunder, Porree, Püree, Putzlappen, Scheuerlappen, viertel nach zehn, Weihnachtsbaum, Weihnachtsmann, Zahnschmerzen, Ziege.* Hier ist eine fast vollständige Übereinstimmung mit den Einschätzungen der befragten Referendarinnen und Referendare festzustellen. Lediglich bei Plunder und Scheuerlappen weichen die Ergebnisse erheblich voneinander ab.
2. Duden-Online entscheidet sich 7mal für die süddeutsche Variante als „hochdeutsche", und zwar bei *Christkind, Gang, heim, Kartoffelbrei, Lauch, Rechen, Schaufel.* Auch hier ergibt sich eine erstaunliche Übereinstimmung, die lediglich bei den Varianten *heim* und *Gang* nicht erfolgte.
3. Duden-Online entscheidet sich bei *Karotte* und *Strafmandat* für eine südostdeutsche Variante und bei *Abendessen* für eine im deutschen Sprachraum weit verbreitete Bezeichnung. Auch hier finden wir eine Übereinstimmung bei fast allen Fällen vor, außer bei *Strafmandat.*
   Bei den übrigen 34 Bezeichnungen aus unserer Liste schränkt Duden-Online die Verwendung in zwei Fällen – nämlich bei *Strafzettel* (94 % Zustimmung bei unserer Befragung) und *Zahnweh* (20 %) – mit dem Vermerk „umgangssprachlich" ein. Alle anderen erhalten eine räumliche Einschränkung, und zwar wie folgt:
   a. landschaftlich: *Christbaum* (51 % Zustimmung), *Schnake* (43 %), *viertel 11* (22 %), *Bühne* (18 %), *Knöllchen* (13 %), *Teilchen* (11 %), *schneikig/schnäkig* (6 %).
   b. norddeutsch: *Dachboden* (90 %), *fegen* (66 %), *Rotkohl* (64 %), *Harke* (30 %), *Schippe/Schüppe* (6 %).
   c. süddeutsch (teilweise auch schweizerisch und österreichisch): *Rotkraut* (49 %), *läuten* (37 %), *Speicher* (24 %), *Blaukraut* (22 %), *gelbe Rübe*

212 Der Nachweis zur geografischen Verbreitung der einzelnen Bezeichnungen ist den oben aufgelisteten Tabellen zu entnehmen.

(18 %), *Putzlumpen* (16 %), *Wecken* (10 %), *Geiß* (9 %), *schellen* (4 %), *Nachtessen* (3 %).

d. nur bayerisch-österreichisch: *heikel* (39 %), *Brösel* (34 %), *sich verkühlen* (18 %), *Brosamen* (15 %), *Semmel* (9 %),

e. gar nicht belegt sind bei Duden-Online die Bezeichnungen *süße Stückchen* (74 %), *kehren* „fegen" (62 %), *(in der Schule) strecken* (29 %), *Kartoffelstampf* (4 %) und *sich verkälten* (3 %).

Man könnte erwarten, dass Wörter, die der Duden als „süddeutsch" bezeichnet, bei uns eine relativ hohe Zustimmung erhalten, doch ist dies lediglich bei *Rotkraut* (49 %) der Fall. Andererseits müsste man erwarten, dass als „norddeutsch" bezeichnete Wörter hier wenig Zustimmung erhalten. Die Umfrage zeigt aber auch hier das Gegenteil, denn mit *Dachboden* (90 %), *fegen* (66 %) und *Rotkohl* (64 %) schaffen gleich drei „Nordlichter" mühelos die 50 %-Hürde. Da auch die Bezeichnung *Harke* mit 30 %iger Zustimmung noch eine relativ hohe Quote erreicht, wird letztendlich von den angebotenen, laut Duden norddeutschen Bezeichnungen nur *Schippe/Schüppe* abgelehnt. Nimmt man noch die diffuse Einschränkung „landschaftlich" hinzu und berücksichtigt, dass es sich bei *Knöllchen* und *Teilchen* ebenfalls um Bezeichnungen aus dem Norden handelt, so kann man abschließend feststellen, dass von den laut Duden norddeutschen Bezeichnungen bei unserer Befragung lediglich drei unter einer Zustimmungsquote von 15 % liegen, von den süddeutschen Bezeichnungen ist es das Doppelte. So zeigt also auch der Blick auf die vom Duden vorgenommenen geografischen Einschränkungen, dass es bei unserer befragten Gruppe norddeutsche Bezeichnungen leichter haben, in die Standardsprache aufgenommen zu werden als süddeutsche.

5.4 Dialekt und Standardsprache in den Medien und in der Werbung

Mit der massenhaften Verbreitung von Radio und Fernsehen kam es zu der Befürchtung, dass die Dialekte nun rasch verschwinden werden. Dass dies nicht geschehen ist, hängt damit zusammen, dass man mit diesen Medien nicht spricht, sondern deren Sprache lediglich passiv wahrnimmt. Auch darf man nicht vergessen, dass man bis vor 1–2 Generationen Radiosendungen nur selten gehört hat. Ganz anders stellt sich die Situation heute dar, wo die Sprache gerade der regionalen Sender, die in manchen Haushalten, Büros und Geschäften den ganzen Tag zu hören sind und die man auch im Autoradio auf dem Weg zum Arbeitsplatz oder zum Einkaufen anhört, durchaus Auswirkungen auf die Hörer haben kann. In diesem Fall kann die wiederholte Verwendung von Wörtern oder einer besonderen Aussprache für die Hörerinnen und Hörer als Vorbild oder Bestätigung wirken. Auffallend ist dabei, dass auch Sprecherinnen und Sprecher von süddeutschen Sendern bei der Verwendung von Regionalismen lediglich norddeutsche Varianten verwenden, so dass auch hier die sprachliche Ideologie des Hannoverismus eindeutig zum Vorschein kommt. Hier eine Auswahl von norddeutschen Varianten, die in jüngster Zeit im SWR-Radio zu hören waren: *die Teeter sind noch nicht gefunden* „die Täter sind noch nicht gefunden", *die Leeden können ihre Leeger leeren* „die Läden können ihre Lager leeren", *der Schweebische Wald* „der Schwäbische Wald", *das Markgreeflerland* „das Markgräflerland", *noch einen schönen Tach* „noch einen schönen Tag", *er kommt mit dem Ratt* „Er kommt mit dem Fahrrad", *Mal schauen, wer dem Pastor den Haushalt führt* „mal schauen, wer dem Pfarrer den Haushalt führt". Das auffälligste Phänomen – und dies zeigen auch die angeführten Beispiele – ist zweifellos die Angst der Sprecherinnen und Sprecher vor einem langen *ä*-Laut, der offenbar in den Radioanstalten als „dialektal" aufgefasst wird, obwohl laut Duden-Online zum Beispiel bei *Täter* der lange *ä*-Laut korrekt ist.[213]

Aber nicht nur die für die Benutzer vorbildhaften Lautungen und Wortverwendungen sind bei den Medien zu betrachten, sondern auch der Einsatz von Dialekt, sei es als vollständige Sendung im Dialekt oder als Einsatz von Dialektsprechenden in einem Spielfilm. Hier ist auf zwei Beobachtungen hinzuweisen: Sendungen im Dialekt sind relativ selten und dann in der Regel in die Rubrik „Komödie" oder „Comedy" einzuordnen. Diese Ausschließlichkeit führt dazu, dass der Dialekt in der Öffentlichkeit lediglich als etwas Lustiges wahrgenommen wird. Dass der Dialekt oder die Regionalsprache für Millionen von Menschen auch heute immer noch der Alltag ist, wird mit dieser Ausschließlichkeit außer Acht gelassen. Noch problematischer ist der Einsatz von Regionalsprache in bekannten Serien wie dem „Tatort", wo der regionale Bezug höchstens von Personen der unteren Ebene hergestellt werden darf. Wer es bis zum Kommissar geschafft hat, verwendet in seiner Sprache keine Regionalismen mehr. Damit wird der Dialekt oder das regionale Sprechen zu einer sozialen Markierung, was aber in Süddeutschland nicht unbedingt der Fall sein muss.

Diametral entgegengesetzt zu den Medien läuft die Entwicklung in der Werbung. Hier gilt das Regionale als etwas Positives, denn es baut Barrieren zum Kunden ab: Wer so spricht, wie ich spreche, ist so wie ich. Die Werbung im Dialekt verstärkt also die Verbindung zwischen der betrachtenden Person und dem Produkt. Beim bekannten Motto des FC Bayern München *Mia san mia*

213 https://www.duden.de/rechtschreibung/Taeter (30.4.2019).

kommt noch der Aspekt des emotionalen Zusammenhalts hinzu. Verein und Fans bilden somit eine Gemeinschaft.

Ein weiterer Grund für die Verwendung von regionaler Sprache in der Werbung besteht darin, dass der Dialekt mit „Echtheit“, „Vertrautheit“, „Tradition“ verbunden wird. Regionale Produkte und regionale Küche sind im Trend und viele Rezepte werden mitsamt der regionalen Bezeichnung wieder ausgegraben. Daher wird auch der Dialekt heute verstärkt in der Werbung eingesetzt, sei es als Schriftzug auf Lastwagen, als Werbung auf Flyern, Fahnen oder in Bahnunterführungen. Süddeutsche wie norddeutsche Brauereien machen es vor: Sie verbinden ihre Produkte schon länger mit der Herkunftsregion und dem dortigen Dialekt. So wird Lokalkolorit zum Verkaufsargument. Mit dem Erdinger-Lied oder mit dem norddeutsch-wortkargen Flensburger-Bier-Trinker hole ich mir ein Stück Bayern oder Norddeutschland ins Haus. Im Bereich Lebensmittel findet man Dialektbezeichnungen besonders häufig auf Speisekarten. Ist das Wort zu regional, so kann es übersetzt werden. Das folgende Hinweisschild auf eine Pizzeria in Ravensburg ist ein Beispiel hierfür:

Abb. 15: Werbung im Dialekt: Die *Dinnete* ist ein Flachkuchen mit unterschiedlichem Belag, auch schwäbische Pizza genannt.

Im schriftlichen Bereich findet man die Verwendung des Dialekts aber immer noch eher selten. Der Grund hierfür liegt in der Schwierigkeit, die lautlichen Besonderheiten der Dialekte ohne festgelegte Norm zu verschriftlichen. Da eine solche Verschriftlichung zu Verständnisschwierigkeiten führen könnte, wird der Dialekt im Schriftlichen meistens nur reduziert eingesetzt, das heißt, dass man in einem standardsprachlichen Satz ein dialektales Wort einbaut oder nur

Wörter, die sich leicht entschlüsseln lassen. Dabei ist noch zu berücksichtigen, dass die dialektalen Einsprengsel möglichst großräumig verbreitet sein müssen. Hier zwei Beispiele aus dem Stuttgarter Hauptbahnhof aus den Jahren 2018 und 2019, die mit diesem Verfahren arbeiteten:

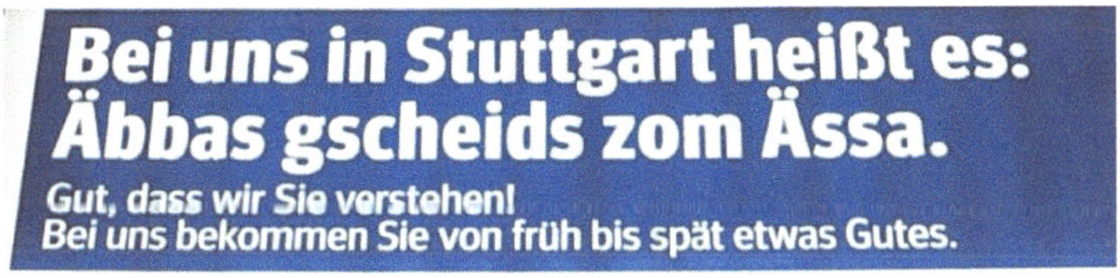

Bei uns in Stuttgart heißt es:
Äbbas gscheids zom Ässa.
Gut, dass wir Sie verstehen!
Bei uns bekommen Sie von früh bis spät etwas Gutes.

Abb. 16: Werbung im Dialekt am Stuttgarter Hauptbahnhof.

Die Stuttgarter Brauerei Schwabenbräu setzt sich allerdings über die soeben genannten Regeln hinweg und wirbt in einer Lautschrift, was einen Überraschungseffekt bewirkt und damit die Aufmerksamkeit erhöht: *'älle mid 'bü:gl* (Abb. 17). Verstärkt wird dies dann auch noch durch besonders auffällige Schriftzeichen. Schaut man genau hin, so erkennt man, dass aber auch hier die Regel der allgemeinen Verständlichkeit eingehalten wird: die Lautschrift ist keine wissenschaftliche Lautschrift, sondern eine Lautschrift, die die üblichen Schriftzeichen verwendet und lediglich mit zwei Schreibbesonderheiten (Apostroph und Doppelpunkt als Längezeichen) eine Lautschrift imitiert.

Abb. 17: Werbung im Dialekt: Schwaben Bräu.

Dass die schriftliche Verwendung von Dialekt in der Werbung von Land zu Land verschieden sein kann, zeigt die Lebensmittelwerbung verschiedener österreichischer Geschäfte (Abb. 18). Da der Dialekt in ganz Österreich einen höheren sozialen Stellenwert hat als in Deutschland, werden dort die lautlichen Besonderheiten stärker ins Schriftliche mitgenommen als dies in Deutschland der Fall ist.

Am häufigsten finden wir den Dialekt aber dort, wo er vom Medium her zu Hause ist, im Mündlichen – und daher im Radio. Berühmt und sogar deutschlandweit verbreitet ist die Seitenbacher-Werbung. Damit die große Zielgruppe erreicht werden konnte, wurde bewusst ein gut verständliches Schwäbisch verwendet, das so in der Wirklichkeit nicht existiert. Das Schwäbische wird hier eingesetzt, um das Klischee des biederen, etwas spießigen, aber auch zuverlässigen Schwaben, der für seinen Familienbetrieb wirbt, auszunutzen. All dies soll Vertrauen in das Produkt erzeugen. Interessant ist, dass der Sitz der Firma Seitenbacher gar nicht im Schwäbischen liegt, sondern ungefähr 50 Kilometer nördlich der schwäbisch-fränkischen Dialektgrenze in Buchen und damit in dem Gebiet, das Dialektforscher als südfränkisch bezeichnen.

Abb. 18: Werbung im Dialekt: Niederösterreich.

Prinzipiell wichtig bei der Werbung mit Dialekten ist, dass das Ganze glaubwürdig ist. Daher muss man sich sowohl sprachwissenschaftlich als auch kulturwissenschaftlich mit der Zielgruppe genau beschäftigen. Tut man dies nicht, so kann es einem wie der Firma Aldi ergehen, die zum Oktoberfest 2017 die folgende Werbung herausbrachte:

Abb. 19: Werbung im Dialekt: Aldi Süd. „Des Scheene an der Wiesn: Ma hod oan Grund mehr, si zua vakleidlen."

Im Internet war bei Focus-Regional-Online am 29. 8. 2017 hierzu folgender Kommentar zu lesen:

> „Jo, wos is denn des? Mit seiner neuen Werbung für Trachten und Dirndl hat sich Discounterriese Aldi Süd den Hohn und Spott vieler Bayern zugezogen. Aber warum genau? Ein Dialektforscher erklärt, was der Konzern falsch gemacht hat. [...]
> ‚Ihr macht euch sowas von lächerlich!', schrieb zum Beispiel ein User übersetzt, im Gegensatz zu Aldi in perfektem Bairisch. ‚Wer so einen Mist bei euch kauft, dem gehört eine Tracht, und zwar eine Tracht Prügel!' Und ein anderer Kommentator ergänzt: ‚Das ist immer so zum Lachen, wenn die Preußen versuchen, unseren Dialekt nachzumachen.' [...]
> ‚Man kann an einigen Stellen ein paar Inkonsistenzen feststellen', sagt Markus Kunzmann, Sprachwissenschaftler und Dialekt-Experte an der Ludwig-Maximilians-Universität München. ‚Beim ‚zua vakleidlen' ist deutlich die Umsetzung des Standarddeutschen ins Bairische erkennbar, die in diesem Fall aber so nicht funktioniert.' Zumal der Ausdruck ‚vakleidlen' ohnehin eine Wortneuschöpfung sei, so Kunzmann.
> Außerdem nutze Aldi Süd an der ein oder anderen Stelle, etwa bei ‚mehr', die schriftdeutsche Variante statt des Dialekts. Ausgerechnet beim eigenen Namen dann macht

> Aldi Süd es anders herum – und wieder genau falsch: Denn ‚Oidi' sagt in Bayern kein Mensch, auch im Freistaat heißt es ‚Aldi'."[214]

Bleibt noch die Frage, ob die aktuell zunehmende Verwendung von Dialekt in der Werbung ein Beweis für die Aufwertung des Dialekts in heutiger Zeit ist. Die Frage ist schwer zu beantworten. In der Regel dürfte bei der Werbung die Bindung zum Dialekt allerdings wohl nur noch symbolisch vorhanden sein, das heißt, dass es genügt, wenn die „Empfänger" nur so viel Dialektkenntnisse haben, dass sie den Dialektanteil der Werbung verstehen und ihn in eine positive Verbindung mit dem beworbenen Produkt bringen. Man spricht in diesem Zusammenhang von einer emblematischen Funktion des Dialekts.[215] Immerhin aber macht die Verwendung des Dialekts in diesem Bereich deutlich, dass die Werbeagenturen offenbar der Ansicht sind, dass im Augenblick das Regionale wieder positiv gesehen wird und der Dialekt ist immerhin ein wichtiger Teil für das regionale Bewusstsein.

214 https://www.focus.de/regional/bayern/am-26-08-gemma-zu-oidi-neue-werbung-von-aldi-sued-veraergert-bayern-sprachforscher-erklaert-warum_id_7529444.html (30.3.2020).

215 Siehe hierzu zuletzt Tophinke (2019: 9), Fischer/Hofmann (2019: 26) und Tophinke/Ziegler (2019: 40 f.).

6. Zusammenfassung: Konsequenzen und Schlussfolgerungen für den (Deutsch-)Unterricht

6.1 (Deutsch-)Unterricht

Die folgende Übersicht fasst noch einmal kurz und systematisch gegliedert alle didaktisch relevanten Aspekte zur Verwendung bzw. Behandlung von Dialekt und Standardsprache im Unterricht zusammen. Die einzelnen Aussagen haben dabei, soweit es sich nicht um rechtlich bindende Vorgaben handelt, den Charakter von Empfehlungen. Diese Empfehlungen ergeben sich schlüssig aus den bisherigen Überlegungen (Kap. 1–5). Der Fokus liegt auf dem (schulischen) Deutschunterricht sowie auf der mündlichen Sprachverwendung, aber wir gehen auch auf (regionale) Aspekte der schriftlichen Standardsprache ein, soweit es an dieser Stelle sinnvoll und notwendig ist. Darüber hinaus können sich auch andere Fächer (wie etwa Mathematik, Geschichte und Kunst) an den für sie relevanten Empfehlungen orientieren. Zur wichtigen Rolle der Ausbildung von Deutschlehrkräften an den Universitäten gibt es einen eigenen Abschnitt mit weiterführenden Überlegungen. Für die Schule formulieren wir, insbesondere im Hinblick auf die inhaltliche Auseinandersetzung, einen (gehobenen) Standard für die Sekundarstufe II bzw. das Gymnasium, d. h. in anderen Schularten müssen hinsichtlich der Tiefe und Problemorientierung der inhaltlichen Auseinandersetzung – man denke etwa an das komplexe Thema der sprachlichen Ideologien (Kap. 4.1 f.) – dem Leistungsniveau der Schülerinnen und Schüler entsprechende Abstriche gemacht werden.

Rechtliche Rahmenbedingungen: Zunächst einmal müssen sich schulische Bildungseinrichtungen und Universitäten gleichermaßen darüber im Klaren sein, dass sie an bestimmte rechtliche Rahmenbedingungen gebunden sind. Für Deutschland ist hier an erster Stelle Art. 3 GG („Niemand darf wegen [...] seiner Sprache [...] benachteiligt oder bevorzugt werden") zu nennen (vgl. Kap. 4.1). Ebenso gilt – wie für alle EU-Staaten – auch für Deutschland die „Charta der Grundrechte der EU", insbesondere das Gebot der Nichtdiskriminierung („Diskriminierungen, insbesondere wegen [...] der Sprache [...] sind verboten") nach Art. 21.

Universitäre Ausbildung von (Deutsch-)Lehrkräften: Die sinnvolle Auseinandersetzung mit dem Themenkomplex „Dialekte und Standardsprache" setzt an erster Stelle fundierte sprachwissenschaftliche Kenntnisse voraus. Deshalb ist eine möglichst umfassende Ausbildung in diesem sprachwissenschaftlichen Teilbereich unerlässlich. Dass diese Voraussetzung zurzeit nicht erfüllt ist, zeigen die Ergebnisse in Kapitel 5 mit einer Reihe von Beispielen aus dem (schulischen) Sprachalltag. Insbesondere die Ergebnisse der „Befragung im schulischen Umfeld" (Kap. 5.3) lassen erkennen, dass insgesamt ein erheblicher Handlungsbedarf im Bereich der universitären Ausbildung besteht. Die fachlich-inhaltlichen Schwerpunkte ergeben sich dabei aus den einzelnen, in dieser Einführung angesprochenen Fragen und Problemstellungen. Hier nur die wichtigsten: linguistische Grundlagen (Kap. 2), Herkunft und Gliederung der deutschen Dialekte (Kap. 3), Vertrautheit mit zentralen Frage- und Problemstellungen, insbesondere mit der Problematik sprachlicher Ideologien und sprachlicher Diskriminierung (innerhalb und außerhalb der Schule).

Kompetenzorientierung: Substanzielle Veränderungen im Umgang mit und bei der Vermittlung von Kenntnissen über Dialekt und Standardsprache in der Schule (und anderen Bildungseinrichtungen) lassen sich darüber hinaus nur auf der Basis eines differenziert entfalteten Konzepts sprachlicher Kompetenz erreichen. Soll das dialektale Sprechen nicht weiter marginalisiert und letztlich ganz zum Verschwinden gebracht werden, ist es erforderlich, es in ein dialektfreundliches Konzept sprachlicher Kompetenz zu integrieren, etwa im Sinne der Förderung der von Jan Georg Schneider mit dem Begriff der Sprachspielkompetenz bezeichneten Fähigkeit, spielerisch mit den verschiedenen Möglichkeiten der Sprache umzugehen.[216] Dazu gehört neben der Förderung der aktiven Mehrsprachigkeit auch die Förderung der passiven Mehrsprachigkeit, also die Fähigkeit, Dialekte zu verstehen, ohne sie selbst zu sprechen (Kap. 4.4). Darüber hinaus berührt das Thema „Dialekte" bzw. das dialektale Sprechen die kommunikative Kompetenz, zu der wiederum die Hörkompetenz zählt: Ein dialektfreundliches Konzept kommunikativer Kompetenz macht – zumindest prinzipiell – alle an der Kommunikation beteiligten Gesprächspartner gleichermaßen für das Gelingen eines Gesprächs verantwortlich (und nicht einseitig den Dialektsprecher / die Dialektsprecherin). Wir erinnern daran, dass in der deutschsprachigen Schweiz die Kommunikation zwischen Personen aus unterschiedlichen Regionen und Ortschaften nur deshalb funktioniert, weil alle bereit sind, die anderen Dialekte zu verstehen. Dies schließt keinesfalls die Problematisierung des kommunikativen Fehlverhaltens einzelner (auch Dialekt sprechender Personen) aus. Das heißt: Der Begriff der Angemessenheit muss sehr viel differenzierter entfaltet werden, als dies bisher der Fall ist, und zwar auf der Basis der linguistisch fundierten Sprachkritik. Die klare und bewusste Unterschei-

216 Vgl. Schneider (2010: 118) bzw. Kap. 4.4.

dung zwischen konzeptioneller Mündlichkeit und konzeptioneller Schriftlichkeit hilft dabei zu klären, was Standard bzw. Standardorientierung im Einzelfall konkret bedeutet und macht Lernenden z.B. bewusst, dass auch der schriftliche Standard (regionale) Varianten aufweist. Für den Bereich der mündlichen Kommunikation ist der Begriff des Gebrauchsstandards für ein differenziert entfaltetes Konzept mündlicher Kommunikation unerlässlich.

Bildungsplan und Curriculum: Da die Vorgaben des Bildungsplans rechtlich bindend sind, besteht hier ebenfalls Handlungsbedarf: Aussagen wie „Dialekt, Umgangs- und Standardsprache in ihrer kommunikativen Bedeutung erläutern und angemessen verwenden“[217] sind zwar nicht grundsätzlich falsch, jedoch insgesamt recht unverbindlich und allgemein (und sollten deshalb weiter konkretisiert und präzisiert werden).[218] Auch die Orientierung an den nationalen Bildungsstandards der KMK hilft, wie wir gesehen haben, an dieser Stelle nicht weiter, da gerade die Bildungsstandards einem besonders ausgeprägten Standardismus, Homogenismus und Hannoverismus das Wort reden (vgl. Kap. 5.1). Was fehlt, sind, wie gesagt, präzisierende Hinweise zu einer ganzen Reihe von Teilaspekten, insbesondere zum Begriff der Gebrauchsstandards und zum Begriff der Angemessenheit (Kap. 4.4), zur aktiven und passiven Mehrsprachigkeit bzw. zur Rolle des Hörverstehens (Kap. 4.4) sowie zur Notwendigkeit der Problematisierung sprachlicher Ideologien; denn Lehrenden wie Lernenden sollte gleichermaßen bewusst sein, dass sprachliche Normen und Praktiken nicht von Natur aus gegeben, sondern von Menschen gemacht, sprich soziale Konstruktionen sind (vgl. Kap. 4.3). Schließlich müssten in Bildungsplänen generelle Aussagen zur Wertschätzung und zum Schutz sprachlicher Vielfalt zu finden sein, z.B. in Gestalt entsprechender Leitperspektiven.[219] Das könnte auch dazu beitragen, dass der Themenkomplex „Dialekte“ – mit allem, was damit zusammenhängt – in Sprachbüchern einen größeren Stellenwert bekommt, als das bisher der Fall ist.[220] Wie solche Bildungsplanvorgaben dann in konkreten Unterricht umgesetzt werden können, kann dann in entsprechenden Beispiel-Curricula aufgezeigt werden. Zwei Durchgänge (einer in der Mittelstufe, einer in

217 Bildungsplan Baden-Württemberg (2016: 58).

218 Vgl. ebd.

219 Im Bildungsplan von Baden-Württemberg (2016: 5) gibt es beispielsweise eine entsprechende Leitperspektive „Bildung für Akzeptanz und Toleranz von Vielfalt“; mit Blick auf das dialektale Sprechen kann, wie wir gesehen haben, in Baden-Württemberg von Toleranz allerdings nur sehr eingeschränkt die Rede sein (vgl. Kap. 5.1).

220 Zu denken ist hier z.B. an die von uns durchgeführte Studie zu Sprachbüchern in Baden-Württemberg, die ergeben hat, dass nur eine geringe Anzahl von Sprachbüchern, insbesondere von Oberstufensprachbüchern, das Thema „Dialekte“ überhaupt behandelt.

der Oberstufe) sind bereits üblich und sollten beibehalten werden. Die intensive Behandlung des Themenkomplexes „Dialekte" in der Oberstufe ist besonders deshalb sinnvoll, weil dort die notwendigen Voraussetzungen für die Beschäftigung mit kognitiv anspruchsvollen Inhalten wie Sprachgeschichte und sprachlichen Ideologien gegeben sind.

Sprechen im Deutschunterricht: Eine der zentralsten und damit bedeutungsvollsten Aktivitäten im Deutschunterricht (wie im Unterricht im Allgemeinen) ist das Sprechen bzw. ist die mündliche Kommunikation. Dabei wird der Lehrkraft zu Recht traditionell die Rolle eines Sprechvorbildes zugewiesen: Sie setzt Maßstäbe in der Art und Weise, wie man in der Klasse miteinander kommuniziert – in fachlicher, in ethischer und auch in sprachlicher Hinsicht. Mit Blick auf das dialektale Sprechen stellt sich vielen Lehrkräften somit die Frage, wie sie a.) mit ihrem eigenen Dialekt umgehen sollen – sofern überhaupt noch vorhanden und nicht längst abtrainiert, und b.) wie Dialekt sprechende Schülerinnen und Schüler zu behandeln sind. Hier sehen wir es nicht als unsere Aufgabe an, im Stil eines Ratgebers konkrete Handlungsanweisungen für unterschiedlichste Einzelfälle zu geben – das würde der Komplexität des Gegenstandes nicht gerecht. Wir formulieren vielmehr allgemeine Prinzipien, die sich plausibel aus dem bisher Gesagten ableiten und flexibel auf die unterschiedlichsten Unterrichtssituationen anwenden lassen. Die Lehrkraft muss dabei selbst entscheiden, was im Einzelfall angemessen ist. Das oberste und wichtigste Prinzip ist die Orientierung an den regionalen Gebrauchsstandards als Maßstab für das Sprechen – statt an dem Ideal einer quasi „neutralen" Standardsprache (vgl. Kap. 3.3/3.5/4.4). Das zweite Prinzip, das sich aus unseren bisherigen Überlegungen ergibt, ist das Nichtdiskriminierungsgebot: Dialektsprecherinnen und Dialektsprecher dürfen nicht diskriminiert werden, z.B. durch Beleidigungen, herablassende Kommentare, Kritik, Witze, die sie als dumm darstellen, o.ä. Und wichtig: die Diskriminierung darf auch nicht indirekt erfolgen, etwa nach dem Motto: „Sag's noch einmal schöner!" Das dritte Prinzip ist der emanzipatorische Ansatz: Lehrende und Lernende interessieren sich im Sinne des sprachsensiblen Deutschunterrichts aktiv dafür, wie der andere spricht; die besondere Aufgabe der Lehrkraft ist es dabei, Schülerinnen und Schüler in zweierlei Hinsicht in ihrer Sprach- und Sprechentwicklung zu fördern und zu begleiten: Sollte es in der Klasse Schülerinnen und Schüler geben, die ausgeprägten Dialekt sprechen, diese darin zu unterstützen, zwischen dem für sie vertrauten Ortsdialekt und dem in der Region üblichen Gebrauchsstandard bewusst unterscheiden und diesen regionalen Gebrauchsstandard zunehmend auch bewusst einsetzen zu lernen; dies setzt nicht voraus, dass die Lehrkraft diesen Gebrauchsstandard selbst spricht – der eigene Gebrauchsstandard reicht vollkommen aus (sinnvoll und schlüssig ist es deshalb auch, gegenüber Schülerinnen und Schülern von Anfang an von dem „Gebrauchsstandard“ bzw. der „Umgangssprache“ zu sprechen und nicht von der „Standardsprache“).[221] Die zweite Stoßrichtung eines emanzipatorischen Sprachunterrichts, wie wir ihn verstehen, führt vom Gebrauchsstandard zurück zum Dialekt: Er betrachtet und akzeptiert den Dialekt als Teil der Identität seines Sprechers / seiner Sprecherin. Es darf deshalb nicht das Ziel des Unterrichts sein, ihn möglichst weitgehend abtrainieren oder gar auslöschen zu wollen; positives Ziel sollte es vielmehr sein, Schülerinnen und Schüler das Bewusstsein zu vermitteln, dass sie die Fähigkeit, verschiedene Varietäten des Deutschen zu beherrschen und flexibel einzusetzen, insgesamt reicher – und damit letztlich auch sprachkompetenter – macht. Ein Bereich, in dem das Gesagte besonders sinnfällig wird, ist der Bereich des Wortschatzes, gerade in einer Situation, in der durch räumliche Mobilität innerhalb Deutschlands, aber auch Zuwanderung von außerhalb Deutschlands unterschiedliche Sprachwelten aufeinandertreffen: Fallen (regionale) Ausdrücke, die von einzelnen nicht verstanden werden, können diese Ausdrücke im Unterricht geklärt und ggf. in den (passiven) Wortschatz aller aufgenommen werden.

Inhaltliche Schwerpunktsetzung: Die ausführlichen Überlegungen zur Kommunikation machen deutlich, dass die Rolle des alltäglichen Sprechens im Unterricht für das Thema „Umgang mit Dialekten in der Schule“ mindestens so bedeutsam ist wie dessen explizite Behandlung im Rahmen separater Unterrichtseinheiten. Da im Zusammenhang mit dem Unterpunkt „Bildungsplan und Curriculum“ bereits wichtige inhaltliche Schwerpunkte genannt worden sind, sollen nun lediglich noch einzelne leitende Prinzipien für eine sinnvolle inhaltliche Auseinandersetzung ergänzt werden. Hier gilt: Ergänzend zur Vermittlung des bereits skizzierten Basiswissens erfolgt die intensive Erforschung des eigenen Sprachalltags. Nur wenn Lernende die Möglichkeit erhalten, im Unterricht – z. B. im Rahmen von Unterrichtseinheiten oder Projekten – ihren eigenen Sprachalltag zu erforschen, sind sie selbst in der Lage, ihr eigenes Sprechen bewusst wahrzunehmen und zwischen Dialekt und Standardsprache zu verorten. Besonders naheliegend ist es deshalb, sowohl Dialekt sprechende Menschen (insbesondere aus der heimischen Region) als auch die Standardsprache sprechende Menschen, wie sie Schülerinnen und Schüler beispielsweise aus Radio und Fernsehen kennen, zu Wort kommen zu lassen. Eine geeignete Möglichkeit hierfür stellt insbesondere der Einsatz des sprechenden Sprachatlas (vgl.

221 Auch der Begriff „überregionale Verständigungssprache“ kann in diesem Sinne verwendet werden.

Kap. 7.3.1) dar.[222] Ausgehend davon können dann z. B. Überlegungen zu ausgewählten Lautgesetzen, Exkursionen in die Sprachgeschichte und problemorientierte Auseinandersetzungen mit sprachlichen Klischees und Ideologien, wie sie beispielsweise in den Medien vermittelt werden, erfolgen. Auch der Einsatz von Komik ist dabei natürlich erlaubt, allerdings sollte beim Einsatz von Komik darauf geachtet werden, dass sprachliche Ideologien hinterfragt und nicht etwa gängige Klischees bestätigt werden (vgl. Kap. 5.2). Für die Ausbildung dessen, was wir bereits weiter oben Sprachspielkompetenz genannt haben, ist es darüber hinaus notwendig, ergänzend zur Schulung der passiven Mehrsprachigkeit auch die aktive Mehrsprachigkeit zu fördern, z. B. durch die spielerische Verwendung einzelner dialektal geprägter Wörter oder auch die gezielte Einübung unterschiedlicher Ausprägungsgrade ausgewählter Dialekte.[223] Dabei geht es nicht um (rückwärtsgewandte) Brauchtumspflege, sondern um das Verständnis des kulturellen Erbes einer Region[224] und um die Förderung der kulturellen Kompetenz nach dem grundlegenden Lernprinzip: Vom Nahen zum Fernen.[225]

Klassenarbeiten: Die Entfaltung der Schreibkompetenz erfolgt auf der Basis der kodifizierten Rechtschreibregeln bzw. den Vorgaben der schriftlichen Standardsprache, wie sie etwa im Duden oder im Wahrig kodifiziert sind. Dabei gibt es auch im schriftlichen Standard, wie wir gesehen haben, eine ganze Reihe regionaler Varianten (vgl. Kap. 3.6). Sofern diese in den genannten Wörterbüchern zu finden sind, besteht keine Notwendigkeit, sie als Wortschatz- oder Stilfehler anzustreichen, wenn sie in Schülertexten auftauchen. Wesentlich sinnvoller ist es, im Unterricht gezielt regionale Varianten zu sammeln, um den

---

222 Ein konkretes Beispiel dafür, wie man den Themenkomplex Dialekt / Sprachatlas in der Schule behandeln kann, findet sich bei Arzberger (2007: 10–12); siehe dazu auch Kap. 7.3.2.

223 An dieser Stelle sei auf ein interessantes Forschungsergebnis hingewiesen, von dem der SPIEGEL (am 8. 12. 2010) in seiner online-Ausgabe berichtet: Laut diesem Bericht kommen Menschen, die einen Dialekt nachahmen, „besser mit Dialekten klar" als Menschen, die den Dialekt nicht nachahmen; dies funktioniert sogar bei einer künstlichen Sprachvariante, also einer Sprachvariante, die es in der Wirklichkeit gar nicht gibt; Urheber dieser Erkenntnisse ist ein Team von Wissenschaftlern um Patti Adank von der University of Manchester; http://www.spiegel.de/wissenschaft/mensch/sprache-und-psychologie-nachahmer-kommen-besser-mit-dialekten-klar-a-733484.html (31. 7. 2019).

224 Vgl. das Hörbuch von Nast / Klausmann von 2020, wo die Kulturgeschichte einer Region exemplarisch an drei Themen illustriert wird.

225 Dieses grundlegende Lernprinzip gilt, wie gesagt, fächerübergreifend, u. a. im Fach Chemie; vgl. dazu z. B. die folgende Internetseite der Universität Bayreuth: http://daten.didaktikchemie.uni-bayreuth.de/grundbegriffe_fd/3_4_Didaktische_Regeln.htm (2. 8. 2019).

Schülerinnen und Schülern von Anfang an deutlich zu machen, dass auch in der schriftlichen Standardsprache regionale Varianten vorkommen.

Zum Abschluss noch einige Bemerkungen zu Diktaten, eine für den Deutschunterricht typische Sonderform von Klassenarbeiten: In vielen Schulen ist es bis heute üblich, Diktate zu schreiben, obwohl Diktate zur Förderung und zur Überprüfung der Rechtschreibkompetenz in der schreibdidaktischen Forschung durchaus umstritten sind.[226] Beim Diktateschreiben gelten für die Lehrkraft sinnvollerweise dieselben didaktischen Prinzipien wie beim Sprechen im Unterricht im Allgemeinen, d. h. die Orientierung an den regionalen Gebrauchsstandards ist vollkommen ausreichend. Es ist weder sinnvoll noch möglich, als Lehrkraft beim Diktieren eines Textes – sozusagen zu Testzwecken – „akzentfrei" Deutsch zu sprechen, zumal die eigene Aussprache für Lehrende ohnehin „keine sichere Grundlage für die korrekte Lautgliederung eines Wortes" ist.[227] Im Übrigen gilt der didaktische Grundsatz, dass Schreiben durch Schreiben erworben wird. Die Schülerinnen und Schüler erlernen die Schriftsprache als ein von der mündlichen Sprache weitgehend unabhängiges, eigenständiges kognitives Konzept sukzessive und über viele Jahre hinweg, weshalb im Zusammenhang mit dem Schriftspracherwerb ja auch treffend vom Aufbau „konzeptioneller Schriftlichkeit" die Rede ist (vgl. Kap. 2.3).[228] Dass das Sprechen von Dialekt bzw. regionalen Gebrauchsstandards keinesfalls ein Hemmschuh für den Bildungserfolg entsprechender Bundesländer ist, belegen einschlägige Vergleichstests: Im INSM-Bildungsmonitoring (v. 2018) belegen die Bundesländer Sachsen, Thüringen und Bayern beispielsweise die Plätze 1–3 (die nördlichen Bundesländer, in denen das vermeintlich beste Hochdeutsch gesprochen wird, z. B. Niedersachsen und Nordrhein-Westfalen, nehmen dagegen mittlere oder gar hintere Plätze im Ranking ein);[229] auch das Beispiel Schweiz zeigt, dass das alltägliche Sprechen von Dialekt bzw. das Sprechen von schweizerdeutschem Gebrauchsstandard im schulischen Kontext keinesfalls negative Auswirkungen auf die in diesem Land lebenden Menschen und ihren Erfolg im Leben hat – im Gegenteil: Laut einer jüngst erschienenen US-Studie gilt die Schweiz als das „beste Land der Welt" (was die „fortschrittliche Sozial- und Umweltpolitik, die

---

226 Vgl. z. B. Thomé (2011: 28 ff.) sowie Thomé (2013: 60 ff.).

227 Thomé (2011: 39).

228 Fix (^{2}2004: 33).

229 Vgl. https://www.insm-bildungsmonitor.de (11. 8. 2019); das Kürzel INSM steht für „Initiative Neue Soziale Marktwirtschaft"; laut eigenen Aussagen erfasst der INSM Bildungsmonitor die Qualität des Bildungssystems in Deutschland umfassender als PISA, da „neben Ergebnissen der Schulleistungstests des IQB auch Daten des Statistischen Bundesamts ausgewertet und gewichtet" werden.

hohe Lebensqualität im Land, die demokratischen Mitbestimmungsmöglichkeiten sowie die wirtschaftliche Offenheit" anbelangt).[230]

6.2 DaF / DaZ-Unterricht

Am Ende unserer Überlegungen zu Fragen der konkreten Umsetzung bzw. Behandlung des Themenkomplexes „Dialekt und Standardsprache" in der universitären Ausbildung, in der Schule (und weiteren vergleichbaren Einrichtungen) gehen wir noch kurz auf den Bereich des DaF / DaZ-Unterrichts (Deutsch als Fremdsprache / Deutsch als Zweitsprache) ein.[231] Was hier zu sagen ist, gilt für DaF und DaZ gleichermaßen, deshalb ist eine systematische Unterscheidung zwischen beiden Teilbereichen an dieser Stelle nicht erforderlich.

Der DaF / DaZ-Unterricht hat sich in besonderem Maße verschiedenen Grundprinzipien verschrieben, die, wie wir gesehen haben, auch für den Umgang mit Dialekten im Unterricht von zentraler Bedeutung sind. So ist im DaF / DaZ-Unterricht *sprachsensibler Unterricht* ebenso selbstverständlich wie die Vorstellung eines „mehrsprachigen Klassenzimmers", zumal man es im Unterricht ja typischerweise mit Menschen unterschiedlicher Herkunft und Muttersprache zu tun hat.[232] Wo liegt also das Problem? Es besteht darin, dass in der DaF / DaZ-Didaktik, zumindest aber bei einigen ihrer Vertreter, bis heute die Vorstellung vorherrscht, man müsse im DaF / DaZ-Unterricht möglichst „akzentfrei" Standardsprache sprechen, um das Erlernen der deutschen Sprache bestmöglich zu gewährleisten; jegliche Form des auch nur ansatzweisen dialektalen Sprechens habe dort keinen Platz.[233] Dementsprechend beobachten Péter Maitz und Stephan Elspaß im Bereich der DaF-Forschung – letztlich der Sprachbarrieren-Diskussion der 1970er Jahre verhaftete – Vorbehalte gegenüber dem Sprechen von Dialekt (vgl. Kap. 4.3).[234] Ein vergleichbares Bild ergibt sich laut Maitz und Elspaß mit Blick auf die DaF-Praxis: Beispielsweise empfiehlt eine Rezensentin in einem Heft der Zeitschrift Info DaF begeistert den dritten Band von Bastian Sicks Buch „Der Dativ ist dem Genitiv sein Tod" – Sicks

230 Zit. nach: https://www.20min.ch/wissen/news/story/Die-Schweiz-ist-das--beste-Land-der-Welt--23109017 (11. 8. 2019).

231 Zur Unterscheidung von DaF und DaZ siehe z. B. Michalak et al. (2015: 23 ff.).

232 Siehe z. B. Jeuk / Kramer-Stein et al. (2016: 20 f.); zum sprachsensiblen Unterricht vgl. z. B. auch Michalak (2015: 159 f.).

233 So heißt es etwa bei Jeuk / Kramer-Stein et al. (2016: 20 f.) unter der Überschrift „10 Tipps für Sprachsensibilität als Unterrichtsprinzip": „Lehrerinnen und Lehrer sind sprachliches Vorbild: sie sprechen Standardsprache, sie sprechen langsam und klar."

234 Maitz / Elspaß (2012: 47).

standardistisch geprägtes, laienhaftes Sprachverständnis wurde bereits an anderer Stelle kritisch hinterfragt (Kap. 4.1).[235] Auch Harald Baßler und Helmut Spiekermann stellen bereits im Jahr 2001 in einer Fragebogenuntersuchung, „an der Lehrer und Schüler des Goethe-Institutes Inter Nationes Freiburg und des Sprachenkollegs für studierende Ausländer Freiburg teilnahmen", fest, es sei scheinbar die „vorherrschende Meinung insbesondere bei DaF-Lehrern und bei den meisten Lehrbuchverlagen", dass sich „der DaF-Unterricht hauptsächlich auf die Vermittlung der deutschen Standardsprache beschränken" müsse; nicht nur als Kommunikationssprache im Unterricht, sondern auch als Lerngegenstand sind Dialekte, so Spiekermann und Baßler, im DaF-Unterricht nicht vorgesehen.[236]

Dazu ist Folgendes zu sagen: Zunächst einmal ist festzustellen, z. B. im Anschluss an Jakob Ossners Einführung in die Sprachdidaktik, dass es neben der – für die DaF / DaZ-Didaktik relevanten – äußeren auch eine innere Mehrsprachigkeit gibt.[237] Diese innere Mehrsprachigkeit gilt es im Unterricht ebenso zur Kenntnis zu nehmen und zu respektieren wie die äußere Mehrsprachigkeit. Darüber hinaus ist es in hohem Maße widersprüchlich, gegenüber Sprechern einer fremden Sprache Sensibilität einzufordern; gegenüber dialektalem Sprechen im Bereich der eigenen Muttersprache jedoch gleichzeitig eine Null-Toleranz-Strategie zu vertreten. Dies erscheint nicht zuletzt deshalb bedenklich, weil auf diese Weise in den Köpfen der Lernenden ein verzerrtes Bild von der deutschen Sprache entsteht.[238] Denn auch im (deutschen) Lebensumfeld der DaF-/DaZ-Schülerinnen und Schüler sprechen erfahrungsgemäß nicht alle ein akzentfreies Standarddeutsch (wie man es vermeintlich im Raum Hannover spricht), erst recht nicht in Österreich oder in der Schweiz; Schülerinnen und Schüler, die die deutsche Sprache lernen, werden also von Anfang an mit der bedenklichen Vorstellung konfrontiert, es gebe ein richtiges (und damit gutes) und ein falsches (und damit) schlechtes Deutsch, was die Aussprache anbelangt. Wesentlich sinnvoller ist es stattdessen, Lehrkräften zu empfehlen, sich auch in der DaF-/DaZ-Didaktik an den ihnen vertrauten regionalen Gebrauchsstandards zu orientieren, nicht zuletzt deshalb, weil keiner verleugnen müssen sollte, wo er (sprachlich) herkommt (Was soll z. B. ein Sprecher der Schweizer Stan-

235 Maitz / Elspaß (2007: 515 f.).

236 Baßler / Spiekermann (2001: 4 f.); insgesamt wurden in der Fragebogenuntersuchung 151 DaF-Lerner und 15 Lehrer befragt.

237 Vgl. Ossner (^{2}2008: 26 ff.); weiterführende Überlegungen zur inneren Mehrsprachigkeit, ihrem Nutzen und ihrer Förderung im schulischen Kontext finden sich z. B. bei Hochholzer (^{2}2015: 81 f.); siehe dazu auch Kap. 7.3.3, Text 3.

238 Auch Baßler / Spiekermann (2001: 2) gehen in ihrem „Modell" beispielsweise davon aus, „dass es die eine Standardsprache nicht gibt."

dardvarietät davon halten, wenn er in einem Lehrwerk mit der Forderung konfrontiert wird, er habe „Standardsprache" zu sprechen – und das heißt, wie wir gesehen haben, nichts anders als so zu sprechen, wie es im Raum Hannover üblich ist?). Die wichtige Rolle der Gebrauchsstandards im Rahmen eines dialektfreundlichen Konzepts sprachlicher Kompetenz wurde in Kap. 4.4. herausgearbeitet. Harald Baßler und Helmut Spiekermann gehen – bereits im Jahr 2001 – noch einen Schritt weiter und fordern, dass die Behandlung von Dialekten und Regionalsprachen „bedeutend umfangreicher in den DaF-Curricula verankert werden" als dies bisher der Fall ist, und zwar gerade deshalb, weil „Dialekte besonders in Süddeutschland zur sprachlichen Alltagsrealität gehören und die Vermittlung kommunikativer Kompetenzen, eines der Hauptziele des modernen DaF-Unterrichts, gerade auch Dialekte berücksichtigen müsste."[239] Wie die eingangs aufgeführten Beispiele zum DaF-Unterricht zeigen, ist eher das Gegenteil der Fall: Die Orientierung am Ideal der Hoch- bzw. Standardsprache und die Marginalisierung der Dialekte ist bis heute üblich.

Dass es auch anders geht, macht folgendes Beispiel aus Niedersachsen deutlich: In den curricularen Vorgaben für das Fach „Deutsch als Zweitsprache" wird dort bereits von Schülerinnen und Schülern auf Niveau B 1 gefordert, „leichte dialektale Färbungen des Deutschen verstehen" zu können – ausgerechnet in dem Bundesland also, wo man das „beste" Hochdeutsch spricht, trifft man eine überraschende *Ambiguitätstoleranz* gegenüber sprachlichen Varietäten an.[240] Damit kehren wir zum Ausgangspunkt unserer Überlegungen zurück. In der Problemstellung (Kap. 1.1) war u. a. vom Verlust der Vielfalt die Rede. In diesem Zusammenhang haben wir den Kulturwissenschaftler Thomas Bauer zitiert, der in seinem Essay „Die Vereindeutigung der Welt" den Verlust von Mehrdeutigkeit und Vielfalt in der modernen Welt kritisiert – gerade in und bedingt durch die westliche Zivilisation;[241] denn tatsächlich ist diese moderne Welt in hohem Maße ambiguitätsintolerant, droht also Vielfalt in bisher nie bekanntem Ausmaß zu zerstören. Bauer zeigt dies in seinem Essay an unterschiedlichen Beispielen und Lebensbereichen, wie etwa dem Aussterben von Tierarten in bisher nie gekanntem Ausmaß, auf. Im schulischen Kontext tragen, so unsere Überzeugung, insbesondere das exzessive Streben nach Vereinheitlichung, Standardisierung und Effizienzsteigerung maßgeblich zur Reduzierung von Vielfalt bei: Wenn dialektales Sprechen im Namen einer vermeintlich effizienteren Kommunikation

239 Vgl. Baßler / Spiekermann (2001: 18).

240 Niedersächsisches Kultusministerium (2016: 12); den Begriff der Ambiguität verwendet Bauer (^{5}2018: 13 ff.) „für alle Phänomen der Mehrdeutigkeit, der Unentscheidbarkeit und Vagheit".

241 Vgl. Bauer (^{5}2018: 7 ff.).

nur noch als Störfaktor begriffen wird, tragen Bildungseinrichtungen, nicht zuletzt in ländlichen Regionen, wo Dialekte (noch) weit verbreitet sind, maßgeblich zum Verschwinden der Dialekte – und damit auch eines Stücks Identität, Lebensqualität und Heimat – bei.

7. Arbeitsteil

7.1 Aufgaben für das Selbststudium

Die folgenden Aufgaben sind für die eigenständige Weiterführung und Vertiefung ausgewählter Fragen und Problemstellungen rund um das Thema „Dialekt und Standardsprache“ gedacht. Sie behandeln unterschiedliche Aspekte des Themas und bauen nicht systematisch aufeinander auf, können also sowohl in beliebiger Auswahl als auch in beliebiger Reihenfolge bearbeitet werden. Die Aufgaben enthalten jeweils ergänzende Impulse („Möglichkeiten der Vertiefung“), die ebenso wie die Lektürehinweise (Kap. 7.3.2) weitere Anregungen bieten. Im anschließenden Kapitel 7.2 finden sich schließlich einige Lösungshinweise zu den einzelnen Aufgabenstellungen. Diese Lösungshinweise erheben keinen Anspruch auf Vollständigkeit, sondern heben lediglich einzelne, für die sinnvolle Bearbeitung der Aufgabe wesentlichen Punkte hervor; ggf. werden Hinweise darauf gegeben, welche Kapitel dieses Buchs bei der Bearbeitung bzw. Beantwortung besonders hilfreich sein können.

Aufgabe 1:
a.) Im dtv-Atlas zur deutschen Sprache von Werner König findet sich eine Abbildung, die das „Verhältnis von Standardsprache, regionalen Umgangssprachen und Dialekten im Deutschen“ darstellt. Ab der 14. Auflage hat König die Abbildung um 90° gekippt, „so dass die Standardsprache nicht mehr ‚oben‘ steht“ (vgl. Kap. 5.1, Abbildung 11):
Versuchen Sie mit Ihren aus der Lektüre dieses Buchs erworbenen Kenntnissen zu erklären, weshalb er diese Maßnahme ergriffen hat.

Möglichkeiten der Vertiefung:
b.) Lesen Sie das betreffende Kapitel im dtv-Atlas.
c.) Péter Maitz / Stephan Elspaß (2011c): Zur sozialen und sprachpolitischen Verantwortung der Variationslinguistik.

Aufgabe 2:
a.) Lesen Sie den folgenden Text. Stellen Sie – mit Blick auf das Thema „Umgang mit Dialekt und Standardsprache“ – die Situation in Deutschland der Situation in Norwegen tabellarisch gegenüber:

„(1) Das Norwegische verfügt von vornherein über zwei offiziell gleichberechtigte kodifizierte Standardvarietäten: *Bokmål* und *Nynorsk*.
(2) Die Toleranz gegenüber der internen Variation innerhalb dieser beiden Standards ist so groß, dass beide Standardvarietäten jeweils in (mindestens) zwei weiteren, leicht identifizierbaren Varietäten existieren, die Røyneland [...] ‚conservative Nynorsk', ‚radical Nynorsk', ‚radical Bokmål' und ‚conservative Bokmål' nennt.
(3) Neben diesen vier Standardvarietäten werden zwei weitere inoffizielle geschriebene Standards verwendet: *Samnorsk* (eine Art Ausgleichsvarietät von *Bokmål* und *Nynorsk*) und *Riksmål* (der Gebrauchsstandard der Osloer Mittelschicht). Insgesamt muss also mit (wenigstens) sechs geschriebenen Standardvarietäten gerechnet werden [...].
(4) Diese offiziellen wie inoffiziellen Standards werden ausschließlich in der Schriftlichkeit verwendet, in der Mündlichkeit dominieren selbst in höchst formellen Verwendungskontexten wie Parlament, Medien, Universität, Theater etc. die Dialekte. Einen offiziellen gesprochenen Standard gibt es nicht.
(5) Bereits bei der Spracherziehung der Kinder wird darauf geachtet, dass die interne Vielfalt des Norwegischen erhalten bleibt. So wird die Verwendung der Standards nicht einmal in der Schule eingefordert, im Gegenteil: Seit 1878 (!) ist ein Gesetz in Kraft, das Lehrer anweist, in der Primar- und Sekundarstufe die Verwendung der lokalen Dialekte der Kinder zuzulassen, und ihnen gleichzeitig verbietet, den Kindern den mündlichen Gebrauch der Standardsprache(n) abzuverlangen. Dieses Prinzip gilt übrigens bis heute und fand zuletzt u. a. auch in das norwegische Schulgesetz Eingang [...].
(6) Und auch die Domänen der formellen wie informellen Schriftlichkeit sind nicht ausschließlich von den Standardvarietäten besetzt. Zahlreiche Wissenschaftler, Journalisten und Literaten schreiben auch für die Öffentlichkeit in ihrem eigenen Dialekt, ganz zu schweigen von der privaten Korrespondenz [...].“[242]

Möglichkeiten der Vertiefung:
b.) Lesen Sie den gesamten Artikel (Maitz / Elspaß 2012).
c.) Fassen Sie die Kernaussagen des Artikels zusammen; ordnen Sie den Textauszug in die Überlegungen von Maitz / Elspaß ein.

242 Péter Maitz / Stephan Elspaß (2012: 45).

Aufgabe 3:

a.) Analysieren und beurteilen Sie den folgenden Abschnitt aus Bastian Sicks Sprachratgeber „Der Dativ ist dem Genitiv sein Tod". Nutzen Sie dazu die Kenntnisse, die Sie in den Kapiteln 2–4 erworben haben:

„Im Süddeutschen hat man's mit dem ‚haben' aber nicht allein, wenn es ums Wetter geht. ‚Es hat' wird generell anstelle des standardsprachlichen ‚Es gibt' verwendet: ‚In der Schweiz hat es hohe Berge' (statt: In der Schweiz gibt es hohe Berge), ‚In meiner Familie hat es keinen Zauberer' (statt: In meiner Familie gibt es nur Muggel). Wer kennt noch das schöne deutsche Chanson ‚Wunder gibt es immer wieder', mit dem Katja Ebstein 1970 beim Grand Prix in Amsterdam den dritten Platz errang? Ob sie sich beim deutschen Vorentscheid hätte durchsetzen können, wenn das Lied den Titel getragen hätte: ‚Wunder hat es immer wieder'? Wer weiß. Auf jeden Fall hätte es wohlmeinende Punkte aus der Schweiz gegeben.

Eines bleibt noch klarzustellen: Wenn man im Süden Deutschlands sagt: ‚Am Berg hat's Schnee', dann ist das nicht falsches Deutsch, sondern ein himmlischer Hinweis, der das Herz eines jeden Skifahrers höher schlagen lässt. Nichts liegt mir ferner, als Dialekte zu verdammen. Ich will nur Licht in das Dunkel bringen, durch das wir gelegentlich tasten, wenn wir auf der Suche nach einem gemeinsamen sprachlichen Standard sind."[243]

Möglichkeiten der Vertiefung:

b.) Analysieren Sie weitere Beispiele aus Bastian Sicks Sprachratgeber im Hinblick auf das Bild, das darin von der deutschen Sprache vermittelt wird.

c.) Fassen Sie zusammen: Welches Bild vermittelt Bastian Sick in seinem Ratgeber von der deutschen Sprache?

Aufgabe 4:

a.) Analysieren und beurteilen Sie die Zusammenfassung des folgenden Zeitungsartikels. Nutzen Sie dazu die Kenntnisse, die Sie in den Kapiteln 2–4 erworben haben. Mögliche Leitfragen können sein: Welches Bild wird von Dialekten bzw. Dialekt sprechenden Menschen vermittelt? Welche sprachlichen Ideologien, Klischees und Diskriminierungspraktiken kommen zum Vorschein?

In der Leserreihe „Ihr Thema" der Nürnberger Nachrichten erschien am 12. 6. 2015 ein Artikel von Franziska Holzschuh mit dem Titel „Karrierefalle Dialekt".[244]

243 Sick (2006: 102 f.).

244 Den Originaltext zu dieser Zusammenfassung findet man unter: http://www.nordbayern.de/politik/karrierefalle-dialekt-ihr-thema-ihr-thema-1.4447004 (18. 3. 2020).

Den Franken, so schreibt die Autorin, werde die weiche Aussprache mit den vielen „d'es", „b'es" und „g'es" in die Wiege gelegt. Es gebe aber Menschen, die diese regionale Färbung der eigenen Sprache ablegen wollten, da ein Dialekt in Deutschland hinderlich sei, wenn man auf der Karriereleiter nach oben wolle. Diese würden sich dann zum Beispiel an Christine Wunderlich wenden, die als Logopädin in ihrer Praxis „Klangfaktor" ein „Hochdeutsch-Coaching" anbiete, was durchaus nachgefragt sei. Auch Personalberatungsunternehmen würden bestätigen, dass eine für jeden verständliche Sprache Voraussetzung für einen beruflichen Aufstieg sei. Ein sauberes Hochdeutsch werde besonders von Firmen verlangt, die international tätig sind. Ein Grund hierfür sei nicht nur eine von allen Beteiligten gut zu verstehende Kommunikation, sondern auch die Ansicht vieler, dass Dialektsprecher nicht richtig ernst genommen werden.

Als Beispiel für diese Einstellung vieler nennt Franziska Holzschuh den Fußballer Lothar Matthäus, dessen Fränkisch auch Franken peinlich sei. Daher sei er auch gerne Opfer von Kabarettisten. Dasselbe gelte für Günther Oettinger, dessen Englisch so sehr schwäbisch klinge, dass ganz Deutschland sich darüber lustig gemacht habe.

Andererseits sieht die Autorin aber auch durchaus, dass der Dialekt von Vorteil sein kann. Als Ministerpräsident von Baden-Württemberg konnte Günther Oettinger mit seinem Schwäbisch signalisieren, dass er einer von uns sei. Auch in Bayern, so zitiert Franziska Holzschuh die eingangs erwähnte Logopädin Christine Wunderlich, werde kaum jemand Ministerpräsident, der nicht einen bayerischen Dialekt sprechen könne.

Letztendlich ist der Dialekt nach Ansicht der Autorin in vielen Berufen also auch nützlich. Dies gelte besonders für die regionale Gastronomie oder für die Werbung. Daher ist selbst die von der Autorin befragte Logopädin der Ansicht, dass sich niemand den Dialekt ganz abgewöhnen müsse, sondern dass es lediglich darauf ankomme, zwischen den verschiedenen Sprachebenen nach Bedarf wechseln zu können.

Möglichkeiten der Vertiefung:
b.) Recherchieren Sie im Internet weitere Artikel zum Thema „Karrierefalle Dialekt".
c.) „Der Dialekt kann auch von Vorteil sein" – Inwieweit teilen Sie diese in dem Zeitungsartikel vertretene Auffassung?

Aufgabe 5:
Der Augsburger Sprachwissenschaftler Werner König lässt seinen Aufsatz mit dem Titel „Edmund Stoibers Hinrichtung" mit einem Zitat von Karl Valentin beginnen:

Szene: Ein Scharfrichter will fotografiert werden.
ALFONS [Photolehrling] Tu ihn amal a bisserl hinrichten.
HEINRICH [Photogehilfe] *rührt ihn an* Ich möchte Sie hinrichten.
SCHARFRICHTER Hinrichten tu ich, ich bin der Scharfrichter.
Heinrich spuckt in die Hände und richtet den Bart.

Der Titel dieses Aufsatzes irritiert. Edmund Stoiber ist weder hingerichtet worden, noch droht ihm dergleichen. Edmund Stoiber hat einmal von einer *Hinrichtung* gesprochen, aber nicht in der Bedeutung, die vielleicht einen kurzen Augenblick aufscheinen mag, sondern in dem Sinne, dass er in seinem Garten manchmal eine Blume zurechtbiegt, sie wieder so *hinrichtet*, wie sie sein soll. *Hinrichtungen* solcher Art finden in Süddeutschland sicher täglich in großer Zahl statt. [...]"[245]

a.) Erklären Sie, worin die Komik der einleitenden Valentin-Szene besteht.
b.) Zeigen Sie auf, wie es im Zusammenhang mit Stoibers Verwendung des Wortes „Hinrichtung" zu einem Missverständnis kommen konnte.
c.) Der „Erfolg" dieser (YouTube-)Sequenz hat auch mit Dialektgeographie zu tun. Versuchen Sie diesen Zusammenhang zu erklären.

Möglichkeiten der Vertiefung:
d.) Reflektieren Sie das untersuchte Sprachphänomen unter den Gesichtspunkten Dialektwahrnehmung, Klischees und sprachliche Ideologien.
e.) Diskutieren / erörtern Sie: Wie ist das Verhalten derjenigen zu beurteilen, die sich über die Aussage Stoibers lustig machen? Bedenken Sie dabei die Kommunikationsmaximen von Habermas (vgl. Kap. 4.4).

Aufgabe 6:
In der online-Ausgabe des Pfaffenhofener Kuriers vom 20. 2. 2013 erschien eine Karikatur von Hermann Singer, die einen Lehrer vor einer Klasse zeigt, der in seiner Hand ein großes Buch mit dem Titel „Bayrisch für Anfänger" hält. Dazu erscheint in der Sprechblase der Satz „Heute beginnen wir mit einer neuen Fremdsprache". Der Untertitel lautete: „Eine neue Fremdsprache – auch für viele Einheimische: PK-Karikaturist Hermann Singer macht sich seine Gedanken über die Zukunft der bairischen Mundart".[246]

245 König (2018: 173); Edmund Stoiber: Ehemaliger bayrischer Ministerpräsident (1993–2007).
246 Zit. nach: https://www.donaukurier.de/lokales/pfaffenhofen/Pfaffenhofen-De-Gluad-weidagebn;art600,2720213,G::pic75901,2524295 (18. 7. 2019).

Beurteilen Sie diese Karikatur. Nutzen Sie dazu die Kenntnisse, die Sie in Kapitel 2–5 erworben haben.

Möglichkeiten der Vertiefung:
b.) Recherchieren Sie im Internet weitere Karikaturen zum Thema „Dialekte“.
c.) Lassen sich bestimmte Tendenzen oder Muster im Umgang mit dem Thema erkennen? Vergleichen Sie Ihre Beobachtungen und Erkenntnisse mit den Beobachtungen und Überlegungen in Kapitel 5 und 6.

Aufgabe 7:
Das Fernsehen ist ein wichtiges Medium zur Bestätigung und Verfestigung sprachlicher Ideologien und Klischees.
a.) Untersuchen Sie anhand von exemplarisch ausgewählten YouTube-Beiträgen der heute-show, inwieweit das im Rahmen der heute-show geschieht; wählen Sie dazu z. B. die Suchbegriffe „heute-show“ und „Dialekt“. Mögliche Hilfsfragen: Welche Dialekte werden thematisiert? Wie bzw. in welcher Weise werden sie thematisiert? Welches Bild wird von Dialekt sprechenden Menschen vermittelt? Nutzen Sie hierbei insb. die Kenntnisse, die Sie in den Kapiteln 4 und 5 erworben haben.[247]

Möglichkeiten der Vertiefung:
b.) Weiten Sie Ihre Recherche auf andere Sendungen aus; überprüfen Sie in diesem Zusammenhang, ob diese Sendungen dialektfreundlich oder dialektunfreundlich sind (Beispiel: Beiträge der bayrischen Kabarettistin Monika Gruber).
c.) Vergleichen Sie Ihre Ergebnisse mit denen zur heute-show.

Aufgabe 8:
Interpretieren Sie die Statistik einer Umfrage bei Deutschreferendarinnen und -referendaren aus dem Jahr 2018 (Abb. 13a–c); ziehen Sie dazu die Kenntnisse zu Rate, die Sie in den Kapiteln 3–4 erworben haben.

Möglichkeiten der Vertiefung:
a.) Versuchen Sie mögliche Gründe für dieses Umfrageergebnis zu finden; berücksichtigen Sie in diesem Zusammenhang insbesondere historische und soziologische Gesichtspunkte (vgl. Kap. 3/4).
b.) Versuchen Sie eine eigene Antwort auf die Frage zu formulieren, wo man „das beste Hochdeutsch“ spricht (vgl. Kap. 3/4).

247 Siehe etwa den heute-show-Beitrag „Töte Höse“ auf Twitter; der Untertitel lautet: „Selbst die traurigsten Dinge klingen lustig auf sächsisch.“

Aufgabe 9:
In einer Karikatur von Gerhard C. Krischker, die bis vor wenigen Jahren in einem bayerischen Schulbuch abgebildet war, sitzen zwei Wanderer vor einem Bergpanorama.[248] Der eine fragt in Standardsprache: „*Wie heißt denn bitte der Berg dort drüben?*" Der andere antwortet in bairischem Dialekt: „*Wosnfüäanä?*" Daraufhin sagt der Frager: „*Vielen Dank.*"[249]

Unter dieser Karikatur stand folgende Aufgabe:

"Besprecht die dargestellte Situation.

- Wieso kommt es zu dem Missverständnis?
- Berichtet euch gegenseitig von ähnlichen Situationen, die ihr erlebt habt."

a.) Analysieren Sie die Karikatur und den dazugehörigen Arbeitsauftrag.

Möglichkeiten der Vertiefung:
b.) Der Sprachwissenschaftler Péter Maitz setzt sich in dem Artikel „Sprachvariation, sprachliche Ideologien und Schule" mit der Problematik sprachlicher Ideologien und deren Auswirkungen auf die Aufgabenstellungen in Schulbüchern auseinander. In dem Zusammenhang geht er u. a. auf den obigen Auszug aus einem bayrischen Sprachbuch ein. Lesen Sie den Artikel und klären Sie den Zusammenhang, in dem er den Sprachbuchauszug thematisiert.[250]
c.) Was bedeutet „Angemessenheit" im Zusammenhang mit der Verwendung von Dialekt und Standardsprache. Versuchen Sie sich dazu eine eigene Meinung zu bilden (siehe auch Kap. 4.4).

Aufgabe 10:
Am Forschungsinstitut Deutscher Sprachatlas in Marburg hat man in den vergangenen Jahren alle bislang erschienenen Sprachatlanten digital erfasst. Die entsprechende Seite im Internet lautet: https://www.regionalsprache.de/. Zwei Sprachatlasprojekte haben sich der deutschen Alltagssprache zugewandt: der „Wortatlas der deutschen Umgangssprachen" (WdU) von Jürgen Eichhoff und der „Atlas der deutschen Alltagssprache" (AdA) von Stephan Elspaß und Robert Möller. Den erstgenannten Atlas findet man unter der gerade genannten Marburger Internetseite, den zweiten Atlas unter der Internetseite http://www.atlas-alltagssprache.de/. Hier findet man die Karten am einfachsten, wenn man im

248 Siehe „Lese- und Sprachbuch für Realschulen in Bayern" von Högemann / Gaiser (2008: 22).
249 Diese Karikatur ist (auch) abgebildet bei Maitz (2015: 214 f.).
250 Der Artikel kann (kostenlos) aus dem Internet heruntergeladen werden (siehe Kap. 7.3.2).

Register nach einem entsprechenden Ausdruck sucht. Zu genaueren Hinweisen zu diesen beiden Internetseiten siehe Kapitel 7.3.1.

Da beide Atlanten den Zustand der (städtischen) Alltagssprache in einem zeitlichen Abstand von etwa 30–40 Jahren erfassen, eignet sich ein Vergleich der gleichen Kartenthemen, um aufzuzeigen, wie wenig oder wie sehr sich die Alltagssprache in diesem Zeitraum verändert hat. Wir nehmen als Beispiel die beiden Karten zum Thema „Schulranzen“ (WdU Band 2, Karte 88, AdA Karte zum Pilotprojekt). Im AdA gehörte sie zu einem Pilotprojekt, die Karte hat daher als Grundlage noch die Karte aus dem WdU. Als wesentliche Unterschiede können wir festhalten:

- Das Verbreitungsbild der einzelnen Bezeichnungen ist unruhiger geworden. Hier scheint viel in Bewegung zu sein.
- Die Bezeichnung *Tornister* hat sich im Nordosten stark zurückgezogen und ihren Schwerpunkt heute zwischen Köln und Hamburg.
- Gleichzeitig hat sich aber am Neckar zwischen Mannheim und Stuttgart das „norddeutsche“ Wort *Tornister* ausgebreitet.
- Unverändert bleibt die Staatsgrenze als Wortgrenze: in der Schweiz *Schulsack*, der die zweite Schweizer Bezeichnung (*Ränzel*) immer mehr zu verdrängen scheint, österreichisch *Schulmappe*, deutsch *Schulranzen*. Die Bezeichnungen des Schulranzens gehören zu den wenigen Fällen, bei denen die Staatsgrenze eine Wortgrenze bildet. Dies ist eigentlich nur der Fall bei Wörtern aus der Verwaltung (Bezeichnungen für den Ministerpräsidenten, für Bürgermeister, für Abiturprüfungen usw.) und bei einzelnen Handelswörtern oder Obst- und Gemüsebezeichnungen.

Vergleichen Sie nach dem gleichen Schema die folgenden Karten des WdU mit dem AdA:

Fastnacht: WdU Band 1, Karte 43 – AdA Runde 2, Frage 3
Dachboden: WdU Band 1, Karte 24 – AdA Runde 2, Frage 6
Scheuertuch / Putzlumpen: WdU Band 2, Karte 80 – AdA Runde 2, Frage 5
Schnürsenkel: WdU Band 2, Karte 87 – AdA Runde 4, Frage 10

<u>Aufgabe 11:</u>
Schauen Sie sich die Verbreitungsgebiete der folgenden Kartenthemen im „Atlas zur deutschen Alltagssprache“ (AdA) an und vergleichen Sie die dortigen Ergebnisse mit den Angaben bei Duden-Online (https://www.duden.de/rechtschreibung/online), ob es sich hier um allgemeine Standardbezeichnungen handelt oder ob die Verwendung räumlich eingeschränkt ist (die Karten im AdA (http://www.atlas-alltagssprache.de/) findet man am besten über das Register): (1)

Brötchen/Semmel/Wecken, (2) *Karotte/Möhre/Gelbrübe* (*gelbe Rübe*) (3) *Fleischer/Metzger* (4) *Porree/Lauch*, (5) *Boxauto/Scooter*.

Beispiel (1) *Brötchen*: Der AdA (Runde 9, Frage 1h) zeigt, dass in der Alltagssprache die Bezeichnung *Brötchen* zwar die größte Verbreitung hat, doch kennt *Brötchen* mit *Weck(lein)* und *Semmel*, die beide im Süden gelten, zwei Konkurrenzwörter mit klar abgegrenzten Gebieten. Duden-Online gibt bei *Brötchen* keine Einschränkung an, während bei *Weck* die Einschränkungen „besonders süddeutsch" und bei *Semmel* die Einschränkung „besonders österreichisch, bayerisch" vorgenommen werden. Die Angaben bei Duden-Online stimmen damit mit den Angaben des AdA überein.

Aufgabe 12:
In der 24. Auflage des Dudens von 2006 wurden die folgenden Bezeichnungen ohne Einschränkungen notiert: *Dachboden* (S. 296), *Karotte* (S. 565), *Möhre* (S. 698), *Schippe* (S. 891), *Schnürsenkel* (S. 903), *Schornstein* (S. 905). Die Bezeichnung *Bühne* erhielt die Einschränkung „süddt., schweiz., österr. für Dachboden" (S. 275), *Kamin* „landschaftlich für Schornstein" (S. 557), *Schuhband/bändel* „landschaftlich für Schnürsenkel" (S. 908) und *Gelbrübe* „süddeutsch für Möhre" (S. 441).

Vergleichen Sie die Angaben von 2006 mit den aktuellen Angaben bei Duden-Online. Wo stellen Sie Veränderungen fest, wo sind die Angaben gleichgeblieben?

Ziehen Sie zusätzlich die entsprechenden AdA-Karten hinzu: für *Bühne/Dachboden* AdA Runde 2, Frage 6, für *Karotte/Möhre/Gelbrübe* AdA Runde 9, Frage 1k, *Schippe* AdA Runde 9, Frage 3a, *Schnürsenkel/Schnürband* AdA Runde 4, Frage 10, *Kamin/Schornstein* Runde 3, Frage 14c. – Welche Perspektive nahm die Duden-Redaktion 2006 ein, wenn man folgende Angaben vergleicht: *fegen* (S. 397) hier werden keine Einschränkungen gemacht, *kehren*. „süddeutsch, für fegen" (S. 571).

7.2 Hinweise zur Lösung

Aufgabe 1:
Es bestehen zwar wesentliche linguistische Unterschiede zwischen den Dialekten, den regionalen Umgangssprachen und der Standardsprache (vgl. Kap. 2.1.4), aus diesen Unterschieden lässt sich jedoch keine prinzipielle „Höherwertigkeit" der Standardsprache ableiten. Das für die Sprachwissenschaft maßgebliche Unterscheidungskriterium zwischen diesen sprachlichen Varie-

täten ist ausschließlich die kommunikative Reichweite: Während Dialekte vor allem im ländlichen Raum verbreitet sind und dem kommunikativen Nahbereich angehören, sind die regionalen Umgangssprachen, die auch als Standardvarietäten bzw. regionale Gebrauchsstandards bezeichnet werden können (vgl. insb. Kap. 3 und Kap. 4.2–4.4), Sprachen mittlerer kommunikativer Reichweite; der Begriff der Standardsprache ist schließlich als solcher problematisch, da er eine Einheitlichkeit suggeriert, die es in der sprachlichen Wirklichkeit überhaupt nicht gibt. Die Ausführungen von Péter Maitz und Stephan Elspaß „Zur sozialen und sprachpolitischen Verantwortung der Variationslinguistik" sind deshalb besonders interessant und eignen sich an dieser Stelle zur weiterführenden Lektüre, weil sie – mit Blick auf die deutsche Sprache – besonders kritisch die ideologischen Grundlagen für die in dem Begriff der „Hochsprache" zum Ausdruck kommende sprachliche Diskriminierung von Dialekten bzw. Dialekt sprechenden Menschen hinterfragen.[251]

Aufgabe 2:
Die Unterschiede zwischen der Situation in Deutschland und der Situation in Norwegen sind erheblich und spiegeln die konträre Sprachenpolitik in beiden Ländern eindrucksvoll wider. Hier sollen nur einzelne Beispiele aufgeführt werden, um dies zu verdeutlichen: Während in Deutschland die sprachlichen Ideologien des Standardismus, Homogenismus und Hannoverismus weite Teile der Sprachenpolitik prägen, ist die Sprachenpolitik in Norwegen ausgesprochen pluralistisch (vgl. Kap. 4.1 f.). Dies zeigt sich nicht nur im Mündlichen, sondern auch im Geschriebenen (insgesamt ist mit Blick auf Norwegen von „sechs geschriebenen Standardvarietäten" die Rede). Im Mündlichen ist in Norwegen die Dominanz der Dialekte – auch in „höchst formellen Verwendungskontexten" – noch ausgeprägter als im Schriftlichen. Dies ist ein besonders gravierender Unterschied zur Situation in Deutschland, wo das Sprechen von (ausgeprägtem) Dialekt auf den kommunikativen Nahbereich beschränkt ist (vgl. Kap. 3.3 ff.) und auch offiziell – siehe z. B. in der Bildungspolitik – klar zwischen der Standardsprache (als der anzustrebenden Zielsprache) und Dialekten als zusätzlichen Varietäten unterschieden wird (vgl. Kap. 5.1 ff.). Die damit verbundenen Konsequenzen, Einschränkungen und Nachteile sind, wie Maitz / Elspaß (2012: 45 ff.) in ihren weiteren Ausführungen aufzeigen, für die Betroffenen erheblich.

Aufgabe 3:
Der Beitrag steht prototypisch für Sicks laienhaft-unwissenschaftlichen Umgang mit der deutschen Sprache: Ausgangspunkt seiner sprachpflegerischen

251 Vgl. Maitz / Elspaß (2011c).

Überlegungen zur vermeintlich korrekten Verwendung der Verben *haben* und *geben* ist ein statisches Bild von der deutschen Sprache (deshalb auch die Rede von der „Suche nach einem gemeinsamen sprachlichen Standard“). Weder wird zur Kenntnis genommen, dass sprachliche Verwendungsweisen regionale Varianten aufweisen, noch, dass sie einem steten Wandel unterliegen – die Kodifizierung des Dudens spiegelt bekanntlich immer nur eine Momentaufnahme dessen wider, was zu einem bestimmten Zeitpunkt als sprachlich korrekt definiert worden ist (vgl. Kap. 2); ebenso wenig wird zwischen mündlichem und schriftlichem Sprachgebrauch unterschieden, vielmehr wird das Mündliche am kodifizierten schriftlichen Standard gemessen. Charakteristisch ist schließlich der oberlehrerhafte Habitus, mit der auf „falsche“, aber gönnerhaft tolerierte regionale Varianten („im Süden Deutschlands“) herabgeblickt wird. Weiterführende Überlegungen zur Problematik populärer Sprachpfleger finden sich u. a. in den folgenden beiden Fachartikeln von Péter Maitz und Stephan Elspaß „Warum der Zwiebelfisch nicht in den Deutschunterricht gehört“ und „Pluralismus oder Assimilation? Zum Umgang mit Norm und arealer Sprachvariation in Deutschland und anderswo“; Péter Maitz setzt sich außerdem in dem Beitrag „Sprachpflege als Mythenwerkstatt und Diskriminierungspraktik“ ausführlich mit der problematischen Rolle Bastian Sicks auseinander (siehe Kap. 7.3.2).

Aufgabe 4:
Bereits auf den ersten Blick ist zu erkennen, dass der Artikel den Anspruch erhebt, dem Thema „Dialekt“ durch eine differenzierte Betrachtung gerecht zu werden. So werden nicht nur Nachteile eines stark dialektal gefärbten Sprechens herausgestellt, sondern auch vermeintliche Chancen und Vorteile, die mit dem Dialektsprechen verbunden sind. Dennoch beinhaltet der Artikel auch sprachliche Ideologien und Klischees, so zum Beispiel wenn die Peinlichkeit mancher „Sprüche“ von Lothar Matthäus – in erster Linie – auf seinen Dialekt und nicht etwa auf deren mangelnde inhaltliche Qualität zurückgeführt werden. Auch erscheint hier wieder der Mythos vom „einwandfreien Hochdeutsch“, also der Vorstellung, dass es im Mündlichen bessere und schlechtere Aussprachevarianten gibt, wobei die beste – im Sinne des Standardismus und Hannoverismus – in Norddeutschland anzutreffen ist (vgl. Kap. 4.1 f.). Die beschriebene alltägliche Praxis der Diskriminierung von Dialekt sprechenden Menschen wird zwar zutreffend beschrieben, jedoch indirekt bestätigt, wie bereits der Titel („Karrierefalle Dialekt“) suggeriert.

Aufgabe 5:
Die Valentin-Szene ist deshalb komisch, weil sie mit zwei möglichen Bedeutungen des Verbs *hinrichten* spielt. Die jeweilige Bedeutung ist kontextabhängig.

Mit *hinrichten* kann einerseits „herrichten“ (im Sinne von „vorbereiten“, „schön machen“ o. ä.), andererseits die Vollstreckung der Todesstrafe durch einen Scharfrichter gemeint sein. Der Scharfrichter versteht Heinrich also falsch, vermutlich vorsätzlich, um sich über den Photogehilfen lustig zu machen. Der ehemalige bayrische Ministerpräsident Edmund Stoiber verwendet in dem betreffenden Interview über seinen Garten und seine Frau (aus dem Jahr 2006) ebenfalls das Verb *hinrichten*, hier in der Bedeutung von „herrichten“ (eine Blume „herrichten“). Die Komik entsteht auch in diesem Fall durch die Doppeldeutigkeit des Verbs *hinrichten* (Blumen können auch „geköpft“ werden). Eine besondere Komik erhält Stoibers Aussage im Interview, wenn man weiß, dass er in seiner politisch aktiven Zeit auch den Spitznamen „das blonde Fallbeil“ trug. Werner König weist in seinem Artikel „Edmund Stoibers Hinrichtung“ außerdem auf einen – für die Komik der Aussage relevanten – dialektgeografischen Aspekt hin: In „Regionen, in denen hinrichten ein Alltagswort mit der Bedeutung ‚zurechtlegen' ist, wirkt dieser Satz ganz normal, man versteht ihn sofort so, wie er gemeint ist.“[252] In jedem Fall verstoßen diejenigen, die sich über die Aussage Stoibers lustig machen, gegen die Kommunikationsmaxime „wechselseitiger supponierter Verständigungsbereitschaft“ von Habermas (vgl. Kap. 4.4).[253]

Aufgabe 6:

Einen wesentlichen Beitrag zur Deutung der Karikatur liefert der Untertitel – bei den Schülerinnen und Schülern der Klasse, vor der der Lehrer steht, handelt es sich, wie wir erfahren, nicht (nur) um Fremde, sondern um „Einheimische“; damit spielt die Karikatur auf die Möglichkeit bzw. auf die – durchaus realistische – Gefahr des Aussterbens des bairischen Dialekts an. Gründe dafür gibt es viele, z. B. die zunehmend heterogene Zusammensetzung der Bevölkerung infolge von Zuwanderung aus anderen Regionen Deutschlands, die Verstädterung, die hohe Präsenz des Standarddeutschen in den Medien und der standardisierende Einfluss von Schule und anderen Bildungseinrichtungen (vgl. dazu insbesondere Kap. 3/4). Das Bairische wird in der Karikatur deshalb als „Fremdsprache“ eingeführt, weil es in der (überwiegend städtisch geprägten) Lebenswelt einer wachsenden Anzahl von Schülerinnen und Schülern offensichtlich zunehmend an Bedeutung verliert. Insofern kann die Karikatur als Ausdruck bildungspolitischer Bestrebungen der bayrischen Landesregierung gedeutet werden, den ländlichen Raum, die Identifikation der heimischen Bevölkerung mit dem Bundesland Bayern oder auch traditionelle Werte wie Hei-

252 König (2018: 173 ff.).
253 Vgl. Habermas (^{3}1989: 245).

matverbundenheit zu stärken (vgl. Kap. 5). Während im Bild das Substantiv „Bayrisch“ verwendet wird, ist im Untertitel das Adjektiv „bairischen“ zu finden; korrekt ist die Schreibung mit „ai“, wenn der Dialekt gemeint ist (insofern spricht die Karikatur dafür, dass der Zeichner vermutlich aus der Laienperspektive zum Thema „Dialekt“ Stellung bezieht).

Aufgabe 7:
Die heute-show ist ein mediales Format, in dem Dialekte immer wieder thematisiert werden, wobei sie wesentlich mit dazu beiträgt, typische Klischeevorstellungen über bestimmte Dialekte bzw. Dialekt sprechende Menschen im Allgemeinen zu bestätigen. So gerät z. B. das Bundesland Sachsen immer wieder in den Fokus der heute-show, insbesondere wenn es darum geht, mit den Mitteln der Satire die politisch rechte Gesinnung mancher Einwohner dieses Bundeslandes aufzuspießen. Dabei macht sich die Sendung nicht nur über den sächsischen Dialekt lustig (siehe etwa den Tweet „Töte Höse“); auch die Sachsen selbst werden – mehr oder weniger pauschal – der Lächerlichkeit preisgegeben; zum Einsatz kommen dabei u. a. die folgenden Strategien und Mittel: eine irritierende Fragetechnik, Überraschungseffekte, die Vermischung von Fakten und Fiktion, die Auswahl von Menschen mit besonders krassen bzw. extremen Ansichten (siehe etwa den Beitrag „Sächsismus-Debatte – mit Olaf Schubert“). Allerdings soll hier nicht die Qualität der Satiresendung als solche problematisiert werden, sondern der Beitrag, den sie zur Verfestigung bestimmter Klischeevorstellungen über Dialekte und ihre Sprecher leistet – wie etwa: Sächsisch klingt „seltsam“, ist irgendwie „komisch“, „witzig“, ein Großteil der Menschen im Osten hat eine rechte, „hinterwäldlerische“ Gesinnung, wobei sich das Hinterwäldlerische nicht zuletzt in der stark dialektal gefärbten, wenig weltläufig klingenden Aussprache äußert (vgl. dazu speziell Kap. 5.4).

Aufgabe 8:
Die Statistik ist deshalb besonders interessant, weil sie zeigt, dass selbst angehende Deutschlehrkräfte weit überwiegend die Vorstellung vertreten, in Hannover bzw. Norddeutschland werde das beste Deutsch gesprochen. Die übrigen Regionen Deutschlands sind weit unterrepräsentiert, Süddeutschland (mit den Bundesländern Bayern und Baden-Württemberg) schneidet besonders schlecht ab. Gerade in einem Bundesland, das für sich in Anspruch nimmt, alles zu können, außer Hochdeutsch – „Wir können alles. Außer Hochdeutsch“ lautet bekanntlich das langjährige Landesmotto Baden-Württembergs – ist es nicht verwunderlich, wenn selbst Lehramtsstudierende zu dieser Auffassung gelangen. Dass dies Ausdruck einer in jahrzehntelanger Praxis eingeschliffenen, ideologisch geprägten Sicht auf die sprachliche Wirklichkeit ist, zeigen die

Überlegungen in den Kapiteln 3 und 4. Außerdem machen die Umfrageergebnisse deutlich, dass die Befragten offensichtlich weder in der Schule noch an der Universität das notwendige Sprachwissen erworben haben, um hier zu einem differenzierteren Urteil gelangen zu können, als es das Umfrageergebnis widerspiegelt (vgl. Kap. 4.3). Die Antwort auf die Frage, wo man „das beste Hochdeutsch" spricht, hängt letztlich davon ab, mit welcher „Brille" man auf die sprachliche Vielfalt innerhalb Deutschlands blickt: Vertritt man die Ideologie des Standardismus und Hannoverismus, folgt man den befragten Deutschreferendaren (und den vielen anderen Verantwortlichen, die im Bildungswesen, aber auch in der Öffentlichkeit diese Meinung vertreten); sprachwissenschaftlich lässt sich allerdings nicht begründen, weshalb eine bestimmte Varietät hinsichtlich ihrer Aussprache besser sein soll als irgendeine andere Varietät (vgl. Kap. 3).

Aufgabe 9:
Das Bild zeigt die misslingende Kommunikation zwischen zwei Bergwanderern. Die Aufgabenstellungen des Sprachbuchs, insbesondere die erste Teilaufgabe („Wieso kommt es zu dem Missverständnis?") legen die Erkenntnis nahe, dass dafür (ausschließlich) der Sprecher mit bairischem Dialekt verantwortlich ist (vgl. Kap. 4.3). Denn der standardsprachlich sprechende Wanderer versteht ganz offensichtlich den einheimischen Wanderer nicht, sondern hält die Frage des Dialektsprechers („*Wasnfüänä*?) für die Antwort („*Vielen Dank*"). Der Dialekt erscheint also als veritable Kommunikationsbarriere, die Verwendung der Standardsprache als alleiniger Maßstab und Voraussetzung für eine gelingende Kommunikation.[254] Alternative Sichtweisen auf die Kommunikationssituation werden nicht ins Spiel gebracht, z. B. hätte ebenso der Frage nachgegangen werden können, welchen Anteil der Standardsprecher am Misslingen der Kommunikation hat, zumal er ja zu Gast in der Heimat des anderen Bergwanderers ist (deshalb auch seine Frage nach dem Namen des Berges). Außerdem hätte der Fragende an der Intonation des anderen merken müssen, dass dieser mit einer Gegenfrage geantwortet hat und nicht mit einer Aussage. Die Möglichkeit einer passiven Dialektkompetenz – Dialekte verstehen, ohne sie selbst zu sprechen – wird überhaupt nicht thematisiert (vgl. Kap. 4.4).[255] Etabliert und bestätigt werden auf diese Weise mehr oder weniger subtil bzw. suggestiv die bekannten sprachlichen Ideologien des Standardismus und Hannoverismus (vgl. Kap. 4.1 / 4.2). In dem betreffenden Artikel „Sprachvariation, sprachliche Ideologien und Schule" setzt sich Péter Maitz zunächst mit diesen sprachlichen Ideologien selbst auseinander, um anschließend der Frage nachzugehen, welche

254 Vgl. Maitz (2015: 213 ff.).
255 Vgl. ebd. 216 f.

Auswirkungen sie auf die Aufgabenstellungen in ausgewählten bayrischen Sprachbüchern haben. Zu einem differenzierten Verständnis von einer „angemessenen" Sprachverwendung gelangen Lernende durch solche Aufgabenstellungen nicht (Kap. 4.4).

Aufgabe 10:

(1) Zum Vergleich der Karten zu „Fastnacht"
Auch hier ist in den letzten Jahrzehnten einiges in Bewegung geraten: Das bairische *Fasching* breitet sich noch mehr nach Westen aus und drängt sogar im Norden *Karneval* etwas zurück. Im Süden kann sich das kleine *Fasnet/Fasnacht*-Gebiet in Baden-Württemberg noch erstaunlicherweise gut gegenüber dem übermächtigen *Fasching*-Gebiet behaupten.

Alle drei Bezeichnungen haben vor allem in den katholischen Gebieten, wo das Fastnachtstreiben eine lange Tradition hat, einen starken Rückhalt in der Gesellschaft, nennen sie doch ihre beliebten Umzüge entsprechend *Karnevals-*, *Faschings-* oder *Fasnachtsumzug*. Da Bayern in ganz hohem Maße für traditionelles Brauchtum steht, breitet sich das Wort *Fasching* vor allem in den evangelischen Gemeinden aus, wo einst Fastnacht gar nicht gefeiert wurde.

(2) Zum Vergleich der Karten zu „Dachboden"
Im Gegensatz zu den vorangehenden Karten ist hier in den letzten Jahrzehnten nichts an räumlicher Veränderung geschehen. Die beiden kleinräumigen Bezeichnungen *Bühne* und *Speicher* haben gegenüber der großräumig vertretenen Bezeichnung *Dachboden* nichts an Raum verloren. Dies kann man dadurch erklären, dass die Bezeichnungen für den „Raum unter dem Dach" in der Öffentlichkeit keine Rolle spielen. Sie sind quasi im familiären Bereich gegenüber Werbung, Verwaltung, Schule, Zeitungssprache usw. „geschützt" und werden im privaten Umfeld immer wieder aktiv verwendet: *„Bring die Sachen auf die Bühne! Hol die Koffer vom Dachboden! Wir müssten einmal wieder den Speicher aufräumen!"* – Stabil bleibt auch die Wortgrenze zur Schweiz, wo der Dachboden *Estrich* genannt wird, eine Bezeichnung, die in den anderen deutschsprachigen Gebieten für die Schicht aus Estrichmörtel beim Hausbau verwendet wird.

(3) Zum Vergleich der Karten für „Putzlumpen"
Bei diesem Kartenvergleich kommen wir zu einem ähnlichen Ergebnis wie bei den Karten zum Thema „Dachboden": Die im deutschen Sprachraum verbreiteten Bezeichnungen haben in den letzten Jahrzehnten ihr Verbreitungsgebiet halten können: *Feudel* (Nordrand), *Scheuerlappen* (Nordosten), *Aufnehmer* (Nordwesten), *Hadern* (Randgebiete zur Tschechischen Republik), *Fetzen* (Südosten) und *Putzlumpen*, das die größte Verbreitung aufweist und nahezu ganz

Süddeutschland abdeckt. – Die Bezeichnungen für den „Putzlumpen" spielen ähnlich wie diejenigen für den „Dachboden" im öffentlichen Bereich keine Rolle, sind also mehr oder weniger im familiären Alltag vor großräumigen oder standardsprachlichen Ausdrücken „geschützt".

(4) Zum Vergleich der Karten für „Schnürsenkel"
Hier erhalten wir im Vergleich zu den vorangegangenen Karten ein ganz anderes Bild: Es hat eine enorme Vereinheitlichung stattgefunden. Gegenüber der doch etwas unruhigen WdU-Karte zeigt die AdA-Karte eine einfache Zweiteilung des deutschen Sprachraums: Fast überall gilt *Schnürsenkel*, im Süden hat sich noch *Schnürbändel*, meist neben *Schnürsenkel*, halten können. Da auf der WdU-Karte das Wort *Schnürsenkel* noch eindeutig ein Wort des Nordens und vor allem des Nordostens war, muss der „Siegeszug" dieses Wortes in relativ rascher Zeit vollzogen worden sein. *Schnürsenkel* gehört somit in die Gruppe derjenigen norddeutschen Wörter, die als „hochdeutsch" angesehen werden und die süddeutschen Bezeichnungen verdrängen.

Aufgabe 11:
(2) *Karotte/Möhre/gelbe Rübe*: Die AdA-Karte (9. Runde, Frage 1k) zeigt folgende Verteilung: *Wurzel* im äußersten Norden, *Möhre/Mohrrübe* in der gesamten Nordhälfte, *gelbe Rübe* in der Südhälfte, *Karotte* im Südosten, *Rüebli* in der Schweiz. Duden-Online macht hierzu folgende Angaben: *Wurzel* = „landschaftlich", *Möhre/Mohrrübe* „norddeutsch", *gelbe Rübe*, bei Duden-Online als *Gelbrübe* gelistet = „süddeutsch", *Karotte* = ohne Einschränkung, also Standard, *Rüebli* = „schweizerisch".
(3) *Fleischer/Metzger*: Die AdA-Karte (2. Runde, Frage 9a) zeigt eine klare Verteilung verschiedener Bezeichnungen: *Schlachter* im Norden, *Fleischer* im Nordosten, *Metzger* im mit Abstand größten Verbreitungsgebiet im übrigen Deutschland und in der Schweiz, *Fleischhauer/Fleischhacker* in Österreich. Bei Duden-Online findet man hierfür folgende Angaben: *Fleischer* = ohne Einschränkung, also Standard, *Metzger* = „besonders westmitteldeutsch, süddeutsch", *Schlachter* = „norddeutsch", *Fleischhauer* = „österreichisch", *Fleischhacker* = „ostösterreichisch, umgangssprachlich". Interessant ist, dass Duden-Online *Fleischer* ohne Einschränkung notiert, obwohl das Verbreitungsgebiet dieser Bezeichnung viel kleiner ist als dasjenige von *Metzger*. Damit ist dies ein schönes Beispiel für den sogenannten Hannoverismus, der offenbar auch bei der offiziellen Berufsbezeichnung der Innung eine Rolle gespielt hat.
(4) *Porree/Lauch*: Die AdA-Karte (2. Runde, Frage 8) zeigt eine Zweiteilung des deutschen Sprachraums: im Norden sagt man *Porree*, im Süden *Lauch*. Dies hat

Duden-Online konsequent umgesetzt, indem dort beide Bezeichnungen ohne eine landschaftliche Einschränkung eingetragen sind.
(5) *Boxauto/Scooter*: Auf der AdA-Karte (2. Runde, Frage 12) ist folgende Verteilung zu erkennen: Im fast ganzen deutschen Sprachraum gilt *Auto-Scooter*. Daneben gibt es noch größere Verbreitungsgebiete mit folgenden Bezeichnungen: *Boxauto* im Südwesten, *Putschauto* in der Schweiz, *Autodrom* in Österreich und *Knuppauto* in einem kleinen Gebiet nördlich der Mosel. Bei Duden-Online erhalten *Boxauto* und *Scooter* keine räumliche Einschränkung, *Autodrom* wird als österreichisch bezeichnet, während *Knuppauto* und *Putschauto* gar nicht erwähnt sind.

Aufgabe 12:
(1) Bei *Bühne* wurde die räumliche Einschränkung allgemeiner gehalten („landschaftlich"), während sie bei *Dachboden* präzisiert wurde: „bes. ostmd., norddt." Bei *Gelbrübe*, *Karotte* und *Möhre* sind die Angaben gleichgeblieben, während man bei *Schippe* im Gegensatz zu 2006 eine geografische Einschränkung hinzugefügt hat: „norddt., mitteldt". Bei *Kamin* wurde die allgemeine Angabe „landschaftlich" von 2006 durch die präzisere Angabe „besonders süddt., westösterr., schweiz." ersetzt. Beim Paar *Schnürsenkel/Schuhband, -bändel* hat sich wiederum nichts verändert: *Schnürsenkel* gilt weiterhin ohne Einschränkungen, *Schuhband/-bändel* dagegen ist nur landschaftlich gebräuchlich.
(2) Laut AdA-Karte decken die Bezeichnungen *Bühne* und *Speicher* geschlossene Kleinräume ab, die aber offenbar für die Duden-Redaktion zu klein sind, um als Standardvarianten akzeptiert zu werden. Das Verbreitungsgebiet von *Gelbrübe/gelbe Rübe* ist hingegen ähnlich groß wie dasjenige von *Möhre* und dennoch bekommt nur *Gelbrübe/gelbe Rübe* eine räumliche Einschränkung. Mit anderen Worten: Hier erliegt die Duden-Redaktion dem Hannoverismus. Ähnliches gilt für das Wortpaar *Schnürsenkel/Schuhband, -bändel*. Auch wenn das Verbreitungsgebiet der zweiten Bezeichnung durchaus etwas kleiner ist, so ist es dennoch so groß und auch noch geschlossen, dass der einseitige Zusatz „landschaftlich für Schnürsenkel" nur gerechtfertigt wäre, wenn er auch für die erstgenannte Bezeichnung gelten würde. Dies ist aber nicht der Fall. Bei *Kamin* ist dies nicht so eindeutig, da das Verbreitungsgebiet von *Schornstein* doch um einiges größer ist als dasjenige von *Kamin*. Ganz anders ist die Situation hingegen wieder bei *Schippe*. Hier hat die Duden-Redaktion die Allgemeingültigkeit des Wortes aus dem Jahr 2006 zurückgenommen und jetzt entsprechend der AdA-Karte für die Bedeutung „Schaufel" folgende Einschränkung gemacht: „norddt., mitteldt."
Die Bezeichnung *kehren* deckt laut AdA-Karte (Runde 2, Frage 4) ein größeres Gebiet ab als *fegen* und dennoch macht die Duden-Redaktion bei *kehren* eine

räumliche Einschränkung: „süddt. für fegen“. Damit ist diese Angabe ein weiteres Beispiel für den Hannoverismus. Bei Duden-Online wird die Bezeichnung *kehren* dann sogar weggelassen. Obwohl man vier Bedeutungen für das Wort *kehren* auflistet, wird die Bedeutung „fegen“ nicht erwähnt.

7.3 Arbeitsmaterialien und Hinweise für das weiterführende Selbststudium

7.3.1 Internetseiten

Nachfolgend werden die wichtigsten kostenlosen Internetseiten zum Auffinden von Sprachkarten aufgeführt; die ergänzenden Erklärungen und Hinweise sollen die Arbeit mit ihnen erleichtern und unterstützen.

(1) Atlas zur deutschen Alltagssprache. Internetseite: http://www.atlas-alltagssprache.de/

Der „Atlas der deutschen Alltagssprache“ ist ein online-Atlas, der auf einer Internetbefragung beruht, bei der jede interessierte Person mitmachen kann. Man muss lediglich den Ort angeben, für den man auf die Fragen antwortet, so dass die Angaben geografisch zugeordnet werden können. Aus den vielen Online-Antworten werden dann Verbreitungskarten für ganz Deutschland generiert, die den zum Zeitpunkt der Befragung aktuellen Zustand dokumentieren. Abgefragt werden alle Bereiche der Sprache, also sowohl Lautungen (*König* oder *Könich*?) als auch grammatikalische (*Sie ist noch am Schlafen*) und lexikalische Besonderheiten (Wie nennt man das trockene Reinigen mit dem Besen?). Da der seit 1977 erschienene „Wortatlas der deutschen Umgangssprachen“ (WdU) die gleiche Sprachebene (Alltagssprache) und teilweise die gleichen Begriffe abgefragt hat, kann ein Vergleich sehr schön aufzeigen, was sich sprachlich in den vergangenen 30–40 Jahren geändert hat.

(2) Regionalsprache: https://www.regionalsprache.de/

Hauptbestandteil dieses Projekts ist die Startseite mit der Bereitstellung aller deutschen Sprachatlanten:

https://www.regionalsprache.de/SprachGIS/Map.aspx

Wer hier die Taste „Kartensuche“ drückt, kommt auf eine Seite mit einem Angebot an Suchkriterien. Hierbei kann man unter der Rubrik „Atlas“ einen Sprachatlas aussuchen, den man gezielt befragen will.

Beispiel: Man möchte zu der gerade oben vorgestellten Karte „fegen" aus dem AdA die entsprechende Karte aus dem Wortatlas der deutschen Umgangssprachen (WdU) anschauen, um herauszubekommen, ob sich die Verbreitungsgebiete der einzelnen Bezeichnungen im Laufe der letzten Jahrzehnte verändert haben. Um die WdU-Karte zu sehen, wählt man bei der Rubrik Atlas den „Wortatlas der deutschen Umgangssprachen" aus (er steht ziemlich weit unten) und gibt bei „Suche nach" das Wort „fegen" ein. Zusätzlich kann man die Auswahl dann noch dadurch präzisieren, dass man bei den Ebenen den Begriff „Wortschatzsuche" anklickt. Nach Betätigung der Suche-Taste erscheint die Verbreitungskarte von „fegen". Um sie zu sehen, muss man die Ebene „Kartensuche" wegklicken.

Das REDE-Programm hat alle zurzeit verfügbaren deutschen Sprachatlanten digitalisiert, so dass man dort nach dem gleichen Verfahren alle bayerischen Sprachatlanten, den Mittelrheinischen Sprachatlas, den „Südwestdeutschen Sprachatlas" usw. vorfindet.

(3) Sprechende Sprachatlanten

Einige Sprachatlasprojekte haben am Ende noch einen „Sprechenden Sprachatlas" aufgebaut, damit auch Laien auf ausgesuchten Karten die Belege einmal im Originalton hören können. Diese „Sprechenden Sprachatlanten" kann man in der Regel nur auf PCs und Laptops anhören.

1. Der „Sprechende Sprachatlas von Bayern": https://www.bayerische-landesbibliothek-online.de/sprachatlas
2. Der „Sprechende Sprachatlas von Bayerisch-Schwaben: https://www.bayerische-landesbibliothek-online.de/sprachatlas-schwaben
3. Der „Sprechende Sprachatlas von Baden-Württemberg": http://hdl.handle.net/10900/86391

Daneben gibt es noch Sprachatlanten auf CD:
Der „Sprechende Sprachatlas" von Niederbayern:
http://www.phil.uni-passau.de/deutsche-sprachwissenschaft/forschung/sprachraumforschung/snib/cd-rom/
Der „Sprechende Sprachatlas Bayerischer Wald und Böhmerwald: http://www.phil.uni-passau.de/deutsche-sprachwissenschaft/forschung/sprachraumforschung/sbub/cd-rom/
Für Südtirol gibt es eine solche CD im Buch von Hannes Scheutz:
Hannes Scheutz: Drent und herent. Dialekte im salzburgisch-bayerischen Grenzgebiet. Mit einem sprechenden Dialektatlas auf CD-ROM. 2. Aufl. Salzburg 2009

7.3.2 Kommentierte Auswahl wissenschaftlicher Fachartikel

Nachfolgend finden sich einige Fachartikel, die zum Weiterlesen und zur Vertiefung ausgewählter Aspekte geeignet sind und z. T. als PDF-Datei aus dem Internet heruntergeladen werden können.

Titel:	Inhaltliche Schwerpunkte:
Arzberger, Steffen (2007): Dialekt in der Schule – Freund oder Feind? In: Horst Haider Munske (Hg.): Sterben die Dialekte aus? Vorträge am Interdisziplinären Zentrum für Dialektforschung an der Friedrich-Alexander-Universität Erlangen-Nürnberg. 22.10.–10.12.2007, S. 10–12.	Vorstellung eines Sprachatlasprojekts in einer 8. Klasse eines Gymnasiums in Bayern (Bayreuth)
König, Werner (2013): Wir können alles. Außer Hochdeutsch. Genialer Werbespruch oder Eigentor des deutschen Südens? Zum Diskriminierungspotential dieses Slogans, in: Sprachreport 2013/14, S. 5–14.	Sprachliche Diskriminierung durch einen Slogan
Maitz, Péter/Elspaß, Stephan (2007): Warum der Zwiebelfisch nicht in den Deutschunterricht gehört, in: Informationen Deutsch als Fremdsprache 34 (2007), S. 515–526.	Sprachpflege, sprachliche Variation, sprachlicher Wandel
Maitz, Péter/Elspaß, Stephan (2011b): Dialektfreies Sprechen – leicht gemacht! Sprachliche Diskriminierung von deutschen Muttersprachlern in Deutschland, in: Der Deutschunterricht 6/2011, S. 7–17.	Sprachliche Diskriminierung aufgrund von Dialekt: Beispiele, Hintergrund, Lösungsansätze
Maitz, Péter/Elspaß, Stephan (2011c): Zur sozialen und sprachpolitischen Verantwortung der Variationslinguistik, in: Elvira Glaser/Jürgen Erich Schmidt/Natascha Frey (Hgg.): Dynamik des Dialekts – Wandel und Variation. Akten des 3. Kongresses der Internationalen Gesellschaft für Dialektologie des Deutschen (IGDD). Stuttgart: Steiner (ZDL Beihefte; 144), S. 221–240.	Aufgaben der Variationslinguistik, sprachliche Ideologien, Fallbeispiele für sprachliche Diskriminierung
Maitz, Péter/Elspaß, Stephan (2012): Pluralismus oder Assimilation? Zum Umgang mit Norm und arealer Sprachvariation in Deutschland und anderswo, in: Susanne Günthner/Wolfgang Imo/Dorothee	Verschiedene Formen des Umgangs mit sprachlicher Variation in Europa, insb. am Beispiel Norwegens und der Schweiz Nachweis einer arealen Standardvariation im Deutschen. Vergleich der Situ-

Titel:	Inhaltliche Schwerpunkte:
Meer / Jan Georg Schneider (Hgg.): Kommunikation und Öffentlichkeit. Sprachwissenschaftliche Potenziale zwischen Empirie und Norm. Berlin & Boston: de Gruyter (Reihe Germanistische Linguistik; 296), S. 43–60.	ation in Deutschland mit derjenigen in Norwegen und in der Schweiz.
Maitz, Péter (2010): Sprachpflege als Mythenwerkstatt und Diskriminierungspraktik, in: Aptum. Zeitschrift für Sprachkritik und Sprachkultur. 6. Jahrgang, 2010. Heft 01, S. 1–19.	Problematik der populären Sprachpflege, sprachliche Diskriminierung durch Sprachpflege, Sprachmanagement als mögliche Alternative
Maitz, Péter (2014): Kann – soll – darf die Linguistik der Öffentlichkeit geben, was die Öffentlichkeit will?, in: Thomas Niehr (Hg.): Sprachwissenschaft und Sprachkritik. Perspektiven ihrer Vermittlung. Bremen, S. 9–26.	Rolle der Linguistik in der Öffentlichkeit, Überblick über die Vielfalt sprachlicher Ideologien (auch in der Linguistik)
Maitz, Péter (2015): Sprachvariation, sprachliche Ideologien und Schule, in: Zeitschrift für Dialektologie und Linguistik (Stuttgart) 82.2, S. 206–227.	Sprachliche Ideologien, Dialekt in Schulbüchern, Schulbuchanalyse am Beispiel von Bayern

7.3.3 Wissenschaftliche Beiträge in Ausschnitten

Text 1

Christa Dürscheid / Stefan Elspaß/Arne Ziegler: Grammatische Variabilität im Gebrauchsstandard: das Projekt „Variantengrammatik des Standarddeutschen. In: Korpuslinguistik und interdisziplinäre Perspektiven auf Sprache / Corpus Linguistics and Interdisciplinary Perspectives on Language Bd. / Vol. 1. Herausgeber / Editorial Board: Holger Keibel, Marc Kupietz, Christian Mair. Tagungsband zur 3. Internationalen Konferenz Grammatik und Korpora / Grammar & Corpora 2009, Mannheim, 22.–24. 9. 2009, Tübingen 2012, S. 125–127.

Der angegebene Ausschnitt eignet sich gut für eine Diskussion über die Frage, wie man eigentlich Standarddeutsch definiert. Während man früher davon ausging, dass das, was in den Regelwerken wie Duden und Wahrig steht, zu gelten hat, sprechen sich die Autoren dafür aus, heute viel mehr vom tatsächlichen Sprachgebrauch auszugehen. Als Quelle für das Herausarbeiten des tatsächlichen Sprachgebrauchs soll die regionale Presse dienen:

> „Da der Schwerpunkt im geplanten Projekt auf der diatopischen Variation liegt, weiten wir daher den Standardbegriff auf den Sprachgebrauch in der schweizerischen und österreichischen Presse aus. Des Weiteren betrachten wir die grammatische Variation innerhalb der betreffenden Länder und berücksichtigen daher vor allem den Sprachgebrauch der jeweiligen regionalen Presse. So kommen wir nicht in die Situation, entscheiden zu müssen – und diese Entscheidung wäre notwendigerweise in hohem Maße subjektiv –, welche Zeitungen das Maß setzen; wir wählen vielmehr Zeitungen, die es regional gibt und die regional eine bestimmte Reichweite haben. Eisenbergs Festlegung würde strenggenommen bedeuten, dass der Sportteil der Frankfurter Rundschau standardsprachlicher ist als etwa die politischen Kommentare in der Rhein-Zeitung, der Augsburger Allgemeinen oder den Vorarlberger Nachrichten. Das erscheint uns nicht plausibel."[256]

Von Ulrich Ammons Ansatz, nationale Kennzeichen der Standardsprache zu suchen, setzen sich Christa Dürscheid, Stefan Elspaß und Arne Ziegler deutlich ab, wenn sie schreiben:

> „Diatopische Variation, das sei an dieser Stelle noch eigens betont, macht selbstverständlich nicht an den Landesgrenzen Halt. Wir gehen also nicht davon aus, dass wir in Zeitungstexten grammatische Varianten finden werden, die z.B. exklusiv an die deutsche, schweizerische oder österreichische Standardvarietät geknüpft sind. Ohnehin gilt nicht in allen Fällen, dass eine Standardvarietät im ganzen Land im Gebrauch ist. Dies sieht man an der Schweiz, wo nur 17 der 26 Kantone einsprachig (deutsch) sind. Aus diesen Gründen sind denn auch Bezeichnungen wie „plurinationale Variation" bzw. „Plurinationalität", die sich in den Arbeiten von Ammon (1995 und öfter) finden, problematisch. Geeigneter scheint uns das pluriareale Konzept, das in der sprachlichen Heterogenität des Deutschen ein typologisches, nicht an Staatsgrenzen gebundenes Merkmal sieht [...]."[257]

Text 2

Michael Elmentaler: In Hannover wird das beste Hochdeutsch gesprochen, in: Lieselotte Anderwald (Hg.): Sprachmythen – Fiktion oder Wirklichkeit. Frankfurt / Main 2012, S. 101–115.

Der Autor zeigt, wie sich schon um 1800 der Sprachmythos vom Hannoverismus gebildet hat:

256 Dürscheid / Elspaß / Ziegler (2012: 126).
257 Ebd. 127.

„Um 1800 ist die Sache entschieden. Die norddeutsche Aussprache des Hochdeutschen hat sich nun weitgehend als Normvorbild durchgesetzt. Hierbei ist mit ‚Norddeutschland' vor allem der Raum Niedersachsen gemeint. Die Stadtsprache von Berlin hingegen wird trotz der politischen und kulturellen Bedeutung und der Größe der Stadt nicht als Aussprachemuster in Betracht gezogen. Berlin schied wohl als Normvorbild aus, weil die Stadt schon damals über eine sehr ausgeprägte Umgangssprache mit markanten Merkmalen verfügte, die bereits im 18. Jahrhundert karikiert wurde. Die Städte Niedersachsens waren in dieser Hinsicht weniger belastet. Eine Eingrenzung auf Hannover ist damit allerdings zunächst noch nicht verbunden."[258]

Dass sich die Stadt Hannover als sprachliches Vorbild gegenüber den anderen norddeutschen Städten durchgesetzt hat, hängt für Elmentaler mit dem schnellen Wachstum der Stadt zwischen 1821 und 1885 zusammen. Auch sei Hannover zwischen 1814 und 1866 Landeshauptstadt des Königreichs Hannover und seit 1866 (bis 1946) Hauptstadt der entsprechenden preußischen Provinz gewesen, was seine kulturpolitische Bedeutung bestärkt habe. Interessant sei aber im Zusammenhang mit dem Hannoverismus, dass das Deutsch von Hannover zu dem Zeitpunkt, als es vorbildhaft wurde, noch sehr stark regional geprägt war:

„Die Verortung des besten Hochdeutsch in Hannover im 19. Jahrhundert war also in sprachlicher Hinsicht nur bedingt berechtigt, da auch andere Städte Anspruch darauf hätten haben können. Doch diese Zuschreibung ist auch noch aus einem anderen Grund nicht unproblematisch. Denn nach allem, was wir wissen, war das hannoversche Hochdeutsch des 19. und frühen 20. Jahrhunderts keineswegs frei von Regionalismen. Vielmehr wies es ausgeprägte Eigenheiten in Lautung und Grammatik auf, die schon bald zu Sprachwitzen und Anekdoten über sprachliche Missverständnisse Anlass geben."[259]

Erst im 20. Jahrhundert hat – so Elmentaler weiter – das hannoversche Deutsch dann seine Regionalismen abgelegt. Der Autor sieht dies in einem Zusammenhang mit dem Aufkommen des von Regionalismen weitgehend freien mündlichen Standards in Hörfunk und Fernsehen.

Text 3

Rupert Hochholzer ([2]2015): Dialekt und Schule. Vom Nutzen der Mehrsprachigkeit, in: Dialekte in Bayern. Herausgegeben vom Bayerischen Staatsministerium

258 Elmentaler (2012: 105).
259 Ebd. 106.

für Bildung und Kultus, Wissenschaft und Kunst. Neubearbeitete zweite Auflage. München, S. 80–97.

Für den Autor ist die innere Mehrsprachigkeit der richtige Ansatz für einen zeitgemäßen Umgang mit Sprache.

> „Um sowohl der Standardsprache als auch den Dialekten die ihnen zustehende Bedeutung beizumessen, erscheint das der vorliegenden Handreichung zugrunde liegende Konzept der inneren Mehrsprachigkeit als tragfähiges Fundament für einen zeitgemäßen schulischen und privaten Umgang mit Sprache. Innere Mehrsprachigkeit meint nichts anderes als die Fähigkeit eines Menschen, innerhalb seiner eigenen Muttersprache zwischen Dialekt und Standard, zwischen Fach- und Umgangssprache, zwischen lockerem und sachlichem Stil wechseln zu können. Der bewusste Umgang mit der eigenen Sprache ist u. a. auch eine wichtige Voraussetzung für das Erlernen von Fremdsprachen."[260]

Auch macht er deutlich, dass es das Ziel der Reihe „Dialekte in Bayern" sein muss, im Schulalltag eine positive Spracheinstellung aufzubauen.

- „Es geht um den Aufbau von positiven Spracheinstellungen: Lehrer und Schüler sollen mehr als bisher den Wert ihrer eigenen Herkunftssprache schätzen lernen.
- Eng damit verbunden ist ein affektives Ziel: die Freude an der eigenen Sprache und am heimischen Dialekt.
- Es geht um die Ausbildung und Stärkung von Sprachbewusstsein, das als Grundlage von Sprachenlernen angesehen wird.
- Es geht um Sprachwissen, das über bloßes grammatisches Wissen hinausgeht und Wissen über das deutsche Sprachsystem und den Sprachgebrauch beinhaltet. Es umfasst neben dem Wissen um allgemein mögliche sprachliche Strukturen und Bauformen auch das Wissen über Gemeinsamkeiten und Verschiedenheiten von Sprachen sowie die Rolle und den Wert von Sprachen. Sprachwissen bedeutet zum Beispiel auch das Wissen um die Bezeichnungskonventionen von deutschen Dialekten, ist aber auch die Voraussetzung dafür, Begriffe wie Hochdeutsch, Standarddeutsch oder auch Muttersprache inhaltlich füllen und in ein Beziehungsnetz stellen zu können."[261]

---

260 Hochholzer (^{2}2015: 81).
261 Ebd. 82.

Text 4

Péter Maitz/Foldenauer, Monika (2015): Sprachliche Ideologien im Schulbuch, in: Jana Kiesendahl/Christine Ott (Hgg.): Linguistik und Schulbuchforschung. Gegenstände – Methoden – Perspektiven. Göttingen, S. 217–234.

Hier machen die beiden Autoren deutlich, wie stark die Behandlung von sprachlicher Variation in Schulbüchern auf bekannten sprachlichen Ideologien aufbaut, wobei besonders die sprachliche Ideologie des Standardismus zu beobachten sei:

> „Diese sprachliche Ideologie, die in den Schulbüchern konsequent und unreflektiert vertreten wird, geht dann, wie wir gesehen haben, zwangsläufig mit der Stigmatisierung von nonstandardsprachlichen Varietäten und Sprachstilen und deren Sprechern einher. Diese Stigmatisierung betrifft jugendsprachliche Sprachgebrauchsweisen genauso wie regional markierte Varietäten, darunter sogar auch (süddeutsch markierte) regionale Standardvarietäten. Die starre, teilweise orthodoxe Standardorientiertheit führt darüber hinaus zu unsachlichen, teilweise an der Realität vorbeigehenden Darstellungen über die Sprachwirklichkeit bis hin zur Konstruktion von Bedrohungsszenarien, die ihrerseits die Funktion haben, die vertretene sprachideologische Position rationalisieren und umsetzen zu können."[262]

Nach einem Vergleich mit der englischen Sprache, wo in der Gesellschaft vielmehr Varianz erlaubt ist, kommen Maitz und Foldenauer auch auf das besondere Normbewusstsein in Deutschland zu sprechen:

> „Dennoch – oder gerade deswegen – sollte die Schule aber die durch diese starke Normativität verursachten sprachlichen und sprachlich bedingten sozialen Missstände nicht weiter verfestigen und vertiefen. Vielmehr sollte sie die von ihr vertretenen und vermittelten sprachlichen Ideologien und die in ihnen enthaltenen sprachlichen Norm- und Wertvorstellungen kritisch reflektieren, nicht zuletzt auch, um übergeordneten, pluralistisch geprägten sprachenpolitischen Regelungen auf EU-, Bundes- und Landesebene entsprechen zu können und die Stigmatisierung und soziale Benachteiligung einzelner Sprecher und Sprechergruppen zu verhindern. Auf jeden Fall sollte auch verhindert werden, dass die Schüler die Schule mit sprachlichen Defizitgefühlen verlassen oder sich gar für ihre identitätsstiftenden, regional markierten Erstvarietäten schämen müssen […]."[263]

262 Maitz/Foldenauer (2015: 232).
263 Ebd. 233.

Um dieses Ziel zu erreichen, müsste die Schule die Sprachvariation innerhalb des Deutschen und innerhalb der Standardsprache bewusstmachen.

Text 5

Christina A. Anders: „Platt is nich uncool“ – Zu den „coolsten“ und „uncoolsten“ Dialekten des Deutschen und ob das schon immer so war, in: Lieselotte Anderwald (Hg.): Sprachmythen – Fiktion oder Wirklichkeit. Frankfurt 2012, S. 117–135.

In ihrem Beitrag stellt die Autorin verschiedene Umfragen bezüglich der Beliebtheit von Dialekten vor und betrachtet diese kritisch. So schreibt sie zu den Ergebnissen einer Umfrage aus dem Jahr 2008:

> „Auf die Frage ‚Abgesehen von der Mundart, die Sie selber sprechen, gibt es andere Dialekte oder Platt, die Sie unsympathisch finden? Welche?‘ antworteten die meisten Befragten an erster Stelle mit dem Sächsischen (21 %), danach folgen Bairisch (11 %), Berlinerisch (6 %), Schwäbisch (5 %), Plattdeutsch (2 %), Kölsch (2 %), Hessisch (2 %), Rheinisch (1 %) für 1997/98, nahezu identisch zeigt sich das Ranking von 2008 mit Bairisch (13 %), Alemannisch (8 %), Norddeutsch (7 %), Berlinerisch (4 %), Hessisch (3 %), Rheinländische Dialekte (2 %) und Ostdeutsch (2 %).
> Vielleicht wundert sich an dieser Stelle der eine oder andere Leser darüber, dass die Dialekte, die eben noch die Top 5 der ‚Sympathischsten‘ gebildet haben, nun auch noch die Top 5 der ‚Unsympathischsten‘ sind. Hier kann der erhebliche methodische Mangel solcher Befragungen abgelesen werden. Denn das, was sich hier zeigt, ist keineswegs eine Angabe zur Sympathie bzw. Antipathie der Dialekte, sondern lediglich die Bekanntheit dieser Dialekte, genauer gesagt, der Dialektkonzepte. Völlig unklar bleibt indes, welche Vorstellungen die Befragten zum ‚Bairischen‘, ‚Sächsischen‘, ‚Schwäbischen‘, ‚Nieder-‘ oder ‚Norddeutschen‘ verfügen und welche Bedeutung diese Vorstellungen für sie bzw. für die jeweilige Bewertung der Dialektkonzepte haben. Mag ein Informant aus Bielefeld beim ‚Sächsischen‘ an die Dresdner Stadtsprache denken, hat vielleicht ein anderer Informant beim ‚Sächsischen‘ eher eine westerzgebirgische Aussprache im Ohr. Und was meint eigentlich genau ‚Norddeutsch‘, ‚Niederdeutsch‘ und ‚Platt‘? Integriert der Eine diese drei Bezeichnungen alle in seine Vorstellung einer einheitlichen standardnahen norddeutschen Umgangssprache, so differenziert ein Anderer vielleicht zwischen ‚Platt‘ als einer standardfernen niederdeutschen Variante aus Husum und wieder ein Anderer denkt dabei an sein heimatliches niederrheinisches ‚Platt‘. Und hier ist auch schon der dritte Kritikpunkt angesprochen. Unklar bleibt auch, in welchem Abstand zur Standardsprache der jeweilige Dialekt wahrgenommen wird. Hätte man in diesem Zusammenhang auch danach gefragt, wo jeweils der als sympathisch oder unsympathisch bewertete

Dialekt denn genau gesprochen wird, würde schließlich der vierte Kritikpunkt offenbar werden, nämlich die individuell unterschiedliche räumliche Vorstellung jedes einzelnen Informanten."[264]

264 Anders (2012: 124 f.)

Anhang

Glossar

Angemessenheit	Zentraler Begriff der linguistischen Sprachkritik, der sich mit der Frage der Angemessenheit der konkreten Sprachverwendung in einer bestimmten Situation bzw. einem bestimmten Kontext beschäftigt.
Assimilation	Im gesellschaftlichen Bereich versteht man unter Assimilation die Angleichung einer Gruppe an eine andere, das heißt, dass diese Gruppe ihre Besonderheiten ablegt (zum Beispiel den Dialekt) und sich der Mehrheit (zum Beispiel der Standardsprache) anpasst oder ganz in ihr aufgeht.
Benrather Linie	Dies ist die Grenze zwischen den niederdeutschen Dialekten, die nicht an der Zweiten Lautverschiebung teilgenommen haben, und den hochdeutschen Dialekten, die diese durchgeführt haben. So kommt es zum Gegensatz *ik – ich, Appel – Apfel, wat – was* usw.
Bildungsstandards	Von der Kultusministerkonferenz (seit 2003) beschlossene Standards, die die Fähigkeiten und Kenntnisse festlegen, die die Schülerinnen und Schüler einer bestimmten Jahrgangsstufe in bestimmten Fächern (Hauptfächern, Fremdsprachen) erworben haben sollten.
Bilingualität	Bilingualität oder Bilinguismus bezeichnet die Fähigkeit einzelner Personen oder Gruppen, im Alltag über zwei Sprachsysteme (Sprachen, Dialekte) zu verfügen.
Code-Switching	Darunter versteht man das Wechseln von einem Sprachsystem (code) zu einem anderen bei zweisprachigen Personen / Gruppen.
Defektivismus	Der Defektivismus ist eine sprachliche Ideologie, bei der man davon ausgeht, dass die Sprache in ihrer Entwicklung gepflegt werden muss, um entstehende Krankheiten (Fehler) zu beheben. Alles, was nicht dem Standard entspricht, wird daher als ein „Defekt" betrachtet.
Defizit-Hypothese	Nach Basil Bernstein verwenden die Angehörigen der sozialen Mittel- und Oberschicht ein sprachliches Register, das sich sehr von denen der unteren sozialen Schicht abhebt und diesen – was die gedanklichen Leistungsmöglichkeiten anbelangt – überlegen ist. Dieses Defizit hindert die Angehörigen der unteren Schichten daran, sozial aufzusteigen. In Deutschland wurde diese

	an der amerikanischen Gesellschaftsstruktur entworfene Hypothese in den 1970er Jahren auf den Gegensatz Dialekt (= restringierter Code) und Standardsprache (= elaborierter Code) übertragen, was aufgrund der unterschiedlichen sozialen Strukturen im Grunde unzulässig war. Das negative Bild vom Dialekt als nicht vollwertiger Varietät hat sich allerdings in vielen Köpfen bis heute gehalten.
Dekadentismus	Die sprachliche Ideologie des Defektivismus hängt mit dem Dekadentismus zusammen: Man ist hierbei der Ansicht, dass die sprachliche Entwicklung immer in eine falsche / schlechte Richtung geht, der Zustand der Sprache wird also immer schlechter (dekadenter). Geleugnet wird hier das jeder lebenden Sprache innewohnende Phänomen des sprachlichen Wandels.
Dialekt	Im Gegensatz zu den Standardsprachen ist die räumliche Reichweite bei Dialekten eingeschränkt. Auch verfügen sie nicht über eine genormte Schriftsprache. Sie haben aber genauso wie die Standardsprachen auf allen sprachlichen Ebenen (Lautung, Wortbildung, Satzbau) feste Regeln, die allerdings nicht verschriftlicht sind, sondern intuitiv gelernt werden. Ein Synonym zu Dialekt ist Mundart.
Differenzhypothese	Im Gegensatz zu Bernsteins Defizit-Hypothese geht William Labov in seiner Differenzhypothese davon aus, dass die sprachlichen Register der unteren sozialen Schichten gegenüber den oberen Schichten nicht defizitär, sondern anders (different), in Bereichen wie dem Wortschatz sogar reicher sind.
Diskriminierung, sprachliche	Unter sprachlicher Diskriminierung verstehen wir die Benachteiligung von Sprecherinnen und Sprechern aufgrund deren sprachlicher Varietät. Hierbei kann die Diskriminierung ausdrücklich (explizit) verbalisiert werden („Dein Dialekt ist grauenvoll“) oder sie geschieht indirekt (implizit), nach dem Motto: „Sag’s noch mal schöner!“ Nicht nur Dialekt sprechende Personen können diskriminiert werden, sondern es kann auch – umgekehrt – dazu kommen, dass in Sprachgemeinschaften, in denen der Dialekt üblich ist, Standard sprechende Personen diskriminiert werden. In mehrsprachigen Ländern kann sich die Diskriminierung auch auf eine der vielen Sprachen beziehen.
Gastarbeiterdeutsch	Der Begriff Gastarbeiterdeutsch bezeichnet das Deutsch von Migranten, die zwischen den 1950er und 1970er Jahren als Gastarbeiter nach Deutschland gekommen sind und die deutsche Sprache ungesteuert erworben haben.

Gebrauchsstandard	Unter Gebrauchsstandard versteht man geografisch definierte Varietäten und Sprachgebrauchsmuster, die im jeweiligen regionalen Kontext hohes Prestige haben und sowohl im informellen wie auch im formellen Gebrauch angemessen sind. Sie weisen auf allen Ebenen Unterschiede sowohl zur Standardsprache als auch zu den Dialekten auf.
Hannoverismus	Vertreter der im deutschen Sprachraum weit verbreiteten sprachlichen Ideologie des Hannoverismus sind davon überzeugt, dass man in Norddeutschland und dort besonders in Hannover das beste Deutsch spricht.
Homogenismus	Wer der Ansicht ist, dass eine Sprache auf allen Ebenen homogen sein muss, das heißt, dass sie zur Verständigung keine Varianten haben darf, unterliegt der sprachlichen Ideologie des Homogenismus.
Ideologie, sprachliche	Sprachliche Ideologien sind Meinungen und Überzeugungen, mit denen wir unsere und die Sprache anderer bewerten. Dies geschieht zumeist unbewusst, indem wir diese Bewertungen von Generationen vor uns übernehmen. Die im deutschen Sprachraum bekannteste sprachliche Ideologie ist die Ideologie des Hannoverismus.
Klischees, sprachliche	Siehe Ideologie, sprachliche
Komisierung	Wenn eine sprachliche Varietät in der Öffentlichkeit nur im Zusammenhang mit lustigen Situationen oder Comedy Gehör findet, so spricht man von einer Komisierung dieser sprachlichen Varietät.
Kompetenz, sprachliche	Linguistischer und lernpsychologischer Begriff, der – im Unterschied zum bloßen Wissen und Können – die Fähigkeit umfasst, dieses Wissen und Können situationsadäquat einzusetzen; umfasst verschiedene Teilkompetenzen aus dem Bereich der umgangssprachlichen Kommunikation (wie das Hörverstehen, das Leseverstehen, das Sprechen, das Schreiben, Wortschatz und Grammatik). Sprachliche Kompetenz umfasst insofern gleichermaßen rezeptive, produktive und kognitive Teilfähigkeiten.
Lautverschiebung, Zweite	Zwischen dem 5. und 8. Jahrhundert spaltete sich das hochdeutsche Gebiet – hier ein rein geografischer Begriff – durch die Veränderung der Konsonanten *p, t, k* und *b, d, g* vom niederdeutschen Gebiet und den anderen germanischen Sprachen ab. Bei dieser sogenannten Zweiten Lautverschiebung entstanden zum Beispiel die hochdeutschen Lautungen *Apfel, Wasser, machen*, während diese Wörter im Niederdeutschen sowie den anderen germanischen Sprachen weiterhin mit den Konsonanten *-p-* (englisch *appel*), *-t-* (englisch *water*) und *-k-* (englisch *to make*) gesprochen werden. Die Nordgrenze der Zweiten

Lautverschiebung ist die sogenannte Benrather Linie. Durch die Teilnahme an der Zweiten Lautverschiebung werden die deutschen Dialekte in drei Großgruppen eingeteilt: keine Teilnahme = Niederdeutsch, teilweise Teilnahme = Mitteldeutsch, vollständige Teilnahme = Oberdeutsch. Mitteldeutsch und Oberdeutsch werden dann unter dem Begriff „Hochdeutsch" zusammengefasst.

Mehrsprachigkeit, tätige bzw. verstehende
: Hierzu kann man auch aktive und passive Mehrsprachigkeit sagen. Bei der tätigen (aktiven) Mehrsprachigkeit benutzen die Sprecherinnen und Sprecher diese Sprache beim Sprechen im Alltag, bei der verstehenden (passiven) Mehrsprachigkeit versteht man die andere Sprache, spricht sie aber nicht.

Mundart
: Synonym zu Dialekt (siehe dort).

Mündlichkeit, konzeptionelle
: Von konzeptioneller Mündlichkeit ist dann die Rede, wenn eine mündliche Äußerung die verschiedenen Merkmale mündlicher Kommunikationsakte aufweist (dazu zählen z. B. phonetische Variation, Situationsabhängigkeit, Einsatz non- und paraverbaler Mittel, Redundanz usw.). Für konzeptionell schriftliche Kommunikationsakte ist jeweils das Gegenteil – mehr oder weniger – charakteristisch (also z. B. keine phonetische Variation, Situationsentbundenheit usw.). Das reine Vorlesen einer schriftlich ausgearbeiteten Rede ist somit zwar medial mündlich, jedoch konzeptionell schriftlich.

Pluralismus
: Unter Pluralismus versteht man die Auffassung, dass in einer Sprachgemeinschaft mehrere Varietäten (zum Beispiel zwei Standardsprachen oder eine Standardsprache und die Dialekte) im Sprachalltag gleichberechtigt nebeneinander zuzulassen sind.

Prestigevariante
: Wenn zwei sprachliche Varianten aufeinandertreffen und die Sprachen / Dialekte, zu denen sie gehören, von unterschiedlichem Prestige sind, so verdrängt die Variante aus der Sprache mit dem höheren Prestige die Variante aus der Sprache mit dem geringeren Prestige.

Sozialisation, Sozialisationsinstanz
: Sozialwissenschaftlicher Begriff, der die Entwicklung eines menschlichen Individuums aufgrund seiner Interaktionen mit seiner materiellen und sozialen Umwelt beschreibt. Sozialisationsinstanzen werden dabei die maßgeblich an diesem Prozess beteiligten Personen, Institutionen und Handlungsträger genannt (Familie, Kindergarten, Schule usw.).

Sprachbarriere
: Nach Basil Bernstein werden die unteren sozialen Schichten durch ihre Sprache am Aufstieg gehindert. Da sie nicht die Standardsprache beherrschen, ist für sie ihre eigene Sprechweise – sei es eine andere Sprache, sei es ein Dialekt – eine Sprachbarriere.

Sprachkritik

Neben der – zumeist mit schematischen Geboten und Verboten operierenden – populären Sprachkritik (wie sie typischerweise von linguistischen Laien wie Bastian Sick vertreten wird) gibt es die linguistische Sprachkritik, die bei ihren Urteilen über dieAngemessenheit von Sprachverwendungsweisen ein Maximum an sprachwissenschaftlicher Fundierung und kommunikativer Transparenz erstrebt. Die Kontextabhängigkeit einer jeden Äußerung ist für sie von zentraler Bedeutung.

Sprachpflege, populäre

Unter populärer Sprachpflege sind sämtliche Bemühungen zum Schutz und zur Kultivierung der deutschen Sprache zu verstehen. Das Hauptziel der populären Sprachpflege besteht darin, die deutsche Sprache zu schützen und ihrem angeblichen Verfall entgegenzuwirken. Weil sie von falschen – weil sprachwissenschaftlich nicht haltbaren – Voraussetzungen ausgeht, insb. bei Fragen der Sprachrichtigkeit, des Stils und der sprachlichen Angemessenheit, trägt sie maßgeblich zur Verfestigung und Tradierung sprachlicher Ideologien (wie z. B. derjenigen des Standardismus) bei.

Sprachspielkompetenz

Der Begriff Sprachspielkompetenz bezeichnet die Fähigkeit, sprachliche Ausdrücke in konkreten Situationen, Domänen und Medien angemessen – d. h. in einer zur Situation passenden Weise – verwenden, also im weitesten Sinne spielerisch damit umgehen zu können.

Sprachunterricht, emanzipatorischer

Mit emanzipatorischem Sprachunterricht ist ein Sprachunterricht gemeint, der seine historischen Wurzeln in der Diskussion um die Bernstein'sche Defizithypothese der 1960er und 1970er Jahre hat. Im Gegensatz zu den Anhängern der Defizithypothese haben die Vertreter eines emanzipatorischen Sprachunterrichts nicht die Kompensation vermeintlicher sprachlicher Defizite (z. B. im Zusammenhang mit der Verwendung von Dialekt), sondern die Erweiterung der sprachlichen Handlungsmöglichkeiten von Muttersprachlerinnen und Muttersprachlern im Blick.

Sprachwandel

Alle natürlichen Sprachen verändern sich und unterliegen also einem Sprachwandel. Dieser betrifft, was oft nicht bedacht wird, auch die Standardsprache, weshalb normgebende Lexika wie der Duden immer wieder überprüft und gegebenenfalls korrigiert werden müssen.

Sprachwissen, passives

Beim passiven Sprachwissen kennt man die sprachlichen Besonderheiten eines Subsystems (wie zum Beispiel den Dialekten), benutzt diese aber nicht aktiv. So kennt man in Süddeutschland die Bezeichnung *Sonnabend*, sagt aber im aktiven Sprachgebrauch *Samstag*. Siehe auch Mehrsprachigkeit.

Standardismus	Vertreter des Standardismus sind davon überzeugt, dass der Standardsprache zur Verständigung und als Mittel zur Bildung eine besondere Bedeutung zukommt. Sie ist der Maßstab für Richtigkeit und daher muss sie auch jeder erlernen und verwenden.
Standardsprache, Hochsprache	Obgleich „hoch“ und „nieder“ ursprünglich geografische Kategorien bezeichnen, verwendet man in der Sprachwissenschaft lediglich den Begriff „Standardsprache“, um das Bild von den zur Hochsprache hinaufschauenden Dialektsprechenden zu vermeiden.
Umgangssprachen	Im süddeutschen Sprachraum haben sich zwischen den alten Ortsdialekten und der Standardsprache Zwischenschichten gebildet, die man regionale Umgangssprachen nennen könnte. Sie bilden für die meisten Menschen in diesem Raum heute den Sprachalltag: Einerseits werden hierbei zu dialektal klingende Lautungen, Wörter und Formen abgelegt, andererseits behält man nicht zu auffallende Sprachformen bei, die nicht dem Standard entsprechen, aber im Sprachraum akzeptiert werden. Aufgrund ihrer Flexibilität sind Umgangssprachen nur schwer zu beschreiben.
Varietät	Eine Varietät – oder ein Subsystem – ist ein Teil einer Sprache und durch bestimmte Eigenschaften definiert. Die räumlichen Varietäten sind Dialekte, gesellschaftliche Gruppen bilden Soziolekte, berufliche Gruppen Funktiolekte usw.
Varnakularismus	Mit der Ideologie des Varnakularismus meint man, dass autochthone sprachliche Varietäten – in unserem Fall Dialekte – förderungswürdiger sind als Varietäten mit größerer Reichweite, in unserem Fall die Standardsprache.

Literatur

Ammon, Ulrich (1995): Die deutsche Sprache in Deutschland, Österreich und der Schweiz. Das Problem der nationalen Varietäten. Berlin, New York.

Ammon, Ulrich (1996): Die nationalen Varietäten des Deutschen im Spannungsfeld von Dialekt und gesamtsprachlichem Standard, in: Muttersprache 106, S. 243–249.

Ammon, Ulrich et al. (2004): Variantenwörterbuch des Deutschen. Die Standardsprache in Österreich, der Schweiz und Deutschland sowie in Lichtenstein, Luxemburg, Ostbelgien und Südtirol. Berlin / New York.

Anders, Christina A. (2012): „Platt is nich uncool" – Zu den „coolsten" und „uncoolsten" Dialekten des Deutschen und ob das schon immer so war, in: Lieselotte Anderwald (Hg.): Sprachmythen – Fiktion oder Wirklichkeit. Frankfurt 2012, S. 117–135.

Arendt, Birte (2009): Krankgepflegt? Was Sprachpolitik bewirken kann, in: Aptum. Zeitschrift für Sprachkritik und Sprachkultur 5 / 01, S. 38–60.

Arzberger, Steffen (2007): Dialekt in der Schule – Freund oder Feind? in: Horst Haider Munske (Hg.): Sterben die Dialekte aus? Vorträge am Interdisziplinären Zentrum für Dialektforschung an der Friedrich-Alexander-Universität Erlangen-Nürnberg. 22.10.–10. 12. 2007, S. 10–12.

Auer, Peter / Spiekermann, Helmut (2010): Die Variabilität der Sprache und Deutschunterricht, in: Volker Frederking / Hans W. Hunke / Axel Krommer / Christel Meier (Hg.), Taschenbuch des Deutschunterrichts, Bd. 1: Sprach- und Mediendidaktik. Hohengehren, S. 72–87.

Baßler, Harald / Spiekermann, Helmut (2001): Dialekt und Standardsprache im DaF-Unterricht. Wie Schüler urteilen – wie Lehrer urteilen. Linguistik online 9, 2 / 01. (= https://www.linguistik-online.net/9_01/BasslerSpiekermann.html).

Bauer, Thomas (5 2018): Die Vereindeutigung der Welt. Über den Verlust an Mehrdeutigkeit und Vielfalt. Stuttgart.

Berend, Nina (2005). Regionale Gebrauchsstandards – Gibt es sie und wie kann man sie beschreiben?, in: Standardvariation. Wieviel Variation verträgt die deutsche Sprache? Jahrbuch des Instituts für deutsche Sprache. Herausgegeben von Ludwig Eichinger und Werner Kallmeyer. Berlin u. a., S. 143–170.

Besch, Werner (1967): Sprachlandschaften und Sprachausgleich im 15. Jahrhundert. Studien zur Erforschung der spätmittelhochdeutschen Schreibdialekte und zur Entstehung der neuhochdeutschen Schriftsprache. München.

Böcker, Lisa / Brenner, Gerd et al. (2016): Texte, Themen und Strukturen. Deutschbuch für die Oberstufe. Berlin.

Borčić, Nikolina/ Wollinger, Sonja (2008): Deutschland, Österreich und die Schweiz: Identität und Sprachpolitik, in: Informatologia, 41, 2008, 2, S. 156–160.

Bryant, Doreen / Pucciarelli, Nina (2018): Zum angemessenen Schriftsprachgebrauch im Nähe- und Distanzbereich. Eine Pilotstudie zur Registersensibilität am Anfang der Berufsausbildung, sprache im beruf 1, 2018 / 1, S. 6–26.
Braun, Peter ([4]1998): Tendenzen in der deutschen Gegenwartssprache. Sprachvarietäten. Stuttgart / Berlin / Köln.
Bühler, Jessica C. (2015): Hochdeutsch lernen in der Schweiz, zit. nach: https://www.fritzundfraenzi.ch/erziehung/entwicklung/hochdeutsch-lernen-in-der-schweiz (22. 4. 2019)
Bühler, Jessica C./Maurer, Urs (2017): Lesenlernen und Dialekt, zit. nach: https://www.psychologie.uzh.ch/de/bereiche/ehem/kogneuro/forschung/dialekt.html (22. 4. 2019)
Bühler, Jessica C. (2018): Wie beeinflusst das Sprechen von Dialekt das Gehirn?, zit. nach: https://jacobsfoundation.org/wie-beeinflusst-dialekt-sprechen-das-gehirn/ (22. 4. 2019)
Christen, Helen (2020): Gestylter Dialekt oder wie ein Medienschaffender den Erwartungen seines Publikums gerecht wird, in: Rudolf Bühler / Hubert Klausmann / Mirjam Nast (Hg.): Schule – Medien – Öffentlichkeit. Sprachalltag und dialektale Praktiken aus linguistischer und kulturwissenschaftlicher Perspektive. Tübingen, S. 131–150.
Cobarrubias, Juan (1983): „Ethical issues in status planning“, in: Juan Cobarrubias / Joshua Fisman (Hg.): Progress in Language Planning. International Perspectives. Berlin, New York, S. 41–85.
Coseriu, Eugenio ([2]2007): Sprachkompetenz. Grundzüge der Theorie des Sprechens. Tübingen.
Duden ([25]2011). Die deutsche Rechtschreibung. 25., völlig neu bearbeitete und erweiterte Auflage. Herausgegeben von der Dudenredaktion. Mannheim, Zürich.
Duden ([26]2013): Die deutsche Rechtschreibung. 26., völlig neu bearbeitete und erweiterte Auflage. Herausgegeben von der Dudenredaktion. Mannheim, Zürich.
Eichhoff, Jürgen (1977–2000). Wortatlas der deutschen Umgangssprachen (WdU). 4 Bände. Bern und München.
Eisenberg, Peter (2007): Sprachliches Wissen im Wörterbuch der Zweifelsfälle. Über die Rekonstruktion einer Gebrauchsnorm, in: Aptum. Zeitschrift für Sprachkritik und Sprachkultur 3, S. 209–228.
Elmentaler, Michael (2012): In Hannover wird das beste Hochdeutsch gesprochen, in: Lieselotte Anderwald (Hg.): Sprachmythen – Fiktion oder Wirklichkeit. Frankfurt / Main, S. 105–109.
Elspaß, Stephan / Möller, Robert (2003 ff.): Atlas zur deutschen Alltagssprache AdA = http://www.atlas-alltagssprache.de.
Elspaß, Stephan (2005): Standardisierung des Deutschen. Ansichten aus der neueren Sprachgeschichte 'von unten', in: Ludwig M Eichinger / Werner Kallmeyer (Hg.): Stan-

dardvariation: Wie viel Variation verträgt die deutsche Sprache? Berlin, New York, S. 63–99.

Ewald-Spiller, Ulla/ Fabritz, Christian et al. (2014): deutschideen. Sprach- und Lesebuch 5. Baden-Württemberg. Braunschweig.

Ewald-Spiller, Ulla/ Fabritz, Christian et al. (2013): deutschideen. Sprach- und Lesebuch 9. Braunschweig.

Feilke, Helmuth (2003): Entwicklung schriftlich-konzeptualer Fähigkeiten, in: Ursula Bredel / Hartmut Günther / Peter Klotz / Jakob Ossner / Gesa Siebert-Ott (Hg.): Didaktik der deutschen Sprache. Ein Handbuch. 1. Teilband. Paderborn / München / Wien / Zürich, S. 178–192.

Feilke, Helmuth (2014): Begriff und Bedingungen literaler Kompetenz, in: Helmuth Feilke / Thorsten Pohl (Hg.): Schriftlicher Sprachgebrauch – Texte verfassen. Hohengehren, S. 33–53.

Fingerhut, Karlheinz / Fingerhut, Margret et al. (2009): Texte, Themen und Strukturen. Deutschbuch für die Oberstufe. Berlin.

Fischer, Hanna / Hofmann, Katja (2019): Von Grumbeeren, Erdäpfeln und Tartuffeln. Regionalsprachliche Variation in Alltag und Werbung. In: Praxis Deutsch. Zeitschrift für den Deutschunterricht 45. Heft 275, S. 26–32.

Fix, Martin ([2]2004): Textrevisionen in der Schule. Prozessorientierte Schreibdidaktik zwischen Instruktion und Selbststeuerung – empirische Untersuchungen. Baltmannsweiler.

Foldenauer, Monika (2020): Die Sprache waschechter Nordlichter und raues Bairisch. Ein Vergleich sprachlicher Ideologien in bayerischen und niedersächsischen Schulbüchern, in: Rudolf Bühler / Hubert Klausmann / Mirjam Nast (Hg.): Schule – Medien – Öffentlichkeit. Sprachalltag und dialektale Praktiken aus linguistischer und kulturwissenschaftlicher Perspektive. Tübingen (im Druck)

Frank, Charlotte (2012): „Na? Udslopen?“, in: Süddeutsche Zeitung v. 1. 10. 2012, S. 31.

Friedel, Daniela. Dialekt in der Werbung. Online unter: http://udi.germanistik.uni-wuerzburg.de/wp/wp-content/uploads/Lehrerhandreichung_Dialekt_in_der_Werbung.pdf (4. 7. 2019)

Göttert, Karl-Heinz (2011): Alle außer Hochdeutsch oder: Versuch eines Fazits, in: Lisa Böcker / Gerd Brenner et al. (2016): Texte, Themen und Strukturen. Deutschbuch für die Oberstufe. Berlin, S. 267.

Griesmayer, Norbert (2004): Zur Sprachauffassung im neuen Lehrplan Deutsch für Österreichs Schulen der Zehn- bis Achtzehnjährigen, in: Internet-Zeitschrift für Kulturwissenschaften, Nr. 15, Juni 2004 (http://www.inst.at/trans/15Nr/06_1/griesmayer15.htm)

Habermas, Jürgen ([3]1989): Vorstudien und Ergänzungen zur Theorie des kommunikativen Handelns. Frankfurt am Main

Habermas, Jürgen (1992): Faktizität und Geltung. Beiträge zur Diskussion des Rechts und des demokratischen Rechtsstaats. Frankfurt a. Main.

Häcki Buhofer, Annelies (2002): Steuert Sprachbewusstheit den eigenen Sprachgebrauch? Überlegungen zum Zusammenhang an Beispielen aus der deutschen Schweiz, in: Der Deutschunterricht 3 / 2002, S. 18–30.

Hafer, Amélie (2017): Bilingualität im Spiegel der kognitiven Vorteile und des sozioökonomischen Status. Dortmund.

Harbeck, Matthias: Gespräch mit der Fachzeitschrift W&V über den Einsatz von Dialekt in der Werbung. Online unter: https://serviceplan.blog/de/2017/11/einsatz-von-dialekt-in-der-werbung/ (4. 7. 2019)

Haußer, Karl (1995): Identitätspsychologie. Berlin / Heidelberg / New York.

Henne, Helmut (1986): Jugend und ihre Sprache. Darstellung, Materialien, Kritik. Berlin / New York.

Hinrichs, Uwe (2013): Multikultideutsch. Wie Migration die deutsche Sprache verändert. München.

Hochholzer, Rupert ([2]2015): Dialekt und Schule. Vom Nutzen der Mehrsprachigkeit, in: Dialekte in Bayern. Herausgegeben vom Bayerischen Staatsministerium für Bildung und Kultus, Wissenschaft und Kunst. Neubearbeitete zweite Auflage. München, S. 80–87.

Högemann, Claudia / Gaiser, Gottlieb (2008): Kombiniere Deutsch 7. Lese- und Sprachbuch für Realschulen in Bayern. Bamberg.

Huesmann, Anette (1998): Zwischen Dialekt und Standard: empirische Untersuchungen zur Soziolinguistik des Varietätenspektrums im Deutschen. Tübingen.

Jahnke, David: Dialekt in der Werbung. Mia san mia. Online unter: https://www.new-communication.de/neues/detail/dialekt-in-der-werbung-mia-san-mia/

Jahr, Ernst Håkon (1997): „On the use of dialects in Norway“, in: Heinrich Ramisch / Kenneth Wynne (Hgg.): Language in Time and Space: Studies in Honour of Wolfgang Viereck on the Occasion of his 60th Birthday. Stuttgart, S. 363–369.

Janle, Frank / Klausmann, Hubert (2020): Der „Dialekt“ im Spannungsverhältnis zwischen Sprachdidaktik, Sprachklischee und sprachlicher Wirklichkeit Beobachtungen zur Behandlung des Themas „Dialekt“ im Deutschunterricht Baden-Württembergs (Schwerpunkt Gymnasium), in: Rudolf Bühler / Hubert Klausmann / Mirjam Nast (Hg.): Schule – Medien – Öffentlichkeit. Sprachalltag und dialektale Praktiken aus linguistischer und kulturwissenschaftlicher Perspektive. Tübingen, S. 55–95.

Jeuk, Stefan / Kramer-Stein, Heinrich et al. (2016): Viele Sprachen – eine Schule. Zielsprache Deutsch in allen Fächern der Sekundarstufe I. Stuttgart.

Keller, Rudi ([4]2014): Sprachwandel. Tübingen.

Kilian, Jörg (2010): T@stentöne. Geschriebene Umgangssprache in computervermittelter Kommunikation. Historisch-kritische Ergänzungen zu einem neuen Feld der linguistischen Forschung, in: Iris Forster / Tobias Heinz (Hg.): Deutsche Gegenwartssprache. Globalisierung, neue Medien, Sprachkritik. Stuttgart, S. 63–96.

Kilian, Jörg / Niehr, Thomas / Schiewe, Jürgen (2010): Sprachkritik. Ansätze und Methoden der kritischen Sprachbetrachtung. Berlin / New York.

Klausmann, Hubert (2014a): Regionalismen in der schriftlichen Standardsprache, in: Rudolf Bühler / Rebekka Bürkle / Nina Kim Leonhardt (Hg.): Sprachkultur – Regionalkultur. Tübingen, S. 96–120.

Klausmann, Hubert (2014b): Schwäbisch. Eine Einführung in eine süddeutsche Sprachlandschaft. Darmstadt.

Klausmann, Hubert (2018): Sprechender Sprachatlas von Baden-Württemberg. Online verfügbar unter: https://uni-tuebingen.de/fakultaeten/wirtschafts-und-sozialwissenschaftliche-fakultaet/faecher/fb-sozialwissenschaften/empirische kulturwissenschaft/forschung/ta-sprache/sprechender-sprachatlas/

Klausmann, Hubert / Kunze, Konrad / Schrambke, Renate ([3]1997): Kleiner Dialektatlas. Alemannisch und Schwäbisch in Baden-Württemberg. Bühl / Baden.

Knobloch, Hubert (1995): Kommunikationskultur: Die kommunikative Konstruktion kultureller Kontexte. Berlin / New York.

Knobloch, Hubert (2017): Die kommunikative Konstruktion der Wirklichkeit. Wiesbaden.

Koch, Peter / Oesterreicher, Wulf (1994): Schriftlichkeit und Sprache, in: Hartmut Günther / Otto Ludwig (Hg.): Schrift und Schriftlichkeit – Writing and its Use. Ein interdisziplinäres Handbuch internationaler Forschung. Bd. 1. Berlin / New York, 587–604.

König, Werner (1989): Atlas zur Aussprache des Schriftdeutschen in der Bundesrepublik Deutschland. 2 Bde. Ismaning.

- (1997): Phontisch-phonologische Regionalismen in der deutschen Standardsprache. Konsequenzen für den Unterricht ‚Deutsch als Fremdsprache'?, in: Gerhard Stickel (Hg.): Varietäten des Deutschen. Regional- und Umgangssprachen. Berlin, New York, S. 246–270.

- (2000): Wenn sich Theorien ihre Wirklichkeit selber schaffen: Zu einigen Normen deutscher Ausspracheweörterbücher, in: Annelies Häcki Buhofer (Hg.): Vom Umgang mit sprachlicher Variation. Soziolinguistik, Dialektologie, Methoden und Wissenschaftsgeschichte. Tübingen / Basel, S. 87–98.

- ([14]2004): dtv-Atlas Deutsche Sprache. München.

- ([16]2007): dtv-Atlas Deutsche Sprache. München.

- ([18]2014): dtv-Atlas Deutsche Sprache. München.

- (2011): Wir können alles. Außer Hochdeutsch, in: Hubert Wicker (Hg.): Schwäbisch. Dialekt mit Tradition und Zukunft. Festschrift zum 10jährigen Bestehen des Fördervereins Schwäbischer Dialekt. Tübingen, S. 23–32.

- (2013): Wir können alles. Außer Hochdeutsch. Genialer Werbespruch oder Eigentor des deutschen Südens? Zum Diskriminierungspotential dieses Slogans, in: Sprachreport 2013/14, S. 5–14.

- (2018): Edmund Stoibers Hinrichtung, in: Edith Funk/Andrea Schamberger-Hirt/Michael Schnabel/Felicitas Erhard (Hg.): Dialects are Forever. Die unbandige Lust an der Wortklauberey. Festschrift für Anthony R. Rowley zum 65. Geburtstag. Regensburg, S. 173–181.

König, Werner/Renn, Manfred (2006): Kleiner Bayereischer Sprachatlas. München.

König, Werner/Renn, Manfred: Sprechender Sprachatlas von Bayerisch-Schwaben. Online verfügbar unter: https://sprachatlas-schwaben.bayerische-landesbibliothek-online.de/

König, Werner/Renn, Manfred: Sprechender Sprachatlas von Bayern. Online verfügbar unter: https://www.bayerische-landesbibliothek-online.de/sprachatlas

Koller, Werner (1999): Nationale Sprach(en)kultur der Schweiz und die Frage der „nationalen Varietäten des Deutschen", in: Andreas Gardt/Ulrike Haß-Zumkehr, Thorsten Roelcke (Hg.): Sprachgeschichte als Kulturgeschichte, S. 115–132.

Linke, Angelika/Nussbaumer, Markus/Portmann, Paul R. ([3]1996): Studienbuch Linguistik. Berlin u. a.

Löffler, Cordula (2019): Mucke statt Fliege, in: DER SPIEGEL Nr. 50/7.12.2019, S. 14.

Maitz, Péter/Elspaß, Stephan (2007): Warum der Zwiebelfisch nicht in den Deutschunterricht gehört, in: Informationen Deutsch als Fremdsprache 34 (2007), S. 515–526.

Maitz, Péter/Elspaß, Stephan (2011a): Sprache und Diskriminierung. Einführung in das Themenheft, in: Der Deutschunterricht 6/2011, S. 2–6.

Maitz, Péter/Elspaß, Stephan (2011b): Dialektfreies Sprechen – leicht gemacht! Sprachliche Diskriminierung von deutschen Muttersprachlern in Deutschland, in: Der Deutschunterricht 6/2011, S. 7–17.

Maitz, Péter/Elspaß, Stephan (2011c): Zur sozialen und sprachpolitischen Verantwortung der Variationslinguistik, in: Elvira Glaser/Jürgen Erich Schmidt/Natascha Frey (Hg.): Dynamik des Dialekts – Wandel und Variation. Akten des 3. Kongresses der Internationalen Gesellschaft für Dialektologie des Deutschen (IGDD). Stuttgart: Steiner (ZDL Beihefte; 144), S. 221–240.

Maitz, Péter/Elspaß, Stephan (2012): Pluralismus oder Assimilation? Zum Umgang mit Norm und arealer Sprachvariation in Deutschland und anderswo, in: Susanne Günthner/Wolfgang Imo/Dorothee Meer/Jan Georg Schneider (Hg.): Kommunikation und Öffentlichkeit. Sprachwissenschaftliche Potenziale zwischen Empirie und Norm. Berlin & Boston: de Gruyter (Reihe Germanistische Linguistik; 296), S. 43–60.

Maitz, Péter/Elspaß, Stephan (2013): Zur Ideologie des „Gesprochenen Standarddeutsch", in: Jörg Hagemann/Wolf Peter Klein/Sven Staffeldt (Hg.): Pragmatischer Standard. Tübingen, S. 35–48.

Maitz, Péter / Foldenauer, Monika (2015): Sprachliche Ideologien im Schulbuch, in: Jana Kiesendahl / Christine Ott (Hg.): Linguistik und Schulbuchforschung. Gegenstände – Methoden – Perspektiven. Göttingen, S. 217–234.

Maitz, Péter (2010): Sprachpflege als Mythenwerkstatt und Diskriminierungspraktik, in: Aptum. Zeitschrift für Sprachkritik und Sprachkultur. 6. Jahrgang, 2010. Heft 01, S. 1–19.

Maitz, Péter (2014): Kann – soll – darf die Linguistik der Öffentlichkeit geben, was die Öffentlichkeit will?, in: Thomas Niehr (Hg.): Sprachwissenschaft und Sprachkritik. Perspektiven ihrer Vermittlung. Bremen, S. 9–26.

Maitz, Péter (2015): Sprachvariation, sprachliche Ideologien und Schule, in: Zeitschrift für Dialektologie und Linguistik (Stuttgart) 82.2, S. 206–227.

Mangold, Max ([6]2005): Duden. Das Aussprachewörterbuch. Mannheim.

Michalak, Magdalena / Lemke, Valerie / Goeke, Marius (2015): Sprache im Fachunterricht. Eine Einführung in Deutsch als Zweitsprache und sprachbewussten Unterricht. Tübingen.

Milankowic, Christian (2017): Mit Sprachproblemen an die Spitze, in: Stuttgarter Zeitung vom 09. 03. 2017, zit. nach: https://www.stuttgarter-zeitung.de/inhalt.wir-koennen-alles-ausser-hochdeutsch-mit-sprachproblemen-an-die-spitze.bb798ba2-45b4-4afd-9437-ceac060da12f.html (5. 10. 2019).

Ministerium für Kultus, Jugend und Sport Baden-Württemberg (2004): Bildungsplan 2004. Allgemeinbildendes Gymnasium. Stuttgart.

Nast, Mirjam / Klausmann, Hubert (2020): Jetz isch halt alles anderscht, net? Kultureller Wandel im ländlichen Raum. Ubstadt-Weiher.

Niebaum, Hermann / Macha, Jürgen ([3]2014): Einführung in die Dialektologie des Deutschen. Berlin / Boston.

Niedersächsisches Kultusministerium (2011): Erlass. Die Region und ihre Sprachen im Unterricht, zit. nach: https://www.mk.niedersachsen.de/download/114325/Die_Region_und_ihre_Sprachen_im_Unterricht.pdf (13. 3. 2019).

Niedersächsisches Kultusministerium (2016): Kerncurriculum für das Gymnasium Deutsch. Hannover.

Ossner, Jakob (2 / 2008): Sprachdidaktik Deutsch. Eine Einführung für Studierende. Paderborn / München / Wien / Zürich.

Pant, Hans Anand (2016): Einführung in den Bildungsplan 2016, in: http://www.bildungsplaene-bw.de/,Lde/LS/BP2016BW/ALLG/EINFUEHRUNG (8. 3. 2020).

Polenz, Peter von (1999): Deutsch als plurinationale Sprache im postnationalistischen Zeitalter, in: Andreas Gardt / Ulrike Haß-Zumkehr / Thorsten Roelcke (Hg.): Sprachgeschichte als Kulturgeschichte, S. 133–170.

Pollak, Alexander (2002): Kritische Diskursanalyse – ein Forschungsansatz an der Schnittstelle von Linguistik und Ideologiekritik. In: Zeitschrift für Angewandte Linguistik 36, S. 33–48.

Reiffenstein, Ingo (2001): Das Problem der nationalen Varietäten. Rezensionsaufsatz zu Ulrich Ammon: Die deutsche Sprache in Deutschland, Österreich und der Schweiz. Das Problem der nationalen Varietäten. Berlin/ New York 1995, in: Zeitschrift für deutsche Philologie 120, S. 78–89.

Reiners, Ludwig (1963): Die Stilfibel – der sichere Weg zum guten Deutsch. München.

Reiter, Florian: „Am 26.08. gemma zu Oidi". Neue Werbung von Aldi Süd verärgert Bayern – Sprachforscher erklärt, warum. Online unter:https://www.focus.de/regional/bayern/am-26-08-gemma-zu-oidi-neue-werbung-von-aldi-sued-veraergert-bayern-sprachforscher-erklaert-warum_id_7529444.html (30. 3. 2020)

Rowley, Anthony ([2]2015): Erhalt der Mundart – Was ist zu tun?, in: Dialekte in Bayern. Herausgegeben vom Bayerischen Staatsministerium für Bildung und Kultus, Wissenschaft und Kunst. Neubearbeitete zweite Auflage. München, S. 386–389.

Røyneland, Unn (2009): „Dialects in Norway: catching up with the rest of Europe?, in: International Journal of the Sociology of Language 196 / 197, S. 7–30.

Ruoff, Arno (1983): Mundarten in Baden-Württemberg. Stuttgart.

Schels, Peter (2015): Oberfränkisch. Zur Kulmbacher Mundart. Ein Mundartwörterbuch. https://docplayer.org/15520257-Zur-kulmbacher-mundart.html

Scheuringer, Hermann (1996): Das Deutsche als pluriareale Sprache: Ein Beitrag gegen staatlich begrenzte Horizonte in der Diskussion um die deutsche Sprache in Österreich, in: Die Unterrichtspraxis / Teaching German 29, 2, S. 147–153.

Schiewe, Jürgen/ Wengler, Martin (2010): Was ist Sprachkritik?, in: Iris Forster / Tobias Heinz (Hg.): Deutsche Gegenwartssprache. Globalisierung – Neue Medien – Sprachkritik. Stuttgart, S. 97–102.

Schlager, Maria: Wiener Dialekt in der Werbung. Seminararbeit am Institut für Germanistik der Universität Wien 2001. Online unter: https://www.grin.com/document/114265

Schneider, Jan Georg (2010): „Macht das Sinn?" – Überlegungen zur Anglizismenkritik im Gesamtzusammenhang der populären Sprachkritik, in: Iris Forster / Tobias Heinz (Hg.): Deutsche Gegenwartssprach. Globalisierung – Neue Medien – Sprachkritik. Stuttgart, S. 102–128.

Schneider, Wolf ([9]2004): Deutsch für Kenner. Die neue Stilkunde. 9. Auflage. München / Zürich.

Sekretariat der Ständigen Konferenz der Kultusminister der Länder in der Bundesrepublik Deutschland (2004): Bildungsstandards im Fach Deutsch für den Mittleren Schulabschluss. Berlin.

- (2005): Bildungsstandards im Fach Deutsch für den Hauptschulabschluss (Jahrgangsstufe 9). Berlin.
- (2014): Bildungsstandards im Fach Deutsch für die Allgemeine Hochschulreife. Berlin.
Sick, Bastian (2004): Der Dativ ist dem Genitiv sein Tod. Folge 3. Noch mehr Neues aus dem Irrgarten der deutschen Sprache. Köln.
Staatsministerium für Kultur Freistaat Sachsen (2019): Lehrplan Gymnasium Deutsch. Dresden.
Staatsinstitut für Schulqualität und Bildungsforschung München (2016): LehrplanPLUS konkret. München.
Stedje, Andrea ([7]2007): Deutsche Sprache gestern und heute: Einführung in Sprachgeschichte und Sprachkunde. Stuttgart.
Thomas, Tanja (2003): Deutsch-Stunden. Zur Konstruktion nationaler Identität im Fernsehtalk. Frankfurt am Main.
Tophinke, Doris (2019): Dialekt heute. In: Praxis Deutsch. Zeitschrift für den Deutschunterricht 46 Heft 275, Hannover, S. 4–13.
Tophinke, Doris / Ziegler, Evelyn: „Hömma“. Emblematischer Gebrauch von Dialektausdrücken. In: Praxis Deutsch. Zeitschrift für den Deutschunterricht 46 Heft 275, Hannover, S. 40–43.
Wahrig (2009): Die deutsche Rechtschreibung. Herausgegeben von der Wahrig-Redaktion. Gütersloh / München.
Wandruszka, Mario (1979): Die Mehrsprachigkeit des Menschen. München.
Wolff, Gerhart ([3]1994): Deutsche Sprachgeschichte. Tübingen / Basel.
Wicker, Hubert (2011): Wir können alles. Außer Hochdeutsch. Eine Replik, in: Hubert Wicker (Hg.): Schwäbisch. Dialekt mit Tradition und Zukunft. Festschrift zum 10jährigen Bestehen des Fördervereins Schwäbischer Dialekt. Tübingen, S. 34–37.
Woolfolk, Anita ([10]2008): Pädagogische Psychologie. München.
Zentrum für Schulqualität und Lehrerbildung (2016): Bildungsplan des Gymnasiums. Stuttgart.

Abbildungsverzeichnis

Personenregister

Sachregister